改革开放以来云南省县域
产业结构与经济增长研究

张无畏　李绍荣　著

人民出版社

责任编辑：柴晨清

图书在版编目（CIP）数据

改革开放以来云南省县域产业结构与经济增长研究 /
张无畏，李绍荣著 .—北京：人民出版社，2019.9
ISBN 978－7－01－021096－4

Ⅰ.①改…　Ⅱ.①张…②李…　Ⅲ.①县级经济－产
业结构－研究－云南②县级经济－经济增长－研究－云南
Ⅳ.① F127.74

中国版本图书馆 CIP 数据核字（2019）第 155964 号

改革开放以来云南省县域产业结构与经济增长研究
GAIGE KAIFANG YILAI YUNNANSHENG XIANYU CHANYE JIEGOU YU JINGJI ZENGZHANG YANJIU

张无畏　李绍荣　著

人民出版社 出版发行
（100706　北京市东城区隆福寺街 99 号）

旭辉印务（天津）有限公司印刷　新华书店经销
2019 年 9 月第 1 版　2019 年 9 月北京第 1 次印刷
开本：710 毫米 ×1000 毫米 1/16　印张：13
字数：262 千字
ISBN 978－7－01－021096－4　定价：55.00 元

邮购地址 100706　北京市东城区隆福寺街 99 号
人民东方图书销售中心　电话（010）65250042　65289539

项目组主要成员名单

项目负责人：

张无畏　楚雄师范学院教授

李绍荣　北京大学经济学院教授

主要成员：

（承担方）

彭红丽　楚雄师范学院教授

陈　瑞　楚雄师范学院讲师、高级程序员

张　烨　楚雄师范学院副教授

侯官响　楚雄师范学院副教授

梅　莹　楚雄师范学院讲师

石丽雄　楚雄师范学院讲师

（合作方）

张正军　北京大学、美国威斯康星大学教授

内 容 简 介

　　本书考察了改革开放以来，云南省县域的三次产业结构的变迁过程；对昆明、楚雄、大理等 16 个市、州进行实地调研，广泛搜集、整理 129 个县（市、区）的经济发展资料，获得了大量的第一手资料；首次引入"三角形中线"和"TY"值等概念，应用自主开发的云南省县域三次产业结构数据分析系统，分析了 129 个县（市、区）相关经济指标的统计特征、演变、发展路径，绘制了生产总值、三次产业增加值等方面的地图，方法新颖，特色鲜明，有创新性。同时本书对改革开放以来县域经济发展的主要成就和主要问题进行了全面、深入总结，探索了影响县域经济增长和产业结构变迁的原因，分析研究各经济变量之间的影响程度，并对新常态下云南省县域经济的发展提出了相应对策建议。

前　言

经济的发展，从一定意义上说就是产业结构变迁的历史。近年来，党中央、国务院一直把保增长、调结构等作为我国经济工作的重要任务。习近平总书记2015年1月21日在云南省考察工作时多次强调"保增长""调结构""推动产业结构优化升级"等产业结构与经济增长的问题。很多地区都把产业结构优化升级、经济增长作为经济工作的重要任务。

本书考察了改革开放以来云南省县域的三次产业结构的变迁过程。我们从迪庆的香格里拉、怒江的贡山、到临沧的镇康南伞、文山的麻栗坡县天保，深入到昆明、楚雄、大理、红河、文山、曲靖、临沧、德宏、丽江、玉溪等16个市、州进行实地调研，广泛搜集、整理129个县（市、区）的经济发展资料。通过与当地政府部门、企业负责人和居民的直接交流与讨论，获得了大量的第一手资料，为深入研究提供了丰富的材料支持。首次引入"三角形中线"和TY值等概念，应用自主开发的云南省县域三次产业结构数据分析系统，分析了129个县（市、区）相关经济指标的统计特征、演变、发展路径，绘制了生产总值、三次产业增加值等方面的地图，方法新颖、特色鲜明，有创新性。对三次产业结构变化的六种形式及其内部关系进行了深入研究，揭示了六种形式之间的变化路径。对改革开放以来云南省县域经济发展的主要成就和主要问题进行了全面、深入总结，探索了影响县域经济增长和产业结构变迁的原因，分析研究各经济变量之间的影响程度，并对新常态下云南省县域经济的发展提出了相应对策建议。

研究中，得到了云南省省院省校教育合作人文社会科学研究项目、云南省哲学社会科学研究项目等研究项目的支持,得到了许多专家、学者的指导和鼓励,得到了项目组的成员大力支持和辛勤工作,得到了出版社的鼓励和支持,得到了楚雄师范学院和北京大学领导和相关部门的关心和支持,在此一并致谢。

我们才疏学浅,书中难免错误和疏漏,敬请读者批评指正。

张无畏 李绍荣

2018 年 9 月 28 日

| 目 录 |

第一章 绪论

第一节 研究的背景及意义

云南省地处祖国西南边陲，总面积 39.4 万平方公里，有 8 个州 8 个市 129 个县（市、区），其中有 25 个国际边境县、27 个省际边境县、15 个县级市和 29 个民族自治县。全面建成小康社会重点在县域的全面小康，云南省的县域兴则全省兴，县域强则全省强。县域经济增长的程度，决定着全省经济增长的规模和水平。

县域经济是以县级区划内的国土为载体，以县城为中心，以乡镇为网络，以县级政府为调控主体，在全县范围内优化配置资源，在更大区域经济的分工协作中获得比较优势的经济体系。县域经济作为一个完整的系统，是由参加县域经济活动的各种因素相互依存、相互制约而又各具特定功能的子系统构成的。县域经济不仅是国民经济的重要组成部分，也是国民经济最基本的运行单元。县域是国家政策最直接、最主要的操作平台。县域经济是当前我国建成全面小康社会的基本载体，既是生产大场所，也是消费主群体，更是各种资源的主要供给地。

近年来，党中央、国务院一直把保增长、调结构等作为我国经济工作的重要任务。习近平总书记 2015 年 1 月 21 日在云南省考察工作时多次强调"保增长""调结构""推动产业结构优化升级"等产业结构与经济增长的问题。各省、市、县都把产业结构优化升级、经济增长作为经济工作的重要任务。

本书对全面建成小康社会具有现实意义。郡县治，则天下安。没有县域经济的健康发展就没有我国的国家经济的健康发展，没有西部县域经济的繁荣、没有边疆县域经济的繁荣、发展就没有全面建成小康社会的实现。

改革开放 40 年来，关于全国区域经济的研究相对较多，但根据 40 年的经济数据进行县域经济研究的文章还很少见，特别是云南省的问题，更是缺乏相应的研究。本书的研究，对推动云南县域经济问题的研究，完善云南县域经济问题的相关理论体系，促进云南省县域经济发展，为其他学者提供学术参考和为相关政府部门提供必要的数据参考、政策建议和决策支持具有一定理论和现实意义。

第二节　研究的文献综述

一、区域经济学的理论

关于区域经济的研究，成果颇丰。先后由阿·费歇尔（A.Fisher）、柯林·克拉克（C.Clark）和库茨涅兹（S.Kuznets）提出、论证和深化普及的三次产业分类法，是根据社会生产活动历史发展的顺序对产业结构的划分。它大体反映了人类生活需要、社会分工和经济活动发展的不同阶段，基本反映了人类生产活动的历史顺序，以及社会生产结构与需求结构之间的相互关系，适用于研究经济发展过程中三次产业相关变动的内在关联机制，反映一定时期的工业化水平，是目前世界各国普遍使用的分类法。德国的博芬特尔（E.V.Boventer）所提出的空间结构理论为县域经济的空间结构规划提供了重要的理论依据。杜能（J.H.von Thunen）的《农业和国民经济中的孤立国》、韦伯（Alfred Weber）的《工业区位论》奠定了区位理论，为县域经济的产业布局评价提供了重要的理论依据。产业集聚经济理论通过对产业集聚规模效应影响因素的分析，产业集聚导向的研究，经济集聚相互关系的分析，得出适合的产业集聚规模与经济发展模式，采取合理的产业集聚规模促进产业和区域发展，以获得最大的集聚经济效益。产业集聚经济理论为县域经济的合理产业规模确定提供了重要的理论支持。刘易斯于 1954 年和 1955 年先后在《劳动力无限供给条件下的经济发展》和《经济增长理论》两本著作中指出，在落后国家，现代工业部门与传统农牧业部门并存形成社会的二元经济结构，农牧业部门存在着大量剩余劳动力，假如农牧业部门的一部分劳动力转移到工业部门，不仅为农牧业的隐蔽性失业人口提供了新的就业机会，提高农牧业劳动生产率，而且使工业部门也得到了自身发展中所需要的劳动力，对两个部门都有利。同时，由于工业的发展，农牧业中的这种剩余劳动力最终将被全部吸收。刘易斯二元经济理论对发展中国家的经济从不发达走向发达起到了一定的作用。美国世界观察研究所所长莱斯特 .R. 布朗在 1981 年出版的《建设一个可持续发展社会》一书中提出了可持续发展理论的概念。以挪威首相布伦特兰夫人为主席的世界环

境与发展委员会于 1987 年向联合国提交了《我们共同的未来》的报告。该报告
把可持续发展作为报告的关键概念使用，并明确其定义为"既满足当代人需要，
又不对后代人满足其需要的能力构成危害的发展"。传统的经济增长模型——
平衡路径增长模型，符合经济增长的卡尔多事实，却忽略了经济增长的库兹涅兹
事实，劳动力在不同产业间的迁移，导致的产业在劳动力结构和产值结构上的变
化。孔沙玛特（Kongsamut）、雷贝洛（Rebelo）和谢（Xie）（2001）在新古典增
长模型（技术进步率外生给定，边际收益递减）的框架下，建立了能同时符合卡
尔多实事和部门间劳动力动态重新配置的模型，通过采用 Stone-Geary 效用函数，
建立了劳动力在农业、制造业和服务业间动态迁移的平衡路径增长模型，在平衡
增长路径下，劳动力由农业部门转出，转入服务业，制造业的劳动力动态平衡。
然而，由于采用的是比较特殊的 Stone-Geary 效用函数，打破了经济学中常规的
偏好与技术独立的假设，他们的模型也很有争议。而弗埃尔米（Foellmi）和扎威
穆勒（Zweimuller, 2005）则通过将新产品的引入结合到效用函数中去，建立了内
生增长模型，同时解释了经济增长和产业结构变化。鉴于对 Stone-Geary 效用函
数的争论，尼盖（Ngai）和皮萨里德斯（Pissarides）（2007）则采用了更一般的
CES 效用函数，以分析经济增长过程中不同产业部门的全要素生产率的增长率随
着产业结构的变化而产生的变化，用不同产业劳动力的动态变化表示产业结构的
变化。结果显示，如果最终产品之间替代弹性较低，不同部门的全要素生产率增
长率不同就预示着产业劳动力结构的变化与事实一致。沿着平衡增长路径，劳动
力将从技术进步率较高的产业转出，进入技术进步率较低的产业。最终，所有劳
动力都会迁入两个产业。这一结论与库兹涅茨（Kuznets, 1966）和麦迪森（Maddison,
1980）的结论一致。当然，如果不同的最终产品之间替代弹性较大，该模型预测
的结论是劳动力将会从全要素生产率增长率较低的部门转入全要素生产率增长率
较高的部门。

　　在实证研究方面，范（Fan）、张（Zhang）和罗宾逊（Robinson, 2003）对
中国的经济增长进行了增长核算，拓展了传统的新古典增长模型，将增长率分解
为四个来源：传统的产业生产率增长，劳动力增长，资本增长和新加入的结构变化。
对中国 1978 年到 1995 年数据的实证结果表明，产业结构的变化通过将资源从生
产率较低的部门转移到生产率较高的部门，对经济增长有着显著的影响，从整个
经济体来看，产业结构变化对经济增长率的贡献达到了 17.47%。林毅夫倡导的新
结构经济学也是试图把产业结构变迁的因素纳入经济增长模型，具体的来说，新
结构经济学试图在经济增长模型中把产业结构的变化完全的内生化，目前还未有
研究能够做到。鞠（Ju）、林（Lin）和王（Wang, 2014）的研究建立了封闭的
发展中国家的动态一般均衡模型，揭示了随着经济体要素禀赋的变化，产业结构

会向资本密集型产业升级，而且这种升级是内生的，形成一个倒 U 型的产业结构变化动态。如上文所述，在新结构经济学之前也有很多学者试图在经典的经济增长模型框架中融合产业结构的变化，但是都着重于推导平衡增长路径，而忽视了描述各产业动态变化的过程。而且，像孔沙玛特（Kongsamut）、雷贝洛（Rebelo）和谢（Xie）（2001），卡塞利（Caselli）和科尔曼（Coleman，2001）的理论都把需求变化或者收入变化作为产业结构变化的原因，而上文介绍的尼盖（Ngai）和皮萨里德斯（Pissarides，2007）的研究则把不同产业的生产率增长的异质性作为产业结构变化的诱因。而新结构经济学则是要证明产业结构变化的原因是要素禀赋结构的变化。鞠（Ju）、林（Lin）和王（Wang，2014）引入了发展经济学的视角，认为发展中国家的发展过程就是要素禀赋结构从劳动和自然资源充裕型逐渐变为资本充裕型的过程，而不同阶段的要素禀赋结构就内生的决定了该阶段最优的产业结构。阿瑟蒙格鲁（Acemoglu）和盖埃尔瑞尔（Guerrieri，2008）研究了产业结构的变化对经济增长的影响，发现资本深化的过程对于资本密集度不同的产业有着非对称的影响，而不同资本密集度的产业之间的替代弹性则影响着长期渐进均衡增长率。迪特里希（Dietrich，2012）采用两个不同的指数（NAV 和 MLI）研究了产业结构的变动情况。纳吉布·马苏德（Najeb Masoud，2014）通过对新古典增长理论模型的研究，利用生产函数，认为政策在国家之间的增长和不同的结果的影响。刘伟和李绍荣（2002）认为，第三产业的结构扩张会降低第一产业和第二产业对经济规模的正效应，因此只有通过提高第一产业和第二产业的效率才能获得长期稳定的经济增长。干春晖、郑若谷、余典范（2011）采用随机前沿生产函数模型进行了类似的研究，发现与第二产业相比，提高第三产业就业比例更有利于促进经济增长和产业结构优化。关于产业结构升级对于经济增长的重要程度，学者们也有不同的认识。刘元春（2003）认为，产业结构升级无论是从增长质量的改善上还是从经济增长的边际贡献上都高于经济制度变迁，未来经济改革的核心应当转向产业结构的调整。刘伟、张辉（2008）的实证研究则表明，改革开放以来产业结构变迁对中国经济增长的作用虽然一度十分显著，但是其贡献度却在不断降低，而制度创新和技术进步将是推动中国经济增长的重要途径。李春生、张连城基于 1978—2013 年的数据，运用 VAR 模型对我国改革开放以来经济增长与产业结构的互动关系进行了实证研究。研究表明，我国的经济增长与产业结构存在着长期稳定的均衡关系；改革开放以来，第二产业的发展对于产业结构的优化和升级起了最主要的作用；从短期来看，第三产业对产业结构的影响效果将比较突出；而产业结构升级对经济增长的影响作用过程缓慢但是效果较为持久。在经济新常态的发展阶段，第二、三产业的发展将对产业结构的变迁起主要作用，而产业结构优化升级将对我国经济的可持续发展产生持续而深远的影响。黄凯南

（2014）拓展了梅特卡夫（Metcalfe）和弗斯特（Foster，2010）的产业演化增长模型，该模型较好地描述了结构变迁与经济演化增长的关联。中郡县域经济研究所所长刘福刚认为，县域科学发展一要统筹县域经济各领域的发展，做好农业现代化、新型工业化、城镇化和现代服务业等第三产业；二要做好兴工促农，以城带乡等工作；三要突破县域经济概念，打破一般"县域经济=县域"的工作思维，统筹县域经济与县域社会、县域文化、县域生态、县域政治等"县域内县域经济关联因素"的发展；四要将科学发展基本理论与县情相结合，进行实践创新，走切合实际的发展道路。辜胜阻、李华认为，要把发展特色产业作为扩权强县的关键环节。强县的关键在于建立坚实的产业基础，要加快推进农业产业化，以市场为导向、以农户为基础、以农民专业合作组织等中介组织为纽带，立足于地方特色，依靠龙头企业带动，大力发展农副产品深加工、精加工、运输和贸易，推进第一产业向第二、三产业延伸，要引导产业集中，强化特色产业支撑。张晓山认为，当前，各地都在提倡如何适应城乡居民多层次的消费需求，促进农业向二、三产业延伸，拓展农业增收功能。许经勇认为，壮大县域经济的新思路，要跳出"三农"与立足"三农"相结合，壮大县域经济是解决"三农"问题的根本途径。王怀岳认为，根据比较优势的原则促进产业结构的转换升级，近期内实现产业结构由"123"向"213"的转变，远期内实现"321"结构（下文将"321"结构简称321结构）的战略目标。迟福林、夏锋认为，扩权强县要有利于扩大农村的消费需求。我国7亿多农村人口的消费潜力十分引人注目，被认为是世界经济版图上少有的一个亮点。这个潜力的释放，将对我国新阶段扩大内需战略产生决定性影响。黄敏认为，全国的县域经济大体上是以传统农业为基础，农业成为县域经济发展的重要组成部分，也是抵御金融危机冲击的重要保障。宋亚平认为，县域经济发展体系的相对独立性和发展状态的相对封闭性，折射出社会生产力发展的落后性。随着市场的融合和扩展，县域经济最终还是要在开放中竞争、在竞争中求生存和发展的态势。孟宪江认为，发展县域经济，推进深化改革，将给县域经济带来更大的发展空间。廖建辉、金永真、李钢等认为中国县域经济发展面临政府资源的有限性与县域经济发展，农业现代化和工业协调发展、工业发展与农业稳定的关系，工业反哺农业、城乡统筹和工业劳动力需求，县域劳动力素质与产业升级，产业聚集发展与企业成本，可持续发展与工业发展等六大挑战。徐家存、闵毅飞通过对我国县域经济现有研究成果和研究理论的整理和分析，综合县域经济发展的模式：农业主导、工业主导、服务业主导等模式，提出切实的措施促进县域经济的综合发展。刘吉超从县域经济发展的主导产业、组织方式、发展的特色内容等维度对我国县域经济的发展模式进行总结。

二、省际县域经济的研究

对省际县域经济研究的论文也很多，杨礼娟、朱传耿、史春云、蒋涛、林杰等以江苏省 49 个县作为研究单元，以人均 GDP 等作为衡量指标，运用标准差、标准差系数、基尼系数等分析方法，定量评价了 2001—2010 年间江苏省县域经济差异变化情况。齐昕、王雅莉选取辽宁省 10 个全国百强县，借助于"空间经济力理论"和相关模型，分别测算 2010 年样本地区的区位商、市场潜力等空间经济力指标。王晓玲、周国富利用核密度估计方法和探索性空间数据分析方法，以山西省 107 个县域为基本的研究对象，采用 2000—2011 年的县域人均 GDP 数据，定量分析了 12 年间山西省县域经济的时变特征、空间相关性及其演化趋势。朱士鹏、周琳、秦趣采用主成分和 ESDA 技术相结合的分析方法，以县级行政区（县、区、市）为研究单元，以 2000 年、2009 年的县域经济数据为基础数据，对贵州省 10 年来的县域经济实力差异进行分析。唐建军对湖北省县域产业集群的主要特色进行了比较分析，提出了大力发展产业集群的相关建议。孙静雯、王红旗、宁少尉利用内蒙古自治区 2001 年、2003 年、2005 年、2007 年及 2009 年县域人均 GDP 数据，对内蒙古自治区县域经济发展水平的空间差异程度进行了分析。黄智佳在新经济增长理论的基础上，建立计量经济模型，首先，从截面数据角度，分析了 2006 年云南省各县市经济增长集聚、差异的空间格局分析；然后，建立了 2006 年云南省各县市经济增长的空间计量模型并对回归结果进行了相关分析；最后，针对 1996—2006 年云南省各县域的经济增长，建立空间面板模型并对回归结果进行了分析。牛品一、陆玉麒以实际人均 GDP 为测度指标，对江苏省 65 个县市的经济空间集聚、增长收敛性以及收敛机制进行讨论。赵明华、郑元文以山东省 17 个地市为研究对象，构建经济发展水平评价指标体系，运用熵权 TOPSIS 信息熵法确定指标权重，利用 2000 年、2005 年和 2010 年的数据，计算出山东省 17 个地市当年的经济发展水平综合得分。在此基础上，运用 ESDA 法进行空间集聚性和差异性分析。周培培、赵忠芹、任春丽从唐山市县域经济发展的现状入手，进一步深入分析县域经济发展中存在的问题，然后通过运用聚类分析方法，对唐山市县域发展特点进行归类，进而确定唐山市县域经济发展的新模式。唐鹏钧选取了 7 项经济指标作为决定经济类型的影响因素，根据 2009 年的数据，利用 SPSS 软件对全国 31 个省、直辖市、自治区（浙江、湖南、甘肃除外）的主要经济指标进行聚类分析。

三、云南省县域经济的研究

目前，国内关于云南省县域经济研究不多。在云南省 129 个县（市、区）中，按体制隶属：有 16 个市辖区、15 个州（市）辖市（即县级市）、69 个县和

29 个民族自治县；按区域分布：有 25 个国际边境县，27 个省际边境县，77 个内陆县（市、区）。县（市）的行政机构占全省县（市、区）级行政机构总数的 75.97%，国土面积占全省的 94.4%，人口占全省的 84.77%。具体而言，陈利等基于云南省 1992—2012 年统计年鉴数据，采用偏离份额分析、基尼系数产业分解方法，分析产业结构演变对云南省县域经济差异的影响。结果表明：云南省县域经济差异受到产业结构偏离和竞争偏离影响较大，滇中县域在产业结构上优势显著，但相对竞争力较弱。滇西和滇南县域竞争优势明显，但不具结构优势；滇东县域在产业结构、竞争力方面占优，与滇西和滇南县域的差异拉大；从基尼系数产业分解结果看，第二产业是导致云南省县域经济差异扩大的首要因素。张无畏通过调查全国、云南省及云南省各地州新中国成立以来产业结构的变动情况，利用三次产业分类法对云南省产业结构的发展和 2001 年云南省 16 个州市产业结构的状况进行了分析，有 8 个州市的产业结构呈 132 结构，5 个州市的产业结构呈 231 结构，2 个州市的产业结构呈 213 结构，1 个州市的产业结构呈 312 结构；陈旺军、宋一弘研究了 2007 年云南省 129 个县域单位的产业结构的状况，有 38 个县产业结构呈 231 结构，32 个县产业结构呈 132 结构，26 个县产业结构呈 312 结构，16 个县产业结构呈 321 结构，2 个县产业结构呈 123 结构，分析了其中所存在的三个问题，并提出了相关的对策。王智勇根据 1988 年的公路、铁路数据，2000、2005、2009 和 2010 年的云南省县市人口社会经济数据，通过对云南省县域经济的分析，论证了投资、产业结构、交通、民族构成和县域经济增长之间的关系，认为县域经济的发展更多地依赖于效率的提升、人口的积聚和集约模式的发展，Moran I 指数表明，云南省县域经济存在显著的趋同性。邹忌以云南省 129 个县市为研究的区域单元，以计量统计分析为基础，依据各县域 1992—2008 年 GDP 和人均 GDP 数据对云南省不同县域进行空间聚类，并在此基础上研究不同组别的组内组间差异及云南省总体差异，探讨县际经济差异随时间动态变化程度，对云南县际经济发展差异的影响因素进行分析，提出区域协调发展的调控措施。

改革开放 40 年来，对县域经济研究的文献很多，但根据 30 多年的经济数据进行县域经济研究的文章还很少见，特别是根据改革开放以来 39 年的经济数据，基于三角形中线和 TY 值，研究云南省的县域经济问题，更是缺乏相应的研究。

第三节　研究的主要内容和方法

一、主要内容

首先，收集汇总 1978 年—2016 年云南省 129 个县（市、区）（1978 年云南省有 127 县（市、区））的生产总值、第一产业增加值、第二产业增加值、第三产业增加值、人均生产总值、TY 值等主要经济指标面板数据，并利用 Spss 和 EViews 等软件分别计算相关经济指标的统计量。

其次，根据计算结果，分析 129 个县（市、区）相关经济指标的发展路径和统计特征，如产业结构的变迁路径、人均生产总值、TY 值等主要经济指标的分布、演变及特征。制作改革开放以来云南省 129 个县市区产业结构和经济增长地图，三次产业结构的变迁图，更全面、明了、清晰地分析云南省县域产业结构、TY 值与经济增长的变化和相互影响关系。

再次，分别对县域生产总值、第一产业增加值、第二产业增加值、第三产业增加值、人均生产总值、TY 值等经济变量进行单位根检验、因果关系等检验，分析研究各经济变量之间的影响程度。研究云南省县域三次产业结构变迁的现实问题，构建云南省县域产业结构 TY 值与经济增长关系变化的模型，开发设计云南省县域三次产业结构分析系统，找出云南省县域三次产业结构优化升级发展的路径。

最后，根据研究结论，提出相应的策略。

二、主要研究方法

文献研究：通过大量阅读县域经济方面的文献，分析云南省县域经济发展的关键问题。

实地调研、系统分析：实地考察、调查研究云南省县域经济现状，收集汇总云南省 129 个县（市、区）的地区生产总值、第一产业增加值、第二产业增加值、第三产业增加值、人均生产总值、TY 值等主要经济指标，形成面板数据。利用 Spss 和 EViews 等软件分别计算相关经济指标的统计量。应用自行设计开发的云南省县域三次产业结构分析系统（已获国家发明专利授权），进行深入分析。

数图结合、实证分析：首次利用三角形中线、TY 值研究三次产业结构的变化，直观、准确地揭示三次产业结构与 TY 值的内部规律。绘制地区生产总值、三次产业增加值等方面的地图，利用三角形中线对三次产业结构变化的六种形式及其内部关系进行了深入研究，揭示了六种形式之间的变化路径。分别对地区生产总值、人均生产总值、产业结构、农民收入等经济变量进行单位根检验、因果关系检验等，建立模型，分析研究各经济变量之间的相互影响程度，揭示其发展特点和趋势，据此对新常态下云南省县域经济的发展提出相应的政策建议。

第二章　改革开放以来云南省县域
产业结构与经济增长的基本情况

第一节　改革开放以来云南省县域行政区划的
调整变更及人口增长情况

一、云南省县级行政区划的调整变更情况

1978 年至 2016 年云南省县级行政区划进行了 47 次调整变更，县级单位从 127 个增为 129 个，具体情况如下。

1978—1980 年：撤 4 县，设 4 自治县。

撤销寻甸县，设立寻甸回族彝族自治县；

撤销墨江县，设立墨江哈尼族自治县；

撤销新平县，设立新平彝族傣族自治县；

撤销元江县，设立元江哈尼族彝族傣族自治县。

1981—1990 年：撤 1 市 19 县（1 区 1 镇），设 8 市 1 县 11 自治县。

1981 年：撤销水富区，设立水富县；

撤销开远县，设立开远市；

由昭通县析置昭通市。

1983 年：撤销昭通县，设立昭通市；

撤销曲靖县、沾益县，合并设立曲靖市；

撤销玉溪县，设立玉溪市；

撤销保山县，设立保山市；

撤销楚雄县，设立楚雄市；

撤销下关市、大理县，合并设立大理市；

1985年：撤销畹町镇，设立畹町市；

撤销禄劝县，设立禄劝彝族苗族自治县；

撤销普洱县，设立普洱哈尼族彝族自治县；

撤销景谷县，设立景谷傣族自治县；

撤销景东县，设立景东彝族自治县；

撤销双江县，设立双江拉祜族佤族布朗族傣族自治县；

撤销金平县，设立金平苗族瑶族傣族自治县；

撤销漾濞县，设立漾濞彝族自治县；

撤销维西县，设立维西傈僳族自治县。

1986年：撤销碧江县，分别划归泸水县和福贡县。

1987年：撤销兰坪县，设立兰坪白族普米族自治县。

1990年：撤销镇沅县，设立镇沅彝族哈尼族拉祜族自治县。

1991—2000年：撤6县5市（4个县级市和1地级市），设6市4区1县，县级单位从127个增为128个。

1992年：撤销瑞丽县，设立瑞丽市。

1993年：撤销思茅县，设立思茅市；

撤销景洪县，设立景洪市。

1994年：撤销宣威县，设立宣威市。

1995年：撤销安宁县，设立安宁市。

1996年：撤销潞西县，设立潞西市。

1997年：撤销县级曲靖市，设立麒麟区、沾益县；

撤销县级玉溪市，设立红塔区。

1998年：撤销地级东川市，设立昆明市县级东川区。

1999年：撤销县级畹町市，并入瑞丽市。

2000年：撤销县级保山市，设立隆阳区。

2001—2010年：撤4县，设4区1县，更名1区1县1市。多1个县级单位，从128个增为129个。

2001年：撤销县级昭通市，设立昭阳区。

2002年：撤销丽江纳西族自治县，分别设立古城区和玉龙纳西族自治县；

2003年：撤销县级思茅市，设立翠云区；

撤销临沧县，设立临翔区。

2004年：调整昆明市五华、盘龙、官渡、西山4区行政区划。

2007年：普洱哈尼族彝族自治县更名为宁洱哈尼族彝族自治县；

思茅市翠云区更名为普洱市思茅区。

2010 年：潞西市更名为芒市；撤销蒙自县，设立蒙自市。

2011 年—2013 年：撤 2 县，设 1 区 1 市。

2011 年：撤销呈贡县，设立昆明市呈贡区。

2013 年：撤销弥勒县，设立弥勒市。

2014 年：撤销香格里拉县，设立县级香格里拉市。

2015 年：撤销腾冲县，设立县级腾冲市；撤销江川县，设立玉溪市江川区；设立云南滇中新区。云南滇中新区位于昆明市主城区东西两侧，初期规划范围包括安宁市、嵩明县和官渡区部分区域，面积约 482 平方公里。

2016 年：撤销沾益县，设立曲靖市沾益区；撤销泸水县，设立县级泸水市；撤销晋宁县，设立昆明市晋宁区。

全省辖 8 个地级市、8 个自治州（合计 16 个地级行政区划单位），16 个市辖区、15 个县级市、69 个县、29 个自治县（合计 129 个县级行政区划单位）。

在我们的研究期限内县级单位的个数从 127 个增加为 129 个，调整变更的县市区的相关数据会有所变动，在研究中忽略不计。

二、云南省县域人口总量变化和增长的情况

1978 年云南省 127 个县市区的总人口为 3091.47 万人，平均人口为 23.45 万人，最少贡山县 2.63 万，最多宣威县 96.62 万人，中位数为 22.43 万人。

2016 年云南省 129 个县市区的总人口为 4770.5 万人，平均人口为 36.98 万人，最少贡山县 3.86 万，最多镇雄县 139.47 万人，中位数为 31.32 万人。云南省总人口较 1978 年增长 54.31%，每个县平均人口较 1978 年增长 57.70%，人口最少的县较 1978 年增长 46.77%，人口最多的县较 1978 年增长 44.35%，中位数人口较 1978 年增长 39.63%。

第二节　改革开放以来云南省县域产业结构与经济增长的基本情况

一、改革开放以来云南省县域的生产总值的基本情况

1978 年云南省 127 个县市区的生产总值为 63.3804 亿元，平均值为 0.4990583 亿元，其中最大值为 2.6986 亿元，最小值为 0.0343 亿元，相差 2.6643 亿元，中位数为 0.3805 亿元。

2016 年云南省 129 个县市区的生产总值为 15045.69 亿元，平均值为 116.6333 亿元，其中最大值为 1002.07 亿元，最小值为 11.04 亿元，相差 991 亿元，中位

数为 72.11 亿元。

二、改革开放以来云南省县域三次产业增加值的基本情况

1978 年云南省 127 个县市区的第一产业增加值为 33.1302 亿元，平均值为 0.2650416 亿元，其中最大值为 1.1556 亿元，最小值为 0.0224 亿元，中位数为 0.2441 亿元。

2016 年云南省 129 个县市区的第一产业增加值为 2262.450 亿元，平均值为 17.53837 亿元，其中最大值为 56.05 亿元，最小值为 1.65 亿元，中位数为 15.28 亿元。

1978 年云南省 127 个县市区的第二产业增加值为 16.5430 亿元，平均值为 0.1302598 亿元，其中最大值为 1.5566 亿元，最小值为 0.0035 亿元，中位数为 0.0552 亿元。

2016 年云南省 129 个县市区的第二产业增加值为 5894.07 亿元，平均值为 45.69047 亿元，其中最大值为 509.94 亿元，最小值为 1.83 亿元，中位数为 23.12 亿元。

1978 年云南省 127 个县市区的第三产业增加值为 13.7072 亿元，平均值为 0.1079307 亿元，其中最大值为 0.6776 亿元，最小值为 0.0075 亿元，中位数为 0.0775 亿元。

2016 年云南省 129 个县市区的第三产业增加值为 6889.17 亿元，平均值为 53.40442 亿元，其中最大值为 633.09 亿元，最小值为 6.33 亿元，中位数为 27.98 亿元。

三、改革开放以来云南省县域三次产业结构的变化情况

云南省的三次产业结构从 1978 年的 123 转变为 2015 年的 321，1978 年云南省县域三次产业结构呈现 123、132、213、231、312、321 的比例分别为 23.62%、65.35%、5.51%、3.94%、0.79%、0.79%，2015 年这个比例变为 2.33%、7.75%、3.10%、29.46%、16.28%、41.08%。2016 年这个比例变为 1.55%、6.20%、1.55%、24.81%、17.05%、48.84%，变化巨大。如下图所示，详见彩图 2、彩图 3 和彩图 4。

图2-1　云南省1978年至2016年三次产业结构变化示意图

四、改革开放以来云南省县域人均生产总值的基本情况

1978 年云南省 127 个县市区的人均生产总值为 211.11 元，其中最大值为 686 元，最小值为 83 元，相差 603 元，中位数为 189 元。

2016 年云南省 129 个县市区的人均生产总值为 29107.41 元，其中最大值为 120124 元，最小值为 7354 元，相差 112770 元，中位数为 23552 元。

五、改革开放以来云南省县域 TY 值的基本情况

1978 年云南省 127 个县市区的平均 TY 值为 0.44826，其中最大值为 4.142743，最小值为 0.090172，中位数为 0.296736。

2016 年云南省 129 个县市区的平均 TY 值为 5.811797，其中最大值为 237.5362，最小值为 0.656908，中位数为 1.66844。

第三节　改革开放以来云南省县域经济增长的主要成就

一、全省 129 个县（市、区）县域经济迅猛增长

（一）经济长期稳定高速增长，县域经济实力显著增强

改革开放三十多年来云南省县域发展逐步加快，经济总量飞跃发展。2015 年云南省各县域经济规模平均是 1978 年的一百倍以上，并且经济增速长期保持高速增长。通过县城提质扩容和扩权强县，支持县市做强做大，经济长期稳定高速增长，1978—2016 年全省县域生产总值年均增长超过 9%，伴随着经济快速增长，县域经济实力显著增强。1978 年全省县（市区）GDP 的最大值仅为 2.6986 亿元，2016 年全省县（市区）GDP 都超过 10 亿元，其中，超过 100 亿元的有 39 个，超过 200 亿元的有 15 个，超过 500 亿元的有 5 个，超过 1000 亿元的有 1 个。

（二）城市化水平逐年提高，县城面貌焕然一新

改革开放以来，随着县域经济发展水平的提高，经济总量的快速稳定增长，云南省城市化水平有了较大提高，地改市、县改区、县改市工作持续推进，又促进了县域经济的增长。地区和县一般以农业为主，市则以工商业或者服务业等非农产业为主。在工商业发展方面与城市建设等方面提供了较多的优惠政策，有利于吸引较多外来资金。如玉溪、曲靖、丽江、昭通、普洱、保山、临沧的地改市，呈贡、江川等的县改区，楚雄、文山、蒙自、弥勒等的县改市，极大促进了云南省的城市化水平和城乡经济的发展。彻底改变了贫困落后的县城面貌（如彩图 1），极大地改善了城乡人民生活环境。

（三）教育卫生等事业蓬勃发展，社会事业全面进步

改革开放以来，教育体制改革促进教育事业快速发展，从幼儿园到研究生

各级各类教育协调发展的教育体系基本确立。幼儿园在园幼儿从 1978 年的 4.08 万人发展到 2015 年的 129.40 万人，增长 31.7 倍。2015 年普通小学、初中、高中在校学生分别为 377.78 万人、189.32 万人和 78.28 万人，在校本、专科学生由 1978 年的 1.59 万人发展到 2016 年的 65.66 万人，增长 40 倍，在校中专、职中学生由 1978 年的 3.05 万人发展到 2015 年的 48.32 万人。卫生体制改革深入开展，医疗保险制度有序推进，居民的就医条件进一步改善。2016 年卫生机构 24241 个。博物馆从 1978 年的 4 个发展到 2015 年的 86 个，公共图书馆从 1978 年的 16 个发展到 2015 年的 151 个。民生领域投资增长较快。2016 年，全省完成环境和公共设施管理业投资同比增长 39.1%，高于固定资产投资增速 19.3%；教育投资同比增长 47.6%，高于固定资产投资增速 27.8%；卫生和社会工作投资同比增长 54.7%，高于固定资产投资增速 34.9%。

（四）城乡居民收入持续稳定增长，人民生活水平显著提高

改革开放以来，经济的快速稳定增长，彻底改变了贫困落后的城乡面貌，城乡居民收入持续稳定增长，人民生活水平显著提高。1978 年，家用汽车、移动电话等都是老百姓想都不敢想的奢侈品，如今却走入千家万户。1978 年，云南省农村居民人均可支配收入仅有 131 元，城镇居民人均生活费收入 315 元，城乡储蓄存款余额 4.2 亿元。城镇居民人均居住面积 3.51 平方米，比上年增长 1.4%，农村居民人均居住面积 7.69 平方米。2016 年，云南省农村居民人均可支配收入突破 9000 元关口，达到 9020 元，同比增长 9.4%，增速分别高于全省城镇居民人均可支配收入和全国农村居民可支配收入增幅 0.9%、1.2%。城镇居民人均可支配收入 28611 元。全省居民人均可支配收入 16720 元，同比增长 9.8%，增幅高于全国 1.4%。按可比口径计算，2016 年我省居民人均可支配收入增速高于全省人均 GDP 增速 0.2%，实现"云南居民收入增长与经济发展同步"目标。居民人均消费支出 11769 元，其中城镇居民人均消费支出 18622 元，农村居民人均消费支出 7331 元，呈现向个人发展与享受型消费转变升级趋势。2016 年末全省民用汽车保有量达到 553.75 万辆，比上年末增长 14.0%，其中私人汽车保有量 499.71 万辆，增长 15.8%。民用轿车保有量 245.11 万辆，增长 12.8%，其中私人轿车 229.17 万辆，增长 13.9%。年末全省固定及移动电话用户总数达到 4277.8 万户，移动电话普及率上升至 83.15 部 / 百人。2016 年末住户存款余额 11935.78 亿元，城镇居民人均居住面积 43.7 平方米，农村居民人均居住面积 37.2 平方米，居住环境条件明显改善。

二、县域产业结构持续优化，结构调整成效显著

（一）县域产业结构持续优化，推动经济稳定增长

改革开放以来，在中央、省、市各级政府转变经济增长方式，调整产业结

构的战略部署和方针指引下，云南省县域产业结构调整成效显著。云南省经济不断增长，工业化程度不断提高，其产业结构演变过程自然是不断地由低级向高级转化，由不合理逐步合理，结构不断优化的过程。云南省的三次产业结构从1978年的123转变为2015年的321，1978年云南省县域三次产业结构呈现123、132、213、231、312、321的比例分别为23.62%、65.35%、5.51%、3.94%、0.79%、0.79%，2015年这个比例变为2.33%、7.75%、3.10%、29.46%、16.28%、41.08%，2016年这个比例变为1.55%、6.20%、1.55%、24.81%、17.05%、48.84%，变化巨大。从1978年到现在近40年的历程中，云南从一个传统农业占主体地位的农业经济转变成了以服务业、工业为核心的现代经济，并形成了比较完善的产业体系。三次产业协调并进，各县市三次产业均保持了稳定增长，在结构调整中继续稳步发展、升级。一二三产协调推进，促进整个经济增长稳定性不断增强。第三产业蓬勃发展，现代经济结构性特征明显。三次产业的升级优化对经济增长产生明显的正面效应，而经济增长在长期内也对三次产业的发展起到推动作用。2016年全省完成生产总值14869.95亿元，同比增长8.7%。分产业看，第一产业完成增加值2195.04亿元，增长5.6%；第二产业完成增加值5799.34亿元，增长8.9%；第三产业完成增加值6875.57亿元，增长9.5%。

（二）第一产业占比稳步下降，第三产业占比逐年提高，结构不断优化

1978年云南省绝大部分县域的产业呈现"132"和"123"的产业结构，云南省县域经济主要以第一产业为主，占88.97%。第二产业和第三产业产值在地区生产总值中的占比非常低。改革开放三十多年来云南省县域经济产业结构得到持续优化，65.89%的县域产业结构完成了从第一产业向二、三产业的转移，63个县市区的县域产业结构已达到较高层次的"321"结构。如位于楚雄彝族地区，集"边疆、民族、山区"为一体的贫困县，禄劝、鲁甸、麻栗坡、沧源、永仁等，也步入"321"结构。1978年云南三次产业结构比重为42.7 : 39.9 : 17.4，2016年云南三次产业结构比重为14.8 : 39.0 : 46.2，较1978年的三次产业结构发生了巨大变化，第一产业比重较1978年下降27.9个百分点，第二产业比重较1978年下降0.9个百分点，第三产业比重较1978年提升28.8个百分点。1978年云南县域三次产业结构比重为52.3 : 26.1 : 21.6，2016年云南县域三次产业结构比重为15.0 : 39.2 : 45.8，较1978年的三次产业结构发生了巨大变化，第一产业比重较1978年下降37.3个百分点，第二产业比重较1978年提升13.1个百分点，第三产业比重较1978年提升24.2个百分点。

（三）产业转型不断升级，结构调整步伐加快

近年来，云南省继续巩固提升传统优势产业，着力发展八个重点产业，重点产业导向作用初步显现。高原特色现代农业发展初显成效，主要农产品供给稳定。

加快培育新型农业经营主体，重点推进农业"小巨人"振兴行动计划。农村第一、第二、第三产业融合发展步伐加快。第一产业增加值增长5.6%。深入推进新一轮"建设创新型云南行动计划"，实施11个重大科技专项，新增42个院士专家工作站，成功举办第三届"科技入滇"对接活动。出台"中国制造2025"云南实施意见，优化工业园区产业布局，稳步推进企业技术改造。强化产品创新和市场营销，千方百计遏制烟草产业下滑势头。加大工业企业培育力度，新增规模以上企业376户。全部工业增加值增长6.5%，其中非烟工业增长12.1%。建筑业快速发展，增加值增长14.6%。继续培育发展中小微企业，民营经济增加值增长9%左右。大力发展信息产业，"云上云"行动计划加快推进，与阿里巴巴、腾讯、浪潮、华为等企业开展实质性合作，以晴、惠科等重点项目顺利推进，云计算、大数据、"互联网+"在产业发展中发挥更大作用。全面推进"十大扩消费行动"，加快乡村新型商业中心试点建设，社会消费品零售总额增长12.1%。加快服务业转型升级，物流、会展、文化体育、养老健康等产业较快发展。金融机构人民币存贷款余额分别增长10.8%、10.6%。加快旅游业转型升级，积极推进与港中旅、华侨城、上海复星、大连万达、成都会展等企业的合作。新增5A级景区2处。着力整顿旅游市场秩序。第三产业增加值增长9.5%。

三、农业工业服务业不断发展，屡创新高，确保了经济高速增长

（一）农业生产稳定发展，基础地位更加牢固，农业产业化发展取得显著成绩

改革开放以来，农村体制改革使云南省成功解决了全省的粮食供给问题，粮食生产实现了总量基本平衡、丰年有余的历史性跨越。云南粮食总产量已由1978年864.05万吨达到2016年的1902.90万吨，人均粮食占有量达到398.9公斤；云南水果总产量已由1978年11.62万吨达到2016年的759.11万吨，增长65倍；农业总产值由1978年的40.02亿元增加到2016年3633.12亿元。云南深化农村税费、县乡财政、乡镇机构改革，实施优势农产品推进工程，开展精准扶贫，农村经济快速发展，1987年农业总产值突破100亿元，2005年农业总产值突破1000亿元，2013年农业总产值突破3000亿元，2016年农业总产值达3633.12亿元。农业基地规模不断扩大，农业形势比较稳定，蔬菜、肉产品、禽类产品供应充足，龙头企业组织带动能力不断增强，产业体系不断完善。

（二）工业经济快速发展，支柱地位明显加强

改革开放以来，良好的发展环境促使工业发展取得新成效，经济结构调整和产业优化升级取得新进展。工业总量快速增长，建立起了相对完善的工业体系，产业结构日趋合理。全省工业总产值由1978年的55.43亿元增加到2015年12169.67亿元，增长200多倍。云南按照新型工业化发展要求，加快推进"工业

强省"战略，扎实开展"三去一降一补"，一批县（市）加大结构调整力度，加速县域工业化进程，工业经济快速增长，支柱地位明显加强。县域第二产业完成增加值从 1978 年的 16.543 亿元提高到 2016 年的 5799.34 亿元。2016 年去生铁产能 125 万吨、粗钢产能 376 万吨、煤炭产能 1896 万吨，超额完成去产能任务。

（三）服务业由弱变强，保持了较快的发展态势

改革开放以来，云南省服务业保持了较快的发展态势，促进了经济平稳健康增长。服务需求旺盛，行业增速加快，旅游业取得较大发展，服务创新不断涌现，服务消费增长明显。云南省服务业增加值从 1978 年的 13.7 亿元占 17.4% 增加到 2016 年的 6889.17 亿元占 46.2%。2016 年全省规模以上服务业保持较快的发展态势，增速居西部第一，充分发挥了在稳增长、调结构、保民生、促就业等方面的积极作用，为全省经济平稳健康发展做出了重要贡献。2016 年接待入境旅客（包括口岸入境一日游）1199.42 万人次，比上年增长 11.54%；实现旅游外汇收入 30.75 亿美元，增长 6.93%。全年接待国内游客 4.25 亿人次，增长 31.69%；国内旅游收入 4536.54 亿元，增长 46.22%；全年实现旅游业总收入 4726.25 亿元，增长 44.10%。

云南省绝大部分县域其第三产业产值在地区生产总值中的比重稳步提高，第一产业产值所占比重持续下降，第二产业产业所占比重稳中有降，表明云南县域产业结构处于优化和调整的过程，产业结构调整向好的趋势凸显，三产成为推动经济增长的重要动力。

第三章　改革开放以来云南省县域产业结构与经济增长地图

第一节　改革开放以来云南省县域人口的变化地图

为了更加形象、简洁地表述云南省县域经济主要指标的状况，我们运用 Excel 和 ArcGIS 将云南省县域经济的主要指标通过主要年份以图形的方式进行展示。主要年份的选取依据改革开放、南方谈话、新世纪而定，选取了 1978 年、1992 年、2000 年、2005 年和 2016 年等年份。

一、1978 年云南省 127 个县市区人口状况

云南省 127 个县市区的人口平均为 23.45 万，最少贡山县 2.63 万，最多宣威县 96.62 万，如下图所示。

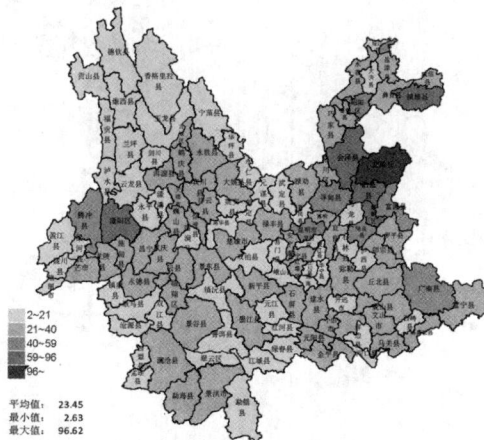

图3-1　1978年云南省127个县市区人口状况图

二、1992 年云南省 127 个县市区人口状况

云南省 127 个县市区的人口平均为 28.87 万，最少贡山县 3.26 万，最多宣威市 120.89 万。

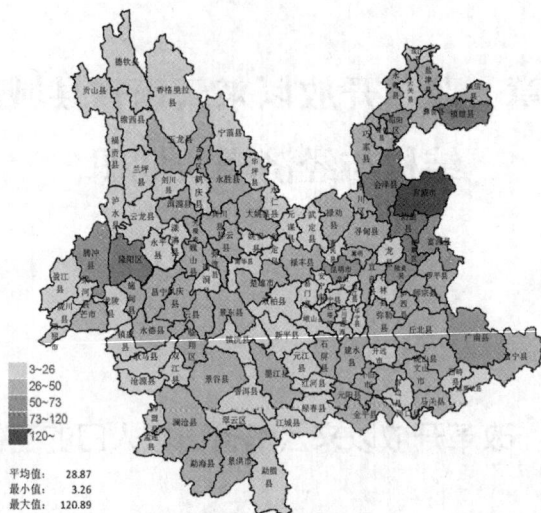

图3-2　1992年云南省127个县市区人口状况图

三、2000 年云南省 128 个县市区人口状况

云南省 128 个县市区的人口平均为 30.86 万，最少仍是贡山县 3.39 万，最多还是宣威市 130 万。

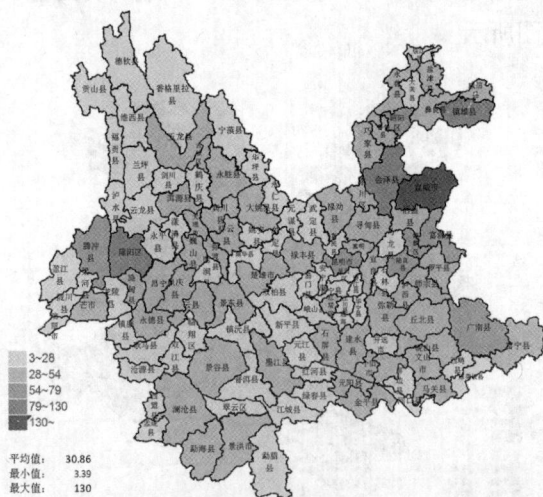

图3-3　2000年云南省128个县市区人口状况图

四、2012 年云南省 129 个县市区人口状况

云南省 129 个县市区的人口平均为 34.78 万,最少贡山县 3.8 万,最多镇雄县 133.98 万。

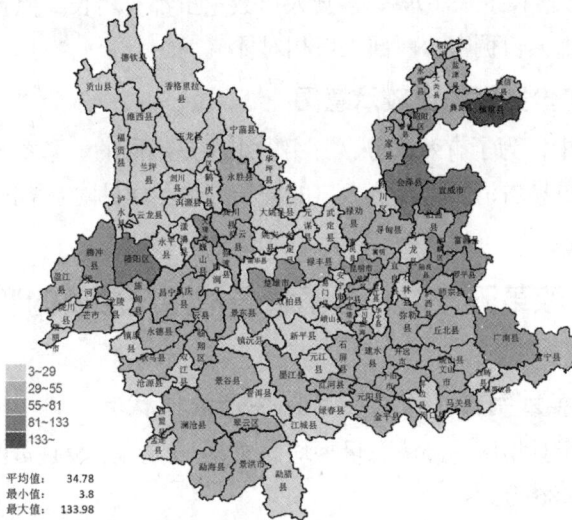

图3-4 2012年云南省129个县市区人口状况图

五、2016 年云南省 129 个县市区人口状况

云南省 129 个县市区的人口平均为 36.98 万,最少贡山县 3.86 万,最多镇雄县 139.47 万。

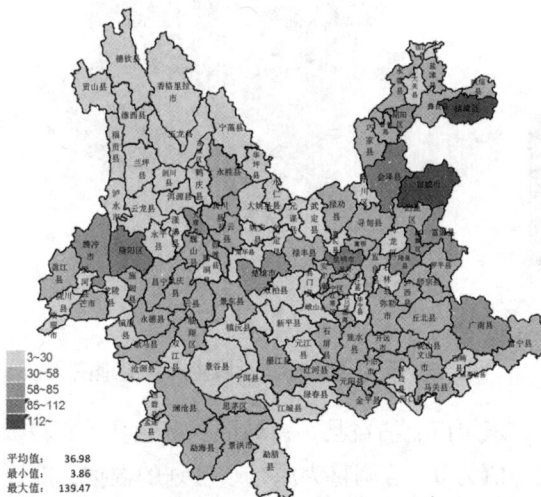

图3-5 2016年云南省129个县市区人口状况图

23

39年来，县级人口平均数从23.45万人增加到36.98万人，增加了13.53万人，增长了48.32%；人口最少的县的人口从2.63万人增加到3.86万人，增加了1.23万人，增长了44.49%；人口最多的县的人口从96.62万人增加到139.47万人，增加了42.85万人，增长了38.67%。各县人口数量虽都有增长，但差异增大，相差近137万人；东部人口稠密，西部人口相对稀疏。

六、主要年份数据的比较示意图

上面的图形中，为了有效区分，分组的组距是不同的。彩图5中的组距是相同的，让我们能更易看清县域经济人口的增长变化。详见附录彩图5。

第二节 改革开放以来云南省县域生产总值的变化地图

一、1978年云南省127个县市区生产总值状况

云南省127个县市区的经济总量平均为5069万元，最少是贡山县343万元，最高是曲靖县26986万元。

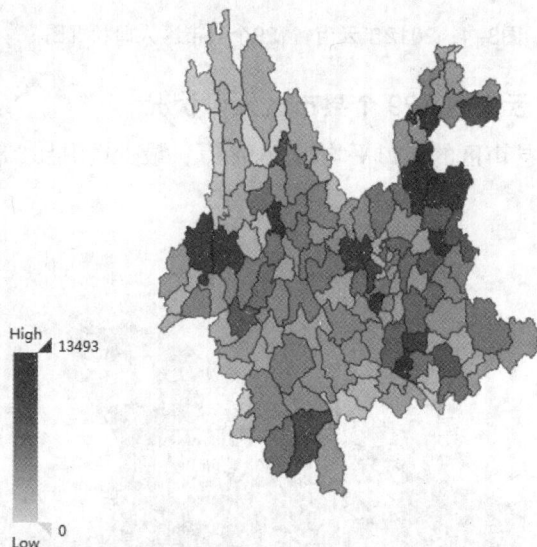

图3-6 云南省1978年县域生产总值地图

注：因水富县、东川市、沾益县、古城区、玉龙县等新设为县级单位，设立前无数据，出现最小值为0。若调整为原行政区划的数据，新设立时会发生激烈变动，故未作调整。

二、1980 年云南省 127 个县市区生产总值状况

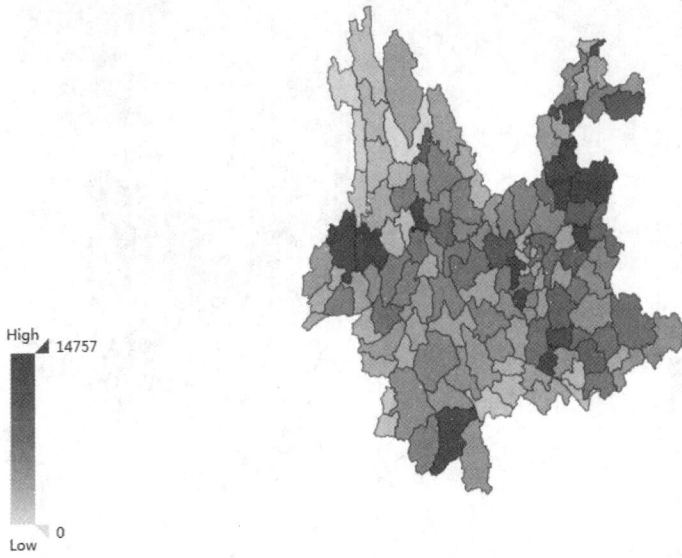

图3-7 云南省1980年县域生产总值地图

三、1985 年云南省 127 个县市区生产总值状况

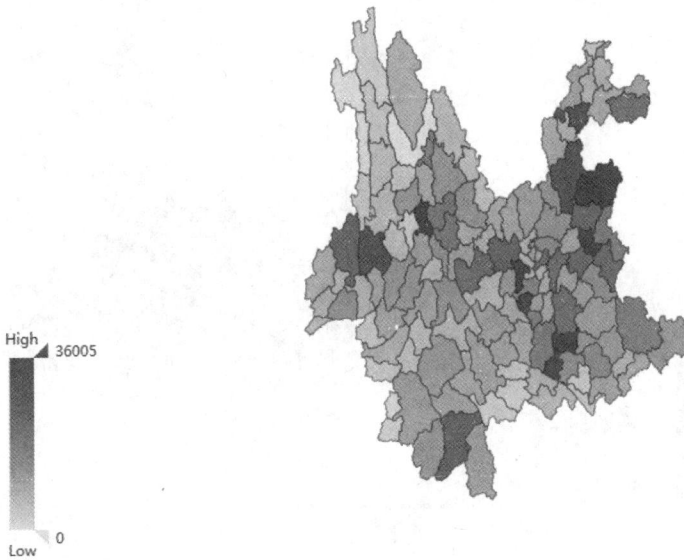

图3-8 云南省1985年县域生产总值地图

四、1990 年云南省 127 个县市区生产总值状况

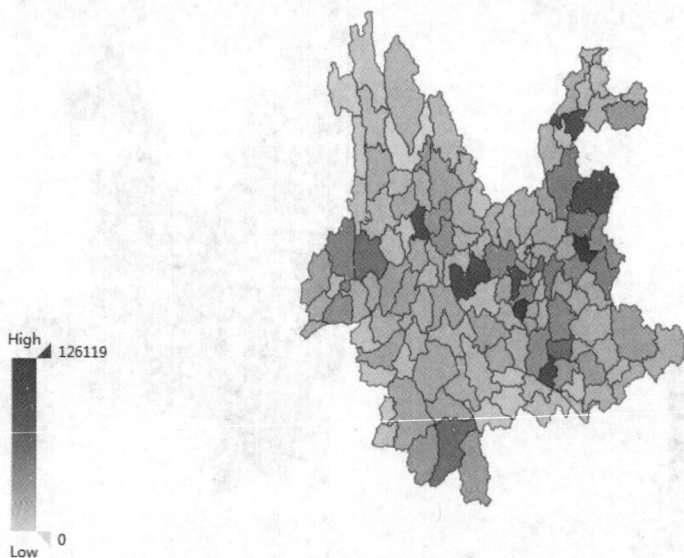

图3-9 云南省1990年县域生产总值地图

五、1995 年云南省 128 个县市区生产总值状况

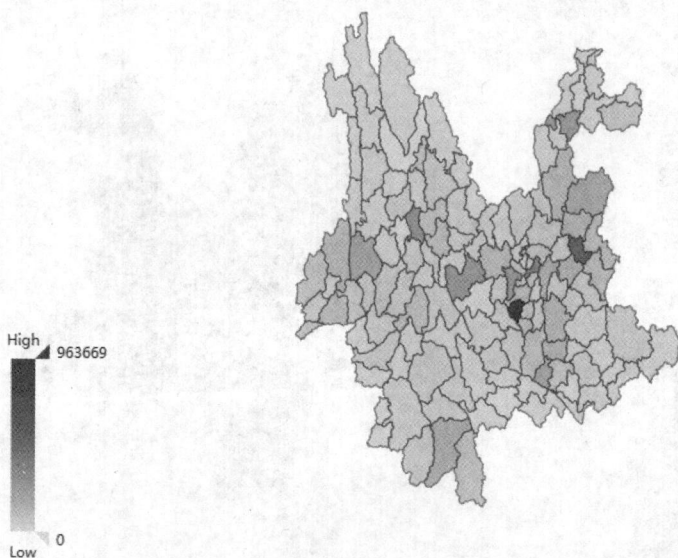

图3-10 云南省1995年县域生产总值地图

六、2000 年云南省 128 个县市区生产总值状况

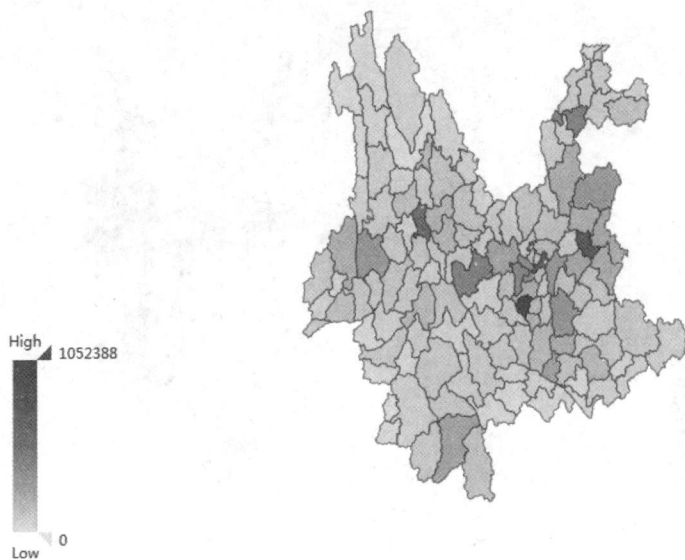

图3-11　云南省2000年县域生产总值地图

七、2005 年云南省 129 个县市区生产总值状况

图3-12　云南省2005年县域生产总值地图

八、2010 年云南省 129 个县市区生产总值状况

图3-13　云南省2010年县域生产总值地图

九、2015 年云南省 129 个县市区生产总值状况

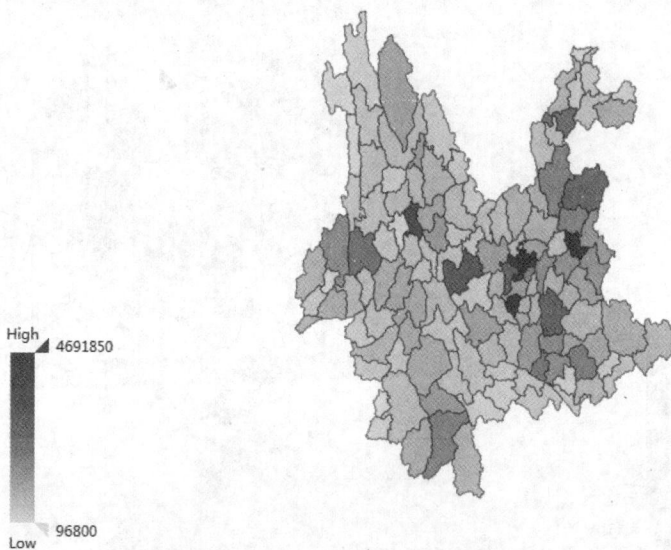

图3-14　云南省2015年县域生产总值地图

十、2016 年云南省 129 个县市区生产总值状况

2016 年云南省 129 个县市区的生产总值为 15045.69 亿元，平均值为 116.6333 亿元，其中最大值为官渡区 1002.07 亿元，最小值为贡山县 11.04 亿元，相差 991 亿元，中位数为 72.11 亿元。

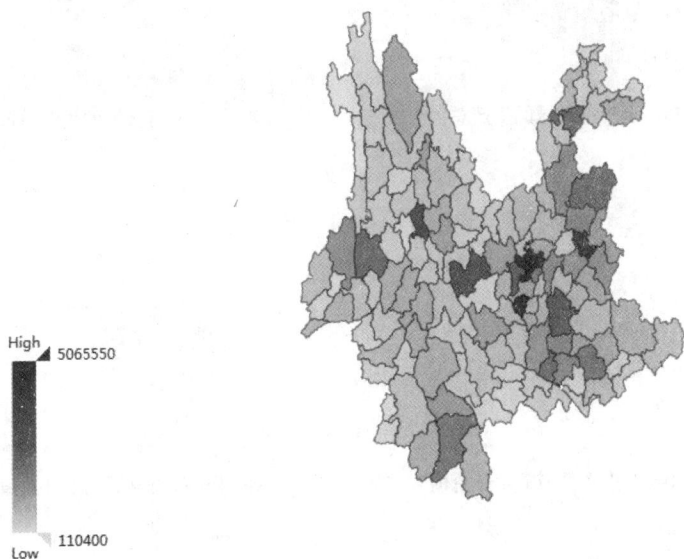

图3-15　云南省2016年县域生产总值地图

十一、主要年份数据的比较示意图

上面的图形中，为了有效区分，分组的组距是不同的。彩图 6 中的组距是相同的，让我们能更易看清县域经济的增长变化（后文相同，不再赘述）。

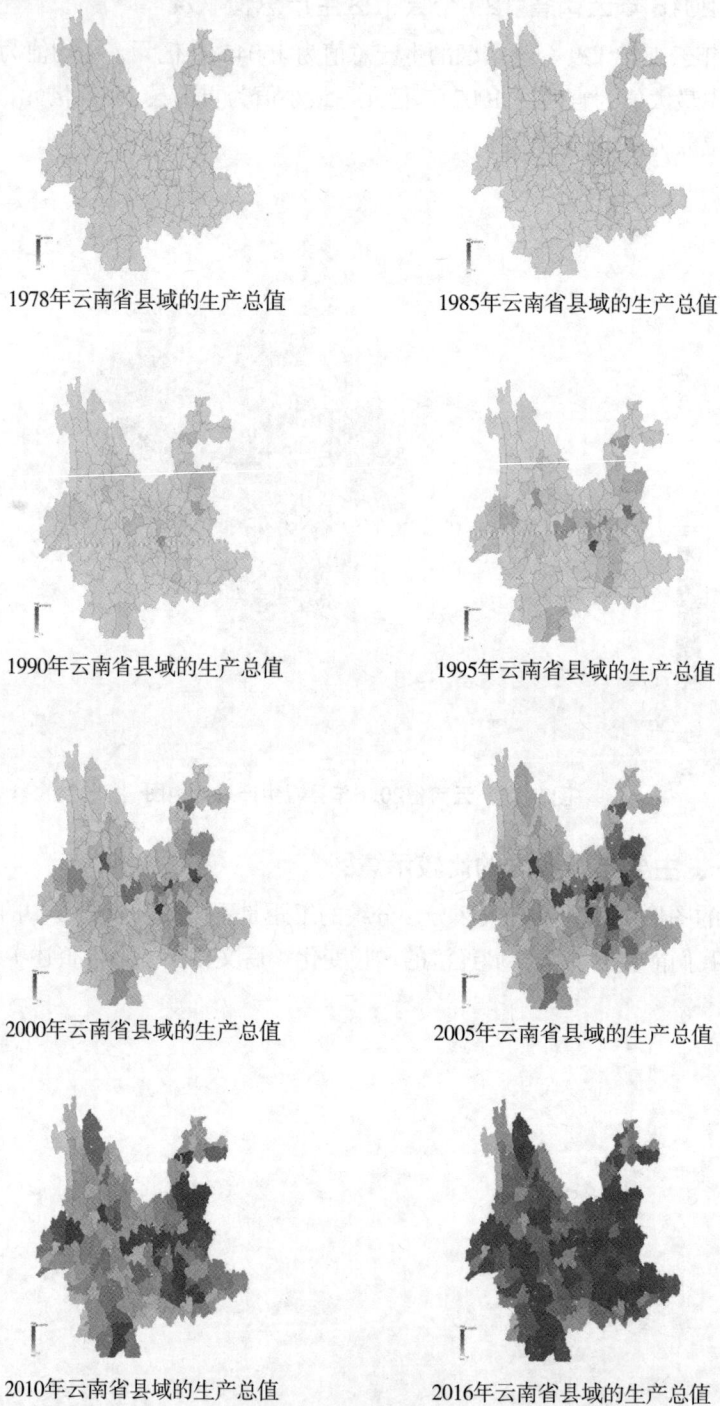

1978年云南省县域的生产总值

1985年云南省县域的生产总值

1990年云南省县域的生产总值

1995年云南省县域的生产总值

2000年云南省县域的生产总值

2005年云南省县域的生产总值

2010年云南省县域的生产总值

2016年云南省县域的生产总值

图3-16　1978年至2016年云南省县域生产总值变化地图

第三节 改革开放以来云南省县域三次产业增加值的变化地图

一、改革开放以来云南省县域第一产业增加值的变化地图

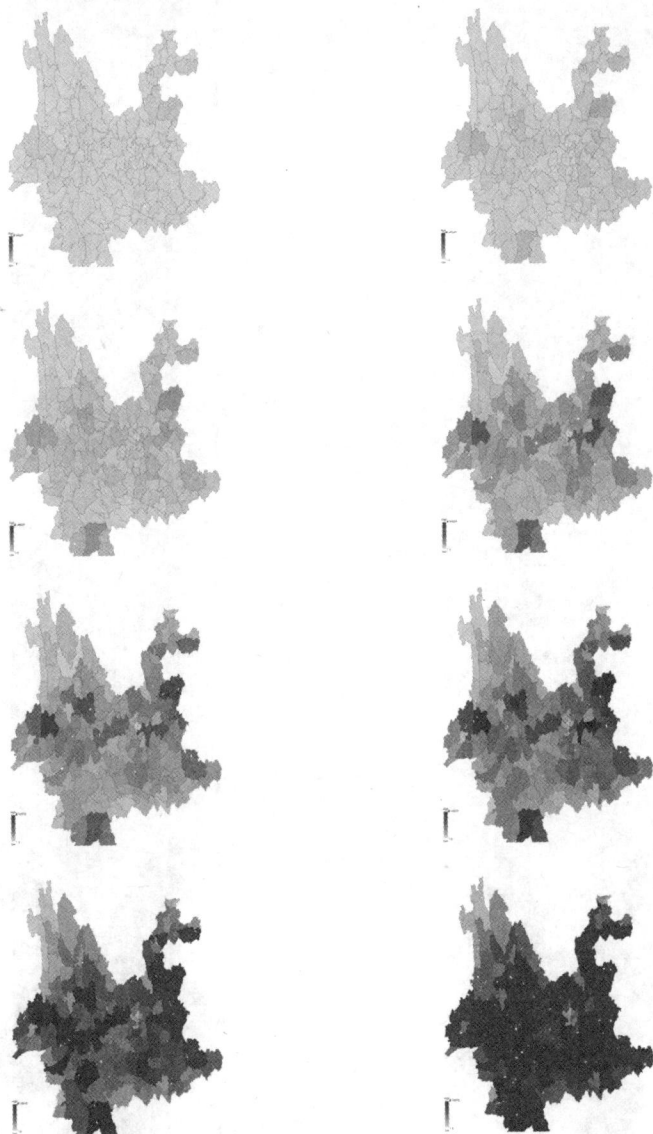

图3-17 云南省1978年至2016年县域第一产业增加值变化地图

二、改革开放以来云南省县域第二产业增加值的变化地图

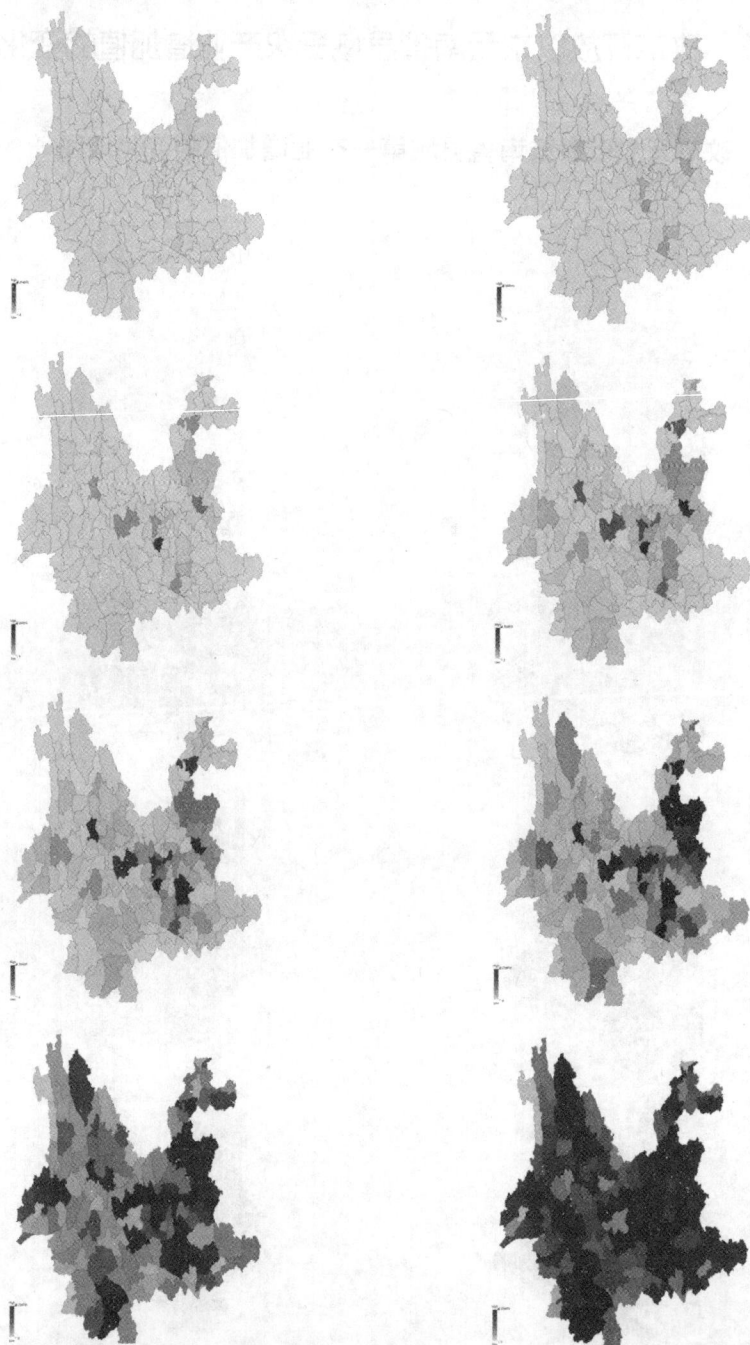

图3-18　云南省1978年至2016年县域第二产业增加值变化地图

三、改革开放以来云南省县域第三产业增加值的变化地图

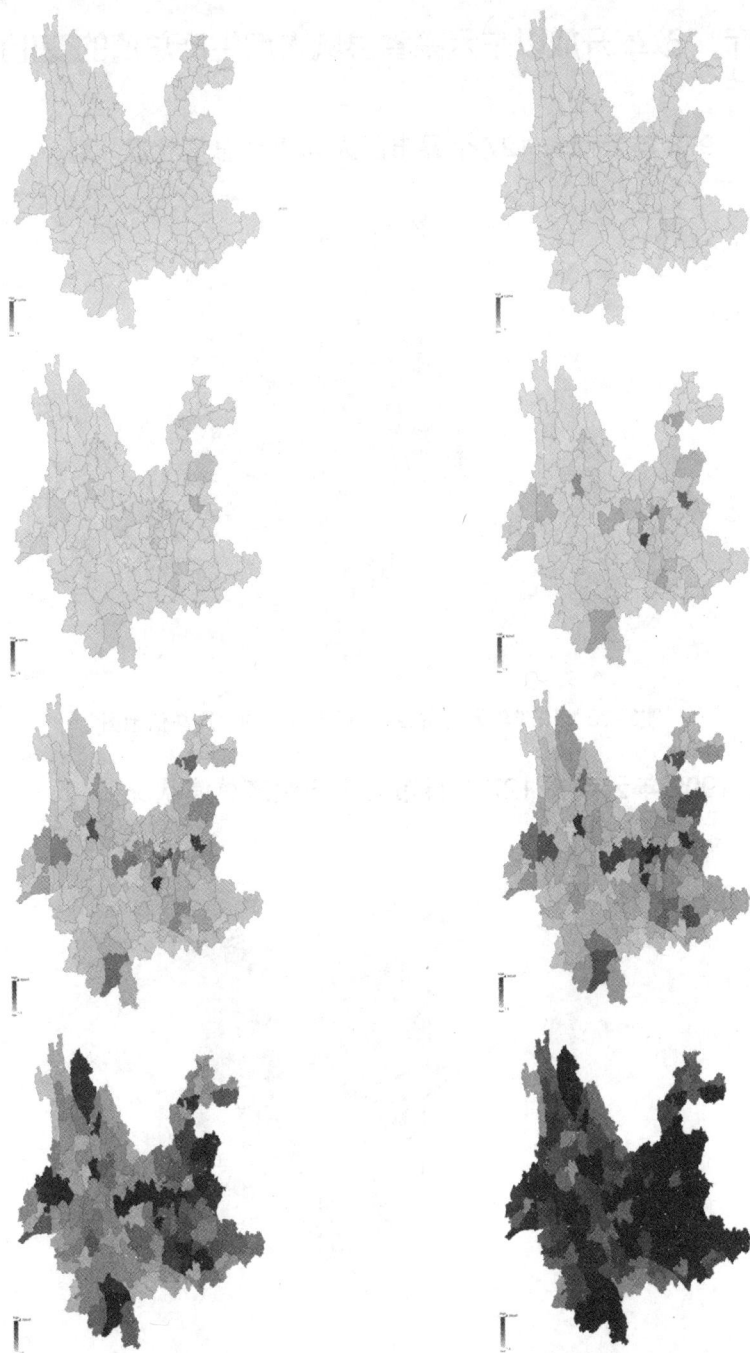

图3-19　云南省1978年至2016年县域第三产业增加值变化地图

第四节　改革开放以来云南省县域人均生产总值的变化地图

一、1978 年云南省 127 个县市区人均生产总值状况

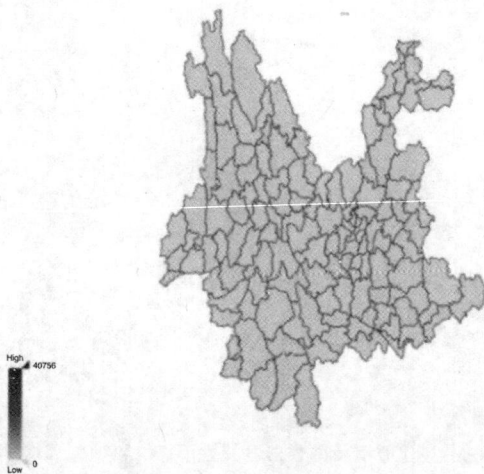

图3-20　1978年云南省127个县市区人均生产总值地图

二、1992 年云南省 127 个县市区人均生产总值状况

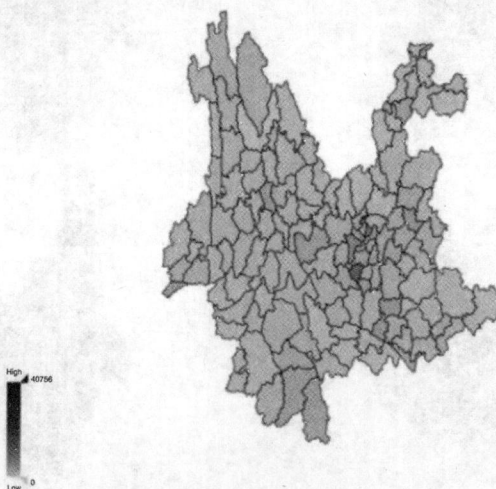

图3-21　1992年云南省127个县市区人均生产总值地图

三、2000 年云南省 128 个县市区人均生产总值状况

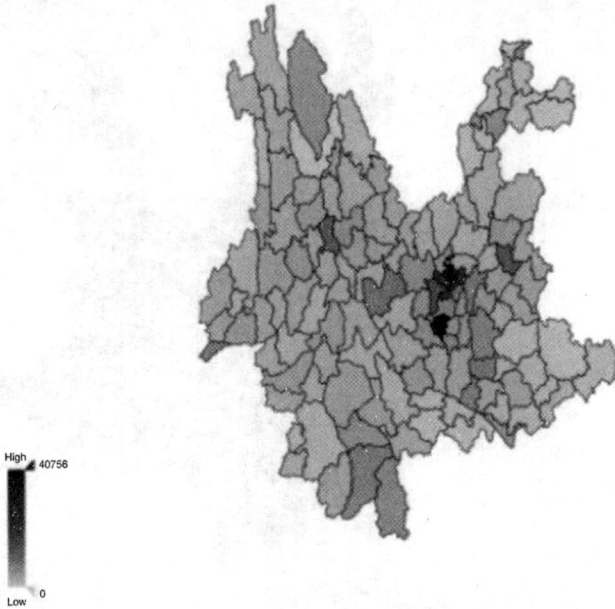

图3-22 2000年云南省128个县市区人均生产总值地图

四、2010 年云南省 129 个县市区人均生产总值状况

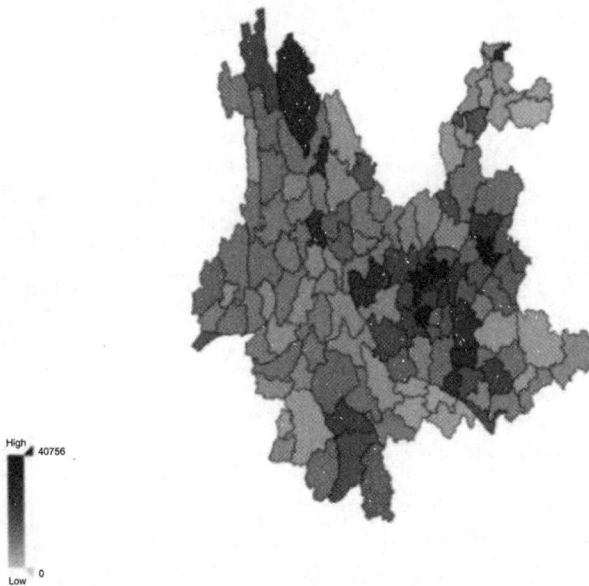

图3-23 2010年云南省129个县市区人均生产总值地图

五、2016 年云南省 129 个县市区人均生产总值状况

High
40756

Low
0

图3-24　2016年云南省129县市区人均生产总值地图

六、1978 年至 2016 年云南省 129 个县市区人均生产总值状况变化图

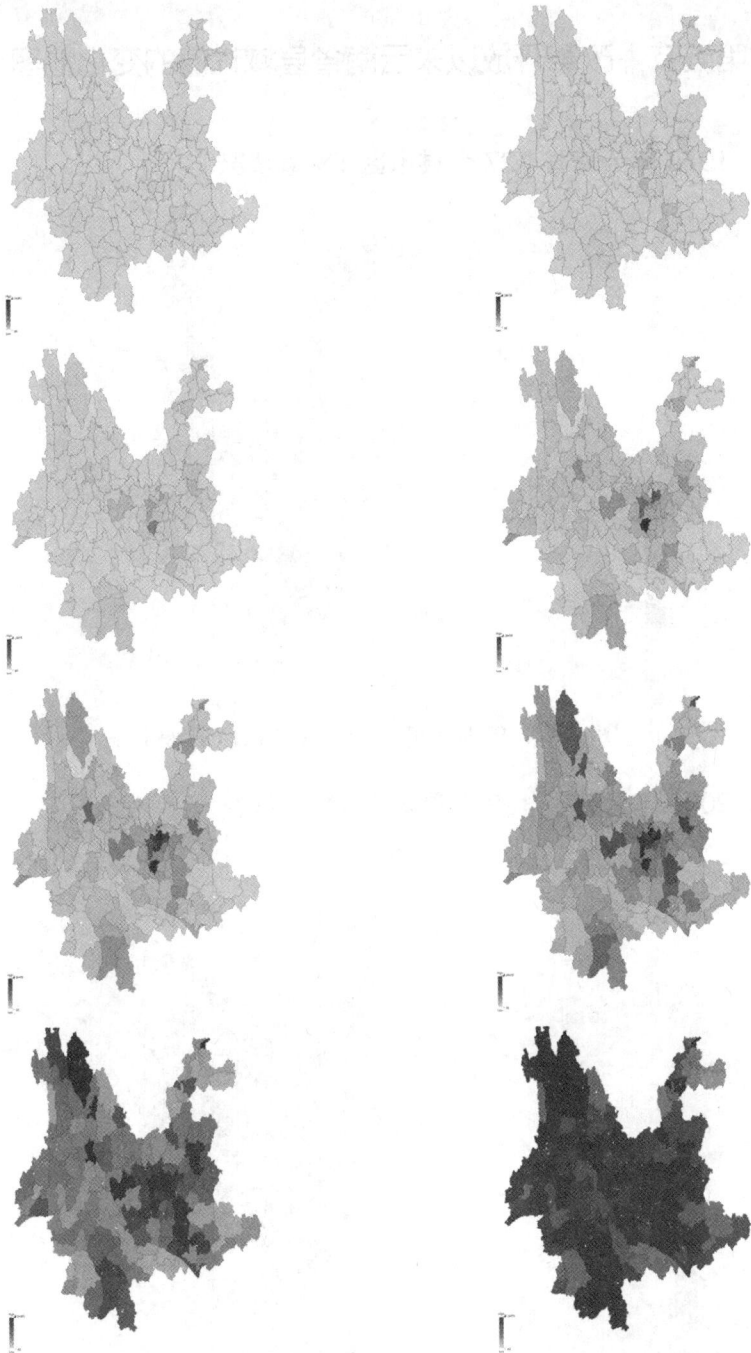

图3-25　1978年至2016年云南省县域人均生产总值变化地图

第五节　改革开放以来云南省县域TY值的变化地图

一、1978 年云南省 127 个县市区 TY 值状况

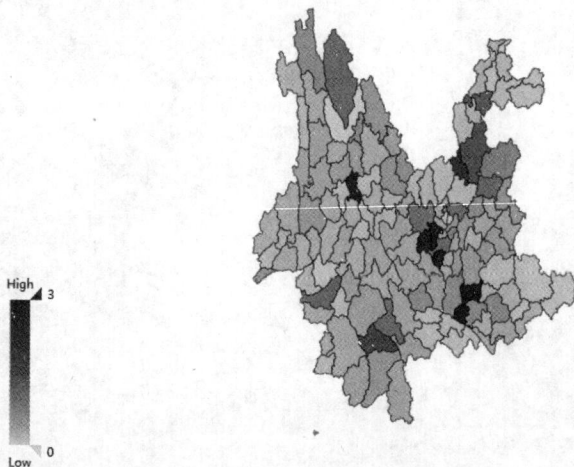

图3-26　1978年云南省127个县市区TY值地图

二、2000 年云南省 128 个县市区 TY 值状况

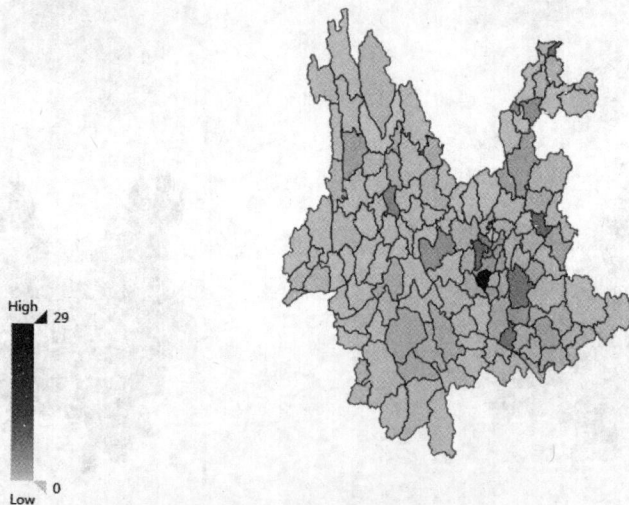

图3-27　2000年云南省128个县市区TY值地图

三、2016 年云南省 129 个县市区 TY 值状况

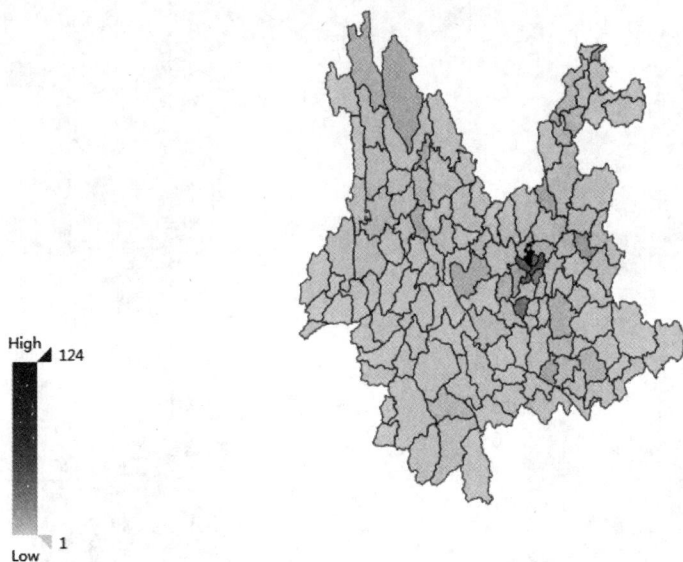

图3-28 2016年云南省129个县市区TY值地图

四、1978 年至 2016 年云南省 129 个县市区 TY 值状况变化图

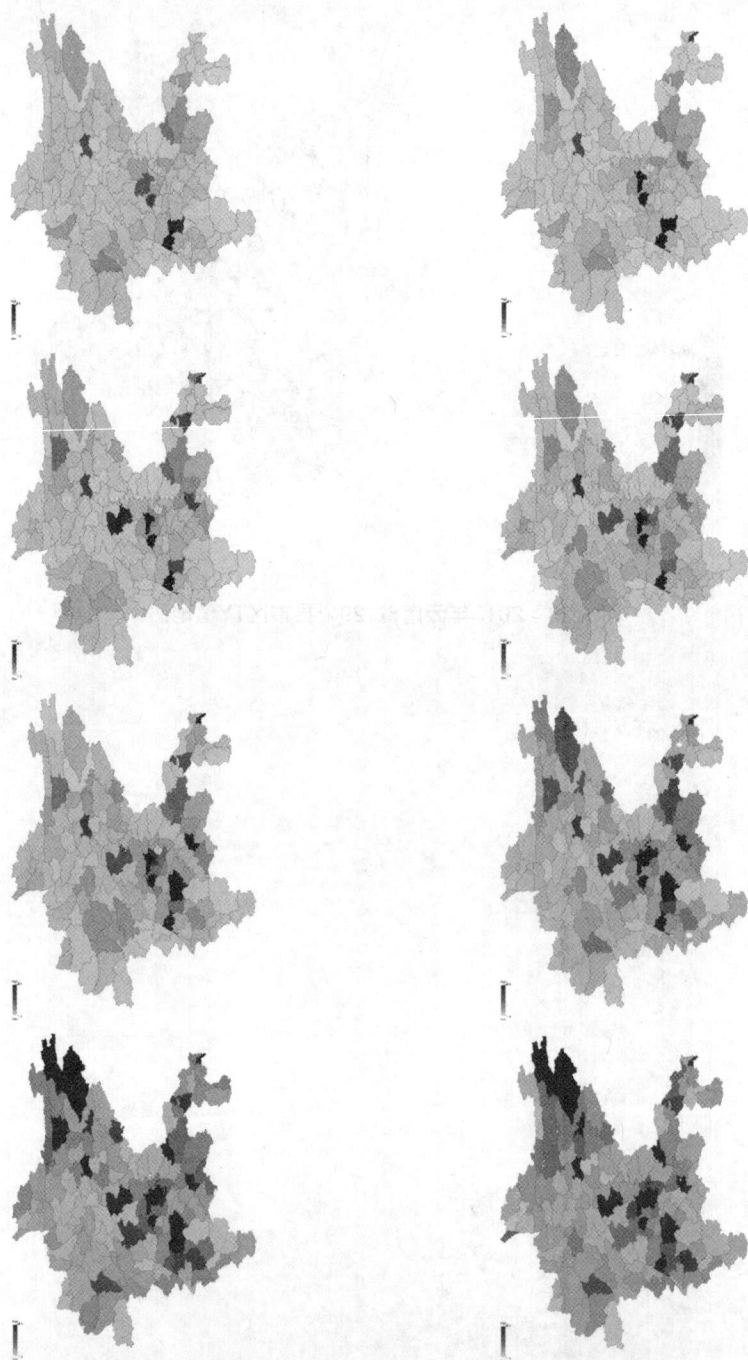

图3-29　1978年—2016年云南省县域TY值变化地图

第四章 改革开放以来云南省县域产业结构与经济增长的分析研究

第一节 基于三角形中线的三次产业结构变迁路径的理论研究

如何对产业进行分类，取决于研究产业结构的具体目的。我们用下图表示三次产业结构变化的六种形式，即"123"、"132"、"213"、"231"、"312"、"321"等六种形式（下文简写为123等），从截面数据上看，在某一时刻，任何一个国家、或地区县市将呈现三次产业结构中的一种；从时间序列数据上看，在历史长河中，任何一个国家或地区、县市都在这六种形式中变化。

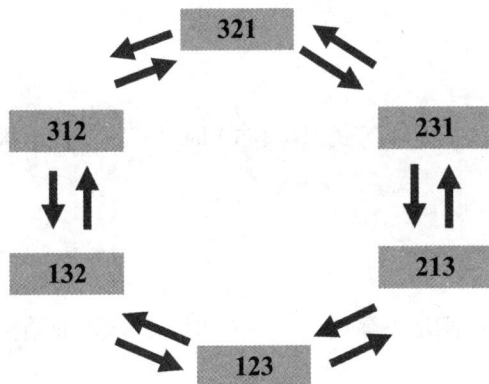

图4-1 三次产业结构变迁图

一、六种三次产业结构形式的数学约束

六种产业结构的形式，每一种形式的数学约束，可以用一组不等式表示。我

们用 x_1、x_2、x_3 分别表示第一产业增加值（农业增加值）、第二产业增加值（工业增加值）、第三产业增加值（服务业增加值）占国内生产总值（GDP）的比重，则我们有如下引理。

引理 1 当 x_2、x_3 满足不等式组（4.1）时，三次产业结构呈现 123 形式。

$$\begin{cases} 1-x_3 > 2x_2 \\ x_2 > x_3 \\ x_3 > 0 \end{cases} \quad (4\text{-}1)$$

（4-1）中已包含 $x_2 > x_3$，我们只需证明 $x_1 > x_2$。事实上，因为 $x_1+x_2+x_3=1$，即 $x_1=1-x_2-x_3$，而 $1-x_3 > 2x_2$，即 $1-x_2-x_3 > x_2$，所以 $x_1 > x_2$。

类似地，我们可以得到引理 2 至引理 6。

引理 2 当 x_2、x_3 满足不等式组（4-2）时，三次产业结构呈现 213 形式。

$$\begin{cases} 1-x_2 > 2x_3 \\ 1-x_3 < 2x_2 \\ x_3 > 0 \end{cases} \quad (4\text{-}2)$$

引理 3 当 x_2、x_3 满足不等式组（4-3）时，三次产业结构呈现 231 形式。

$$\begin{cases} 1-x_2 < 2x_3 \\ x_2+x_3 < 1 \\ x_2 > x_3 \end{cases} \quad (4\text{-}3)$$

引理 4 当 x_2、x_3 满足不等式组（4-4）时，三次产业结构呈现 321 形式。

$$\begin{cases} x_2+x_3 < 1 \\ 1-x_3 < 2x_2 \\ x_3 > x_2 \end{cases} \quad (4\text{-}4)$$

引理 5 当 x_2、x_3 满足不等式组（4-5）时，三次产业结构呈现 312 形式。

$$\begin{cases} 1-x_2 < 2x_3 \\ 1-x_3 > 2x_2 \\ x_2 > 0 \end{cases} \quad (4\text{-}5)$$

引理 6 当 x_2、x_3 满足不等式组（4-6）时，三次产业结构呈现 132 形式。

$$\begin{cases} 1-x_2 > 2x_3 \\ x_3 > x_2 \\ x_2 > 0 \end{cases} \quad (4\text{-}6)$$

由引理 1 至引理 6，我们有

定理 1 当 x_2、x_3 分别满足不等式组（4-1）、（4-2）、（4-3）、（4-4）、

（4-5）、（4-6）时，三次产业结构呈现 123、213、231、321、312、132 形式。

若我们用 x_1、x_2、x_3 分别表示第一、第二、第三产业的就业人数占总就业人数的比重，可得到类似的结论。

二、基于三角形中线的三次产业结构

三次产业结构变化的图形表示，一般如下图所示，图中用三条折线表示了三次产业结构的变化。

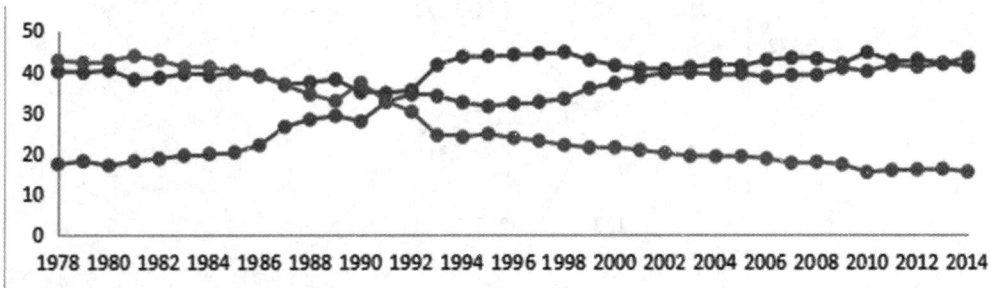

图4-2　某地1978年至2014年三次产业结构变化图

下面我们利用三角形的中线，尝试用一条折线表示三次产业结构的变化过程。三角形的中线具有良好的性质，我们用三角形的三条中线来划分三次产业结构的六种形式，在三角形中能简洁有效地表示这六种形式及其变化。因为 $0<x_i<1$（i=1,2,3）（注：若我们设 $0<x_i<100$，亦可得到相应结论），我们构建笛卡尔直角坐标系 X_2OX_3，如下图。设 A、B 的坐标分别为（1，0）、（0，1），AE、BD、OF 分别为 △AOB 的三条中线，C 为 △AOB 的三条中线的交点，根据三角形中线的性质，C 的坐标为（1/3，1/3），D、E、F 的坐标分别为（1/2，0）、（0，1/2）、（1/2，1/2）；△AOC、△BOC 和△ACB 的面积相等，即

$S_{\triangle AOC}=S_{\triangle BOC}=S_{\triangle ACB}=S_{\triangle AOB}$ 的三分之一；△ACD、△OCD、△OCE、△BCE、△BCF 和△ACF 的面积相等，即 $S_{\triangle ACD}=S_{\triangle OCD}=S_{\triangle OCE}=S_{\triangle BCE}=S_{\triangle BCF}=S_{\triangle ACF}=S_{\triangle AOB}$ 的 1/6。

X_3 （第三产业占比）

B(0,1)

312   321   F(1/2,1/2)

E(0,1/2)

C(1/3,1/3)

132   231

123   213

0   D(1/2,0)   A(1, 0) X_2

（第二产业占比）

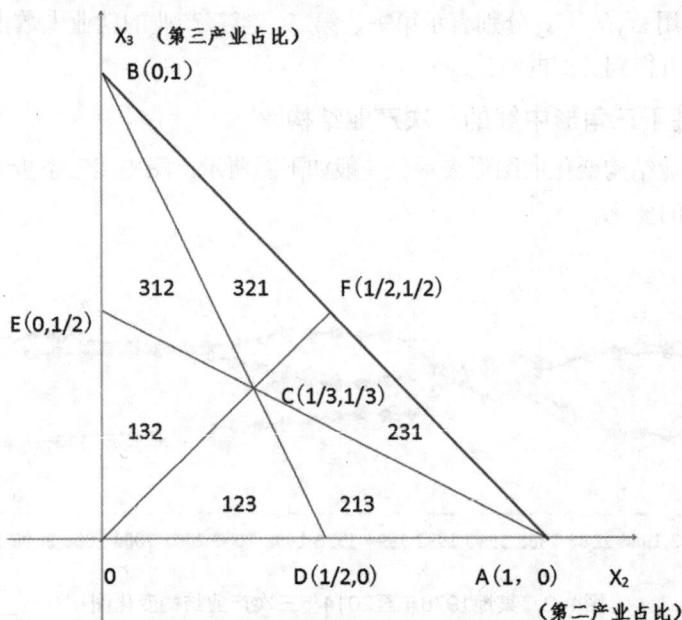

图4-3　三角形中线与三次产业结构关系图

引理7　当三次产业结构呈现123时,有△OCD中的一个点(x_2,x_3)与之对应。事实上,当三次产业结构呈现123时,$x_1 > x_2 > x_3 > 0$,即满足（4-1）式。类似地,我们可以得到引理8至引理12。

引理8　当三次产业结构呈现213时,有△ACD中的一个点(x_2,x_3)与之对应。

引理9　当三次产业结构呈现231时,有△ACF中的一个点(x_2,x_3)与之对应。

引理10　当三次产业结构呈现321时,有△BCF中的一个点(x_2,x_3)与之对应。

引理11　当三次产业结构呈现312时,有△BCE中的一个点(x_2,x_3)与之对应。

引理12　当三次产业结构呈现132时,有△OCE中的一个点(x_2,x_3)与之对应。

由引理7至引理12,我们有

定理2　三次产业结构呈现的123、213、231、321、312和132六种形式,与△AOB的三条中线划分的六个三角形△OCD、△ACD、△ACF、△BCF、△BCE和△OCE中的点相对应。

这样,我们就可用平面上三角形中点的变化轨迹来表示三次产业结构的变化过程或变迁的路径。

例如中国1952年至2015年三次产业结构的变化过程如下图所示。

图中显示了中国1952年至2015年三次产业结构变迁的路径是132→123→213→231→321的路径,即逆时针优化发展路径。

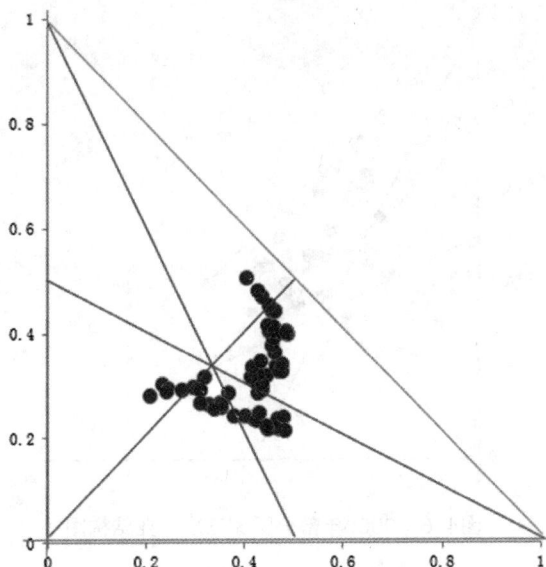

图4-4 1952年至2015年中国三次产业结构的变化过程图

1800年至2014年美国三次产业结构的变化过程如下图所示。

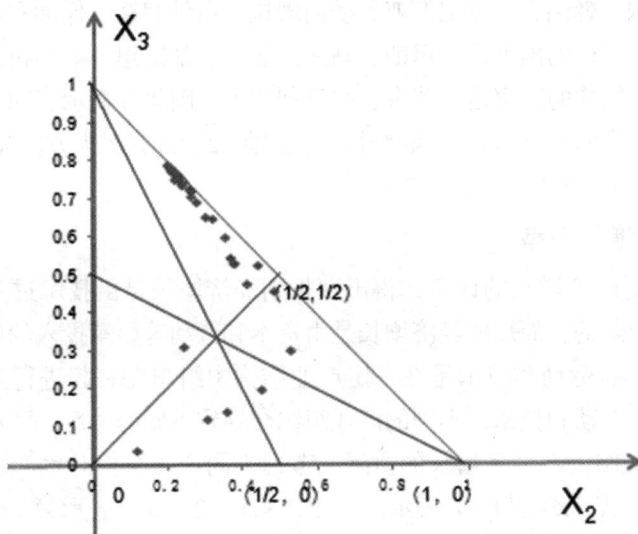

图4-5 1800年至2014年美国三次产业结构的变化过程图

图4-5显示了1800年至2014年美国三次产业结构变迁的路径是132→123→213→231→321的路径，即逆时针优化发展路径。

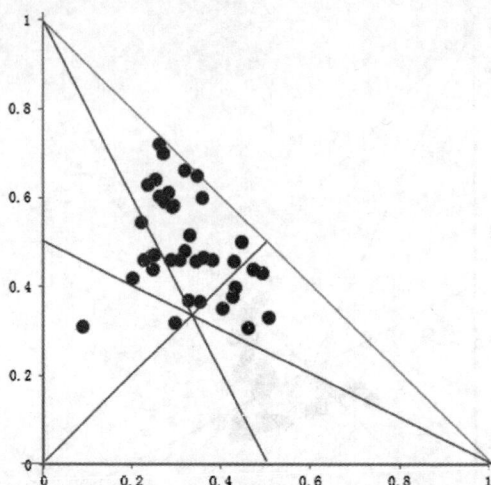

图4-6　2000年部分国家三次产业结构图

图4-6显示了2000年部分国家三次产业结构的状况，呈现321结构的国家是：美国、阿根廷、巴西、捷克、法国、德国、意大利、荷兰、波兰、俄罗斯、西班牙、乌克兰、英国、澳大利亚、印度、以色列、日本、哈萨克斯坦、菲律宾、新加坡、泰国、土耳其、越南、埃及、南非、加拿大、墨西哥等。呈现231结构的国家是：中国、韩国、印度尼西亚、委内瑞拉、白俄罗斯、保加利亚、罗马尼亚等。呈现312结构的国家是：伊朗、马来西亚、巴基斯坦、孟加拉国、斯里兰卡等。呈现132结构的国家是：蒙古、尼日利亚等。图4-6显示了同一时点不同国家产业结构呈现的状况（注：图4-5中的坐标轴X2、X3有时为方便起见省略之，如图4-4、图4-6，下同）。

三、经济增长模型

罗默通过对经济增长的计算，得出"长期经济增长是由技术进步（含经济制度的变迁）贡献的，而短期经济增长是由资本和劳动等要素投入的增加所贡献的。然而，资本、劳动和技术是在一定产业结构中组织在一起进行生产的，对于给定的资本、劳动和技术，不同的产业组织会导致不同的生产。"本书用这一结论来推导产业结构对经济增长的贡献。考虑不同产业结构对生产影响的函数 $Y = f(X_1, X_2, ..., X_k, A)$ 其中 Y 表示总产出；X_i,i=1,2,···,k，表示第 i 产业的产出量；A 表示经济制度和技术水平。通过对上式的全微分恒等变形，可以得到：

$$dY = \frac{\partial Y}{\partial X_1} dX_1 + \frac{\partial Y}{\partial X_2} dX_2 + \cdots\cdots + \frac{\partial Y}{\partial X_k} dX_k + \frac{\partial Y}{\partial A} dA \qquad （4-7）$$

上式两端同除以 Y 得：

$$\frac{dY}{Y} = \frac{X_1}{Y}\frac{1}{X_1}\frac{\partial Y}{\partial X_1}dX_1 + \frac{X_2}{Y}\frac{1}{X_2}\frac{\partial Y}{\partial X_2}dX_2 + \cdots\cdots + \frac{X_k}{Y}\frac{1}{X_k}\frac{\partial Y}{\partial X_k}dX_k + \frac{A}{Y}\frac{1}{A}\frac{\partial Y}{\partial A}dA \quad （4-8）$$

其中 $\dfrac{X_i}{Y}\dfrac{\partial Y}{\partial X_i}$ 表示第 i 产业的产出弹性，记为 βi；则上式可以写成

$$\frac{dY}{Y} = \beta_1\frac{dX_1}{X_1} + \beta_2\frac{dX_2}{X_2} + \cdots\cdots + \beta_k\frac{dX_k}{X_k} + \beta_0 \quad （4-9）$$

其中 β_0 表示经济制度变迁对总产出的贡献。因此，可利用以下计量模型计算三次产业结构对经济增长的贡献：

$$\ln Y = c(1) + c(2)\ln(X1) + c(3)\ln(X2) + c(4)\ln(X3) + \varepsilon \quad （4-10）$$

四、产业结构合理化的度量指标 TY 值

产业结构合理化指的是产业间的聚合质量，它一方面是产业之间协调程度的反映，另一方面还应当是资源有效利用程度的反映，也就是说它是要素投入结构和产出结构耦合程度的一种衡量。改革开放以来云南省正处在产业结构由低级阶段向高级阶段演化过程中，本书采用第二产业和第三产业产值之和与第一产业产值之比的一半（记为 TY）作为产业结构合理化度量的又一指标。即

$$TY = \frac{1}{2}\frac{Y_2 + Y_3}{Y_1} \quad （4-11）$$

式中，$Yi > 0$（i=1,2,3），故 TY>0；当 Y_1 下降（或减少）时，$Y_2 + Y_3$ 必然上升（或增大），故 TY 上升（或增大）。简言之，TY 不断上升（或增大），第一产业创造的国民收入在整个国民经济中的比重不断缩小，第二产业和第三产业的比重不断扩大，即在经济发展的过程中，产业结构的重心由第一产业向第二、第三产业逐步转移。这反映了产业结构由低级阶段向高级阶段演化过程中的合理化倾向，与三次产业结构变迁的一般规律相一致。这一度量能够清楚地反映出产业结构由低级阶段向高级阶段演化过程中的合理化倾向。如果 TY 值处于上升状态，就意味着经济在向工业化的方向推进，产业结构在合理化升级。

第二节 基于三角形中线的三次产业结构变迁路径的图形分析

一、从 1978 年时的三次产业结构观察其变化情况

1978 年时，三次产业结构呈现"123"结构的官渡区、晋宁县、富民县、宜良县、嵩明县、马龙县、富源县、沾益县、宣威市、江川县、通海县、华宁县、元江县、宁洱县、景谷县、江城县、孟连县、耿马县、牟定县、大姚县、永仁县、武定县、禄丰县、蒙自市、建水县、弥勒县、麻栗坡县、勐海县、鹤庆县和香格里拉县等 30 个县市区。经过 38 年发展后，2016 年三次产业结构都发生了变化，变为"132"结构的有 1 个县，即耿马县；变为"213"结构的有 2 个县市区，即景谷县和江城县；变为"231"结构的有 7 个县市，即富民县、嵩明县、马龙县、沾益县、蒙自市、弥勒市和鹤庆县；变为"312"结构的有 4 个县，即宜良县、元江县、孟连县和永仁县；变为"321"结构的有 16 个县市区，即官渡区、晋宁县、富源县、宣威市、江川区、通海县、华宁县、宁洱县、牟定县、大姚县、武定县、禄丰县、建水县、麻栗坡县、勐海县和香格里拉市。

1978 年时，三次产业结构呈现"132"结构的呈贡区、西山区、石林县、禄劝县、寻甸县、陆良县、师宗县、罗平县、澄江县、峨山县、新平县、隆阳区、施甸县、腾冲县、龙陵县、昌宁县、鲁甸县、巧家县、盐津县、永善县、绥江县、镇雄县、彝良县、威信县、古城区、永胜县、华坪县、宁蒗县、墨江县、景东县、镇沅县、澜沧县、西盟县、临翔区、凤庆县、云县、永德县、镇康县、双江县、沧源县、楚雄市、双柏县、南华县、姚安县、元谋县、屏边县、石屏县、泸西县、元阳县、红河县、金平县、绿春县、河口县、文山市、砚山县、西畴县、马关县、丘北县、广南县、富宁县、景洪市、勐腊县、漾濞县、祥云县、宾川县、弥渡县、南涧县、巍山县、永平县、云龙县、洱源县、剑川县、瑞丽市、芒市、梁河县、盈江县、陇川县、泸水县、福贡县、贡山县、兰坪县、德钦县和维西县等 83 个县市区。经过 38 年发展后，2016 年三次产业结构没有发生变化的有 1 个县，即宾川县；几经变化，2016 年三次产业结构仍呈现"132"结构的有 7 个县，即陆良县、巧家县、彝良县、景东县、镇沅县、凤庆县和石屏县；变为"123"结构的有 2 个县，即师宗县和昌宁县；变为"231"结构的有 15 个县市区，即呈贡区、永善县、永胜县、华坪县、澜沧县、楚雄市、金平县、绿春县、马关县、漾濞县、云龙县、剑川县、盈江县、龙陵县和云县；变为"312"结构的有 18 个县市区，即寻甸县、西盟县、双柏县、姚安县、元谋县、红河县、西畴县、丘北县、广南县、勐腊县、

弥渡县、巍山县、永平县、芒市、梁河县、陇川县、福贡县和贡山县；变为"321"结构的有 40 个县市区，即西山区、石林县、禄劝县、罗平县、澄江县、峨山县、新平县、隆阳区、施甸县、鲁甸县、盐津县、腾冲县、绥江县、镇雄县、威信县、古城区、宁蒗县、墨江县、临翔区、永德县、镇康县、双江县、沧源县、南华县、屏边县、泸西县、元阳县、河口县、文山市、砚山县、富宁县、景洪市、祥云县、南涧县、洱源县、瑞丽市、泸水市、兰坪县、德钦县和维西县。

1978 年时，三次产业结构呈现"213"结构的东川区、麒麟区、会泽县、红塔区、易门县、昭阳区、水富县、个旧市和 1981 年成立的水富县等 8 个县市区，经过 38 年发展后，2016 年三次产业结构都发生了变化，全部变为"231"结构。

1978 年时，三次产业结构呈现"231"结构的五华区、盘龙区、安宁市、开远市和大理市等 5 个市区，经过 38 年发展后，几经变化，2016 年三次产业结构仍呈现"231"结构的有 1 个区，即五华区；其余 4 个市区变为"321"结构。

1978 年时，三次产业结构呈现"312"结构的大关县和 2002 年成立的玉龙县，经过 38 年发展后，2016 年大关县变为"321"结构，玉龙县变为"231"结构。

1978 年时，三次产业结构呈现"321"结构的仅有思茅县（1993 年撤县设思茅市，2003 年撤市设翠云区，2007 更名为思茅区），经过 38 年发展后，几经变化，2016 年三次产业结构仍呈现"321"结构。

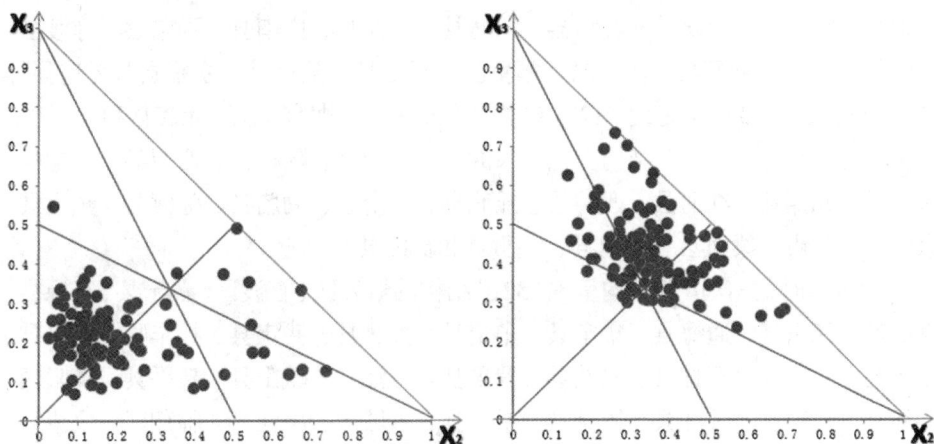

图4-7　云南省1978年和2016年三次产业结构分布图

二、从 2016 年时的三次产业结构观察其变化情况

2016 年时，三次产业结构呈现"123"结构的师宗县和昌宁县 2 个县，都是由 38 年前的"132"结构变化而来的。

2016年时，三次产业结构呈现"132"结构的宾川县、巧家县、彝良县、景东县、凤庆县、石屏县、耿马县和镇沅县等8个县，除耿马县由"123"结构变化而来，其余7个县经过38年发展后，几经变化，仍然处于"132"结构，而宾川县是38年来三次产业结构没有发生变化的1个县。

2016年时，三次产业结构呈现"213"结构的景谷县和江城县2个县，都是由38年前的"123"结构变化而来的。

2016年时，三次产业结构呈现"231"结构的五华区、富民县、嵩明县、马龙县、沾益县、蒙自市、弥勒县、鹤庆县、呈贡区、永善县、永胜县、华坪县、澜沧县、楚雄市、金平县、绿春县、马关县、漾濞县、云龙县、剑川县、盈江县、东川区、麒麟区、会泽县、红塔区、易门县、昭阳区、水富县、个旧市、玉龙县、龙陵县和云县等32个市区，有7个县市是由"123"结构变化而来的，即富民县、嵩明县、马龙县、沾益县、蒙自市、弥勒县和鹤庆县；有15个县市是由"132"结构变化而来的，即呈贡县、龙陵县、永善县、永胜县、华坪县、澜沧县、云县、楚雄市、金平县、绿春县、马关县、漾濞县、云龙县、剑川县和盈江县；有8个县市区是由"213"结构变化而来的，即东川区、麒麟区、会泽县、红塔区、易门县、昭阳区、个旧市等7个县市区和1981年国务院批准设立的水富县，玉龙县是由"312"结构变化而来的；经过38年发展后，几经变化，2016年三次产业结构仍呈现"231"结构的有1个区，即五华区，只有五华区没有发生变化。

2016年时，三次产业结构呈现"312"结构的元江县、宜良县、寻甸县、西盟县、双柏县、姚安县、元谋县、红河县、西畴县、丘北县、广南县、勐腊县、弥渡县、巍山县、芒市、梁河县、陇川县、福贡县、贡山县、陆良县、永平县和孟连县等22个市区，有3个县是由"123"结构变化而来的，即宜良县、元江县和孟连县；有19个县市是由"132"结构变化而来的，即寻甸县、陆良县、西盟县、双柏县、姚安县、元谋县、红河县、西畴县、丘北县、广南县、勐腊县、弥渡县、巍山县、永平县、芒市、梁河县、陇川县、福贡县和贡山县。

2016年时，三次产业结构呈现"321"结构的翠云区、官渡区、晋宁县、富源县、宣威市、江川县、通海县、华宁县、牟定县、大姚县、武定县、禄丰县、建水县、勐海县、西山区、石林县、禄劝县、罗平县、澄江县、峨山县、新平县、隆阳区、寻甸县、腾冲县、绥江县、镇雄县、威信县、古城区、墨江县、临翔区、永德县、镇康县、双江县、沧源县、南华县、屏边县、泸西县、砚山县、富宁县、景洪市、南涧县、洱源县、瑞丽市、泸水县、兰坪县、德钦县、维西县、盘龙区、安宁市、开远市、大关县、香格里拉市、大理市、宁洱县、麻栗坡县、鲁甸县、盐津县、宁蒗县、文山市、祥云县、永仁县、元阳县和河口县等63个县市区，有17个县市区是由"123"结构变化而来的，即官渡区、晋宁县、富源县、宣威市、江川县、通海县、华宁县、宁洱县、牟定县、南华县、大姚县、永仁县、武定县、禄丰县、建水县、麻栗坡县、勐海县和香格里拉县；有 39 个县市区是由"132"结构变化而来的，即西山区、石林县、禄劝县、罗平县、澄江县、峨山县、新平县、隆阳区、寻甸县、腾冲县、鲁甸县、盐津县、绥江县、镇雄县、威信县、古城区、宁蒗县、墨江县、临翔区、永德县、镇康县、双江县、沧源县、屏边县、泸西县、元阳县、河口县、文山市、砚山县、富宁县、景洪市、祥云县、南涧县、洱源县、瑞丽市、泸水县、兰坪县、南华县、德钦县和维西县；没有 1 个县市区是由"213"结构变化而来的；即有 4 个县市区是由"231"结构变化而来的，即盘龙区、安宁市、开远市和大理市；有 1 个县市区是由"312"结构变化而来的，即大关县。由"321"结构变化而来的仅有翠云区，经过 38 年发展后，几经变化，2016 年三次产业结构仍呈现"321"结构。

三、改革开放以来云南省 129 个县市区三次产业结构变迁图

（一）昆明市各县市区三次产业结构变迁情况

1978 年呈贡区全年地区生产总值 0.3276 亿元，其中第一产业增加值 0.1474 亿元，第二产业增加值 0.0819 亿元，第三产业增加值 0.0983 亿元；三次产业结构为 44.99:25:30.01，呈现"132"结构。1984 年呈贡区全年地区生产总值 0.7295 亿元，其中第一产业增加值 0.4127 亿元，第二产业增加值 0.159 亿元，第三产业增加值 0.1578 亿元；三次产业结构为 56.57:21.8:21.63，呈现"123"结构。1986 年呈贡区全年地区生产总值 0.6857 亿元，其中第一产业增加值 0.3086 亿元，第二产业增加值 0.1827 亿元，第三产业增加值 0.1944 亿元；三次产业结构为 45.01:26.64:28.35，呈现"132"结构。1988 年呈贡区全年地区生产总值 1.0429 亿元，其中第一产业增加值 0.4353 亿元，第二产业增加值 0.321 亿元，第三产业增加值 0.2866 亿元；三次产业结构为 41.74:30.78:27.48，呈现"123"结构。1990 年呈贡区全年地区生产总值 1.2873 亿元，其中第一产业增加值 0.6199 亿元，第二产业增加值 0.4081 亿元，第三产业增加值 0.2593 亿元；三次产业结构为 48.16:31.7:20.14，呈现"123"结构。1991 年呈贡区全年地区生产总值 2.1049 亿元，其中第一产业增加值 0.5693 亿元，第二产业增加值 1.1398 亿元，第三产业增加值 0.3958 亿元；三次产业结构为 27.05:54.15:18.8，呈现"213"结构。1992 年呈贡区全年地区生产总值 3.2114 亿元，其中第一产业增加值 0.5315 亿元，第二产业增加值 1.9489 亿元，第三产业增加值 0.731 亿元；三次产业结构为 16.55:60.69:22.76，呈现"231"结构。1995 年呈贡区全年地区生产总值 7.7845 亿元，其中第一产业增加值 1.7725 亿元，第二产业增加值 4.5274 亿元，第三产业增加值 1.4846 亿元；三次产业结构为 22.77:58.16:19.07，呈现"213"结构。1996 年呈贡区全年地区生产总值 9.1876 亿元，其中第一产业增加值 2.1831 亿元，第二产业增加值 4.7861 亿元，

第三产业增加值 2.2184 亿元；三次产业结构为 23.76:52.09:24.15，呈现"231"结构。2012 年呈贡区全年地区生产总值 107.22 亿元，其中第一产业增加值 5.82 亿元，第二产业增加值 50.38 亿元，第三产业增加值 51.02 亿元；三次产业结构为 5.43:46.99:47.58，呈现"321"结构。2013 年呈贡区全年地区生产总值 132.56 亿元，其中第一产业增加值 5.71 亿元，第二产业增加值 67.39 亿元，第三产业增加值 59.46 亿元；三次产业结构为 4.31:50.84:44.86，呈现"231"结构。2016 年呈贡区全年地区生产总值 195.95 亿元，其中第一产业增加值 5.04 亿元，第二产业增加值 103.9 亿元，第三产业增加值 87.01 亿元；三次产业结构为 2.57:53.02:44.4，呈现"231"结构。从"132"→"123"→"213"→"231"，三次产业结构的变迁走了一条逆时针发展路径。TY 值 0.6113 增加到 18.9395。

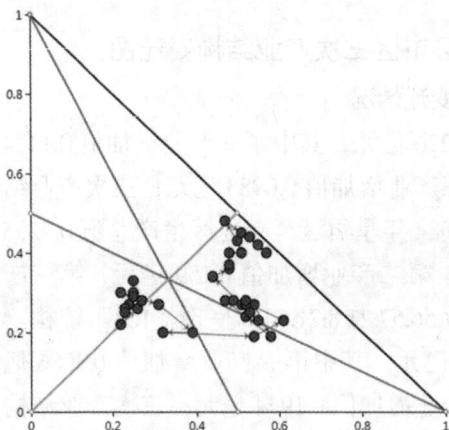

图4-8　呈贡区1978-2016年三次产业结构变迁图　　图4-9　五华区1978-2016年三次产业结构变迁图

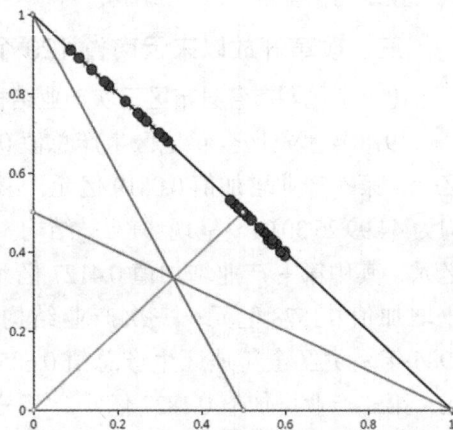

1978 年五华区全年地区生产总值 0.5773 亿元，其中第一产业增加值 0 亿元，第二产业增加值 0.2934 亿元，第三产业增加值 0.2839 亿元；三次产业结构为 0:50.82:49.18，呈现"231"结构。1983 年五华区全年地区生产总值 0.7896 亿元，其中第一产业增加值 0 亿元，第二产业增加值 0.3927 亿元，第三产业增加值 0.3969 亿元；三次产业结构为 0:49.73:50.27，呈现"321"结构。2004 年五华区全年地区生产总值 195.5441 亿元，其中第一产业增加值 1.024 亿元，第二产业增加值 116.9293 亿元，第三产业增加值 77.5908 亿元；三次产业结构为 0.52:59.8:39.68，呈现"231"结构。2016 年五华区全年地区生产总值 985.47 亿元，其中第一产业增加值 2.07 亿元，第二产业增加值 509.94 亿元，第三产业增加值 473.46 亿元；三次产业结构为 0.21:51.75:48.04，呈现"231"结构。2016 年 TY 值增加到 237.5362。

1978 年盘龙区全年地区生产总值 0.2958 亿元，其中第一产业增加值 0 亿元，第二产业增加值 0.1977 亿元，第三产业增加值 0.0981 亿元；三次产业结构为 0:66.84:33.16，呈现"231"结构。1981 年盘龙区全年地区生产总值 0.3707 亿元，其中第二产业增加值 0.1724 亿元，第三产业增加值 0.1983 亿元；三次产业结构为 0:46.51:53.49，呈现"321"结构。1982 年盘龙区全年地区生产总值 0.4448 亿元，其中第一产业增加值 0 亿元，第二产业增加值 0.2275 亿元，第三产业增加值 0.2173 亿元；三次产业结构为 0:51.15:48.85，呈现"231"结构。1983 年盘龙区全年地区生产总值 0.5996 亿元，其中第一产业增加值 0 亿元，第二产业增加值 0.2931 亿元，第三产业增加值 0.3065 亿元；三次产业结构为 0:48.88:51.12，呈现"321"结构。2016 年盘龙区全年地区生产总值 572.52 亿元，其中第一产业增加值 5.02 亿元，第二产业增加值 166.51 亿元，第三产业增加值 400.99 亿元；三次产业结构为 0.88:29.08:70.04，呈现"321"结构。从"231"→"321"，三次产业结构的变迁走了一条逆时针发展路径。2016 年 TY 值增加到 56.5239。

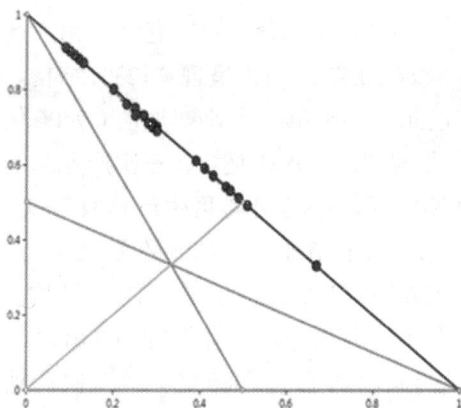

图4-10　盘龙区1978-2016年三次产业结构变迁图

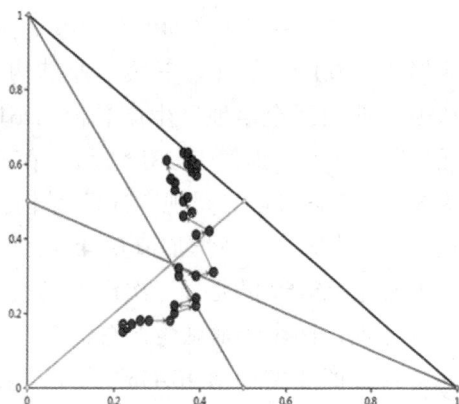

图4-11　官渡区1978-2016年三次产业结构变迁图

1978 年官渡区全年地区生产总值 0.551 亿元，其中第一产业增加值 0.3513 亿元，第二产业增加值 0.1187 亿元，第三产业增加值 0.081 亿元；三次产业结构为 63.76:21.54:14.7，呈现"123"结构。1988 年官渡区全年地区生产总值 3.9714 亿元，其中第一产业增加值 1.4847 亿元，第二产业增加值 1.5532 亿元，第三产业增加值 0.9335 亿元；三次产业结构为 37.38:39.11:23.51，呈现"213"结构。1992 年官渡区全年地区生产总值 9.0395 亿元，其中第一产业增加值 2.3738 亿元，第二产业增加值 3.8458 亿元，第三产业增加值 2.8199 亿元；三次产业结构为 26.26:42.54:31.2，呈现"231"结构。1993 年官渡区全年地区生产总值 16.978 亿元，其中第一产业增加值 3.3794 亿元，第二产业增加值 6.6363 亿元，第三产业增加值 6.9623 亿元；三次产业结构为 19.9:39.09:41.01，呈现 "321" 结构。2016 年官渡区全年地区生产总值 1002.07 亿元，其中第一产业增加值 8.46 亿元，第二产业增加值 360.52 亿元，第三产业增加值 633.09 亿元；三次产业结构为 0.84:35.98:63.18，呈现 "321" 结构。从 "123" → "213" → "231" → "321"，三次产业结构的变迁走了一条逆时针发展路径。TY 值 0.2842 增加到 58.724。

1978 年西山区全年地区生产总值 0.2025 亿元，其中第一产业增加值 0.1363 亿元，第二产业增加值 0.0293 亿元，第三产业增加值 0.0369 亿元；三次产业结构为 67.31:14.47:18.22，呈现 "132" 结构。1984 年西山区全年地区生产总值 0.6309 亿元，其中第一产业增加值 0.4757 亿元，第二产业增加值 0.0824 亿元，第三产业增加值 0.0728 亿元；三次产业结构为 75.4:13.06:11.54，呈现 "123" 结构。1986 年西山区全年地区生产总值 0.5166 亿元，其中第一产业增加值 0.1951 亿元，第二产业增加值 0.2119 亿元，第三产业增加值 0.1096 亿元；三次产业结构为 37.77:41.02:21.22，呈现 "213" 结构。1987 年西山区全年地区生产总值 0.889 亿元，其中第一产业增加值 0.4879 亿元，第二产业增加值 0.2718 亿元，第三产业增加值 0.1293 亿元；三次产业结构为 54.88:30.57:14.54，呈现 "123" 结构。1989 年西山区全年地区生产总值 2.2518 亿元，其中第一产业增加值 0.7406 亿元，第二产业增加值 1.0281 亿元，第三产业增加值 0.4831 亿元；三次产业结构为 32.89:45.66:21.45，呈现 "213" 结构。1990 年西山区全年地区生产总值 2.6938 亿元，其中第一产业增加值 0.7454 亿元，第二产业增加值 1.0725 亿元，第三产业增加值 0.8759 亿元；三次产业结构为 27.67:39.81:32.52，呈现 "231" 结构。1998 年西山区全年地区生产总值 24.3059 亿元，其中第一产业增加值 2.6134 亿元，第二产业增加值 10.4439 亿元，第三产业增加值 11.2486 亿元；三次产业结构为 10.75:42.97:46.28，呈现 "321" 结构。2016 年西山区全年地区生产总值 499.04 亿元，其中第一产业增加值 3.6 亿元，第二产业增加值 129.03 亿元，第三产业增加值 366.41 亿元；三次产业结构为 0.72:25.86:73.42，呈现 "321" 结构。从 "132" → "123" → "213" → "231" → "321"，三次产业结构的变迁走了一条逆时针发展路径。TY 值 0.2428 增加到 68.8111。

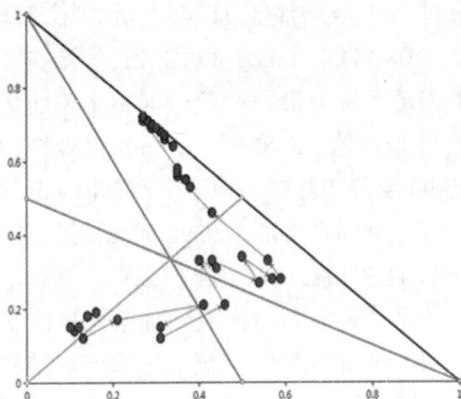

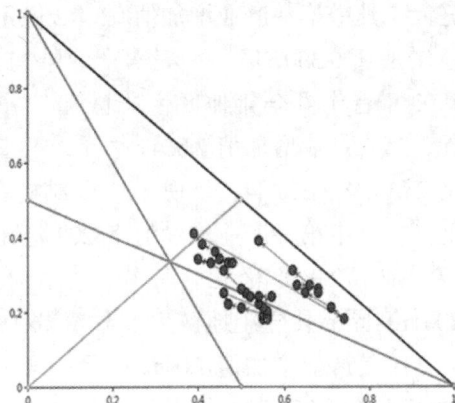

图4-12 西山区1978-2016年三次产业结构 图4-13 东川区1978-2016年三次产业结构
变迁图 变迁图

1978年东川区全年地区生产总值0.5963亿元，其中第一产业增加值0.1652亿元，第二产业增加值0.3264亿元，第三产业增加值0.1047亿元；三次产业结构为27.7:54.74:17.56，呈现"213"结构。1992年东川区全年地区生产总值3.134亿元，其中第一产业增加值0.6038亿元，第二产业增加值1.7841亿元，第三产业增加值0.7461亿元；三次产业结构为19.27:56.93:23.81，呈现"231"结构。1995年东川区全年地区生产总值5.7299亿元，其中第一产业增加值1.3885亿元，第二产业增加值2.9883亿元，第三产业增加值1.3531亿元；三次产业结构为24.23:52.15:23.61，呈现"213"结构。1996年东川区全年地区生产总值6.2279亿元，其中第一产业增加值1.5241亿元，第二产业增加值3.1051亿元，第三产业增加值1.5987亿元；三次产业结构为24.47:49.86:25.67，呈现"231"结构。2005年东川区全年地区生产总值11.3014亿元，其中第一产业增加值2.2749亿元，第二产业增加值4.3897亿元，第三产业增加值4.6368亿元；三次产业结构为20.13:38.84:41.03，呈现"321"结构。2006年东川区全年地区生产总值28.1405亿元，其中第一产业增加值2.4842亿元，第二产业增加值20.6877亿元，第三产业增加值4.9686亿元；三次产业结构为8.83:73.52:17.66，呈现"231"结构。2016年东川区全年地区生产总值81.1亿元，其中第一产业增加值6.03亿元，第二产业增加值41.58亿元，第三产业增加值33.49亿元；三次产业结构为7.44:51.27:41.29，呈现"231"结构。从"213"→"231"，三次产业结构的变迁走了一条逆时针发展路径。TY值1.3048增加到6.2247。

1978年晋宁县全年地区生产总值0.5441亿元，其中第一产业增加值0.2433亿元，第二产业增加值0.192亿元，第三产业增加值0.1088亿元；三次产业结构为44.72:35.29:20，呈现"123"结构。1986年晋宁县全年地区生产总值1.6663

亿元，其中第一产业增加值 0.5012 亿元，第二产业增加值 0.8144 亿元，第三产业增加值 0.3507 亿元；三次产业结构为 30.08:48.87:21.05，呈现"213"结构。1992 年晋宁县全年地区生产总值 5.1768 亿元，其中第一产业增加值 1.3041 亿元，第二产业增加值 2.5041 亿元，第三产业增加值 1.3686 亿元；三次产业结构为 25.19:48.37:26.44，呈现"231"结构。1994 年晋宁县全年地区生产总值 7.5419 亿元，其中第一产业增加值 2.5223 亿元，第二产业增加值 2.9398 亿元，第三产业增加值 2.0798 亿元；三次产业结构为 33.44:38.98:27.58，呈现"213"结构。2001 年晋宁县全年地区生产总值 16.187 亿元，其中第一产业增加值 4.4413 亿元，第二产业增加值 7.0971 亿元，第三产业增加值 4.6486 亿元；三次产业结构为 27.44:43.84:28.72，呈现"231"结构。2004 年晋宁县全年地区生产总值 18.7639 亿元，其中第一产业增加值 5.4434 亿元，第二产业增加值 6.3832 亿元，第三产业增加值 6.9373 亿元；三次产业结构为 29.01:34.02:36.97，呈现"321"结构。2005 年晋宁县全年地区生产总值 23.7287 亿元，其中第一产业增加值 6.7243 亿元，第二产业增加值 9.1335 亿元，第三产业增加值 7.8709 亿元；三次产业结构为 28.34:38.49:33.17，呈现"231"结构。2015 年晋宁县全年地区生产总值 112.92 亿元，其中第一产业增加值 19.91 亿元，第二产业增加值 43.99 亿元，第三产业增加值 49.02 亿元；三次产业结构为 17.63:38.96:43.41，呈现"321"结构。2016 年晋宁县全年地区生产总值 116.37 亿元，其中第一产业增加值 21.26 亿元，第二产业增加值 40.91 亿元，第三产业增加值 54.2 亿元；三次产业结构为 18.27:35.16:46.58，呈现"321"结构。从"123"→"213"→"231"→"321"，三次产业结构的变迁走了一条逆时针发展路径。TY 值 0.6182 增加到 2.2368。

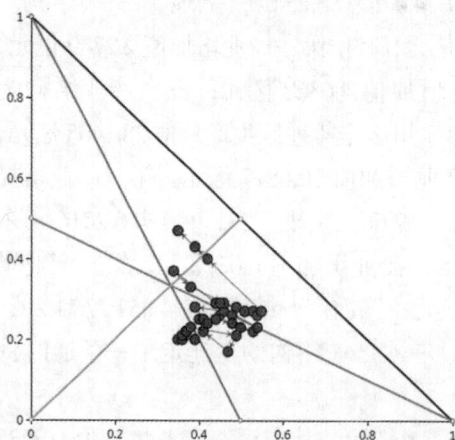

图4-14　晋宁县1978-2016年三次产业结构
变迁图

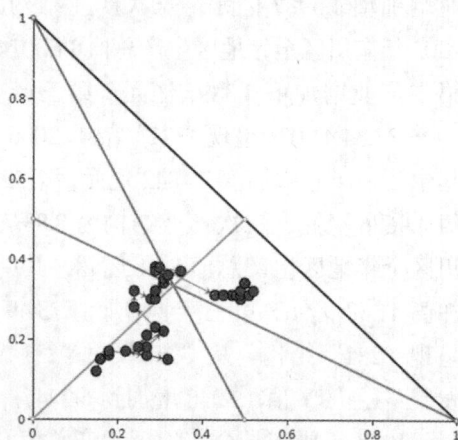

图4-15　富民县1978-2016年三次产业结构
变迁图

　　1978 年富民县全年地区生产总值 0.2417 亿元，其中第一产业增加值 0.1765 亿元，第二产业增加值 0.0354 亿元，第三产业增加值 0.0298 亿元；三次产业结构为 73.02:14.65:12.33，呈现"123"结构。1990 年富民县全年地区生产总值 1.3085 亿元，其中第一产业增加值 0.6367 亿元，第二产业增加值 0.3095 亿元，第三产业增加值 0.3623 亿元；三次产业结构为 48.66:23.65:27.69，呈现"132"结构。1996 年富民县全年地区生产总值 4.7911 亿元，其中第一产业增加值 1.6535 亿元，第二产业增加值 1.4715 亿元，第三产业增加值 1.6661 亿元；三次产业结构为 34.51:30.71:34.77，呈现"312"结构。1997 年富民县全年地区生产总值 5.3225 亿元，其中第一产业增加值 1.7137 亿元，第二产业增加值 1.7154 亿元，第三产业增加值 1.8934 亿元；三次产业结构为 32.2:32.23:35.57，呈现"321"结构。2000 年富民县全年地区生产总值 5.2998 亿元，其中第一产业增加值 1.7522 亿元，第二产业增加值 1.5449 亿元，第三产业增加值 2.0027 亿元；三次产业结构为 33.06:29.15:37.79，呈现"312"结构。2003 年富民县全年地区生产总值 6.708 亿元，其中第一产业增加值 2.0973 亿元，第二产业增加值 2.1702 亿元，第三产业增加值 2.4405 亿元；三次产业结构为 31.27:32.35:36.38，呈现"321"结构。2004 年富民县全年地区生产总值 8.0519 亿元，其中第一产业增加值 2.619 亿元，第二产业增加值 2.411 亿元，第三产业增加值 3.0219 亿元；三次产业结构为 32.53:29.94:37.53，呈现"312"结构。2005 年富民县全年地区生产总值 12.0469 亿元，其中第一产业增加值 3.1928 亿元，第二产业增加值 5.1736 亿元，第三产业增加值 3.6805 亿元；三次产业结构为 26.5:42.95:30.55，呈现"231"结构。2016 年富民县全年地区生产总值 64.49 亿元，其中第一产业增加值 10.16 亿元，第二产业增加值 32.15 亿元，第三产业增加值 22.18 亿元；三次产业结构为 15.75:49.85:34.39，呈现"231"结构。TY 值 0.1847 增加到 2.6737。

　　1978 年宜良县全年地区生产总值 0.6215 亿元，其中第一产业增加值 0.4005 亿元，第二产业增加值 0.1144 亿元，第三产业增加值 0.1066 亿元；三次产业结构为 64.44:18.41:17.15，呈现"123"结构。1979 年宜良县全年地区生产总值 0.6217 亿元，其中第一产业增加值 0.36 亿元，第二产业增加值 0.1259 亿元，第三产业增加值 0.1358 亿元；三次产业结构为 57.91:20.25:21.84，呈现"132"结构。1980 年宜良县全年地区生产总值 0.7526 亿元，其中第一产业增加值 0.4402 亿元，第二产业增加值 0.1589 亿元，第三产业增加值 0.1535 亿元；三次产业结构为 58.49:21.11:20.4，呈现"123"结构。1981 年宜良县全年地区生产总值 0.8506 亿元，其中第一产业增加值 0.5171 亿元，第二产业增加值 0.1623 亿元，第三产业增加值 0.1712 亿元；三次产业结构为 60.79:19.08:20.13，呈现"132"结构。1997 年宜良县全年地区生产总值 21.252 亿元，其中第一产业增加值 7.6753 亿元，第二产业增加值 5.5924 亿元，第三产业增加值 7.9843 亿元；三次产业结构为36.12:26.31:37.57，呈现"312"结构。2012 年宜良县全年地区生产总值 132.16 亿元，其中第一产业增加值 37.1 亿元，第二产业增加值 37.17 亿元，第三产业增加值 57.89 亿元；三次产业结构为 28.07:28.13:43.8，呈现"321"结构。2014 年宜良县全年地区生产总值 140.01 亿元，其中第一产业增加值 41.51 亿元，第二产业增加值 40.92 亿元，第三产业增加值 57.58 亿元；三次产业结构为 29.65:29.23:41.13，呈现"312"结构。2015 年宜良县全年地区生产总值 150.54 亿元，其中第一产业增加值 42.99 亿元，第二产业增加值 43.6 亿元，第三产业增加值 63.95 亿元；三次产业结构为 28.56:28.96:42.48，呈现"321"结构。2016 年宜良县全年地区生产总值 164.47 亿元，其中第一产业增加值 46.51 亿元，第二产业增加值 46.32 亿元，第三产业增加值 71.64 亿元；三次产业结构为 28.28:28.16:43.56，呈现"312"结构。TY 值 0.2759 增加到 1.2681。

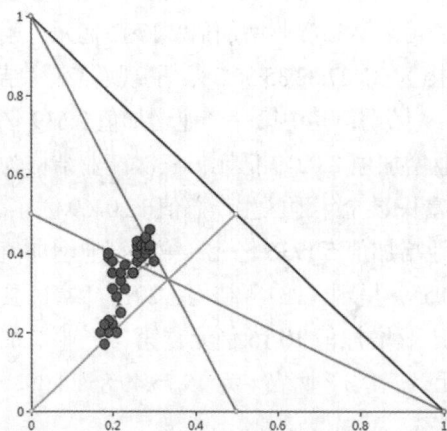 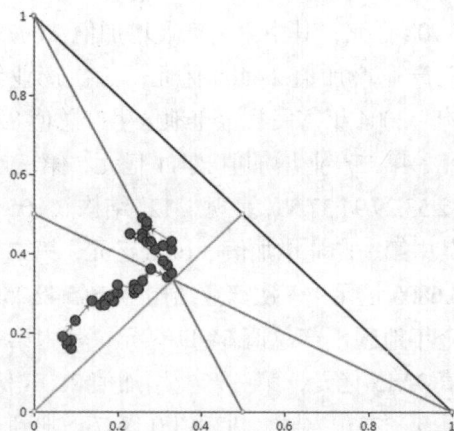

图4-16　宜良县1978-2016年三次产业结构　　图4-17　石林县1978-2016年三次产业结构
　　　　　　　　变迁图　　　　　　　　　　　　　　　　　　变迁图

1978 年石林县全年地区生产总值 0.3398 亿元，其中第一产业增加值 0.2541 亿元，第二产业增加值 0.0284 亿元，第三产业增加值 0.0573 亿元；三次产业结构为 74.78:8.36:16.86，呈现"132"结构。1999 年石林县全年地区生产总值 9.1469 亿元，其中第一产业增加值 3.2193 亿元，第二产业增加值 2.6022 亿元，第三产业增加值 3.3254 亿元；三次产业结构为 35.2:28.45:36.36，呈现"231"结构。2000 年石林县全年地区生产总值 10.0067 亿元，其中第一产业增加值 3.4323 亿元，第二产业增加值 3.1539 亿元，第三产业增加值 3.4205 亿元；三次产业结构为 34.3:31.52:34.18，呈现"132"结构。2001 年石林县全年地区生产总值 10.9657 亿元，其中第一产业增加值 3.5078 亿元，第二产业增加值 3.6034 亿元，第三产业增加值 3.8545 亿元；三次产业结构为 31.99:32.86:35.15，呈现"321"结构。2004 年石林县全年地区生产总值 13.3789 亿元，其中第一产业增加值 4.3708 亿元，第二产业增加值 3.027 亿元，第三产业增加值 5.9811 亿元；三次产业结构为 32.67:22.63:44.71，呈现"312"结构。2010 年石林县全年地区生产总值 36.8141 亿元，其中第一产业增加值 10.3853 亿元，第二产业增加值 10.4593 亿元，第三产业增加值 15.9695 亿元；三次产业结构为 28.21:28.41:43.38，呈现"321"结构。2014 年石林县全年地区生产总值 64.79 亿元，其中第一产业增加值 17.27 亿元，第二产业增加值 17.22 亿元，第三产业增加值 30.3 亿元；三次产业结构为 26.66:26.58:46.77，呈现"312"结构。2016 年石林县全年地区生产总值 77.41 亿元，其中第一产业增加值 19.24 亿元，第二产业增加值 20.91 亿元，第三产业增加值 37.26 亿元；三次产业结构为 24.85:27.01:48.13，呈现"321"结构。TY 值 0.1686 增加到 1.5117。

1978 年嵩明县全年地区生产总值 0.6367 亿元，其中第一产业增加值 0.3306 亿元，第二产业增加值 0.2526 亿元，第三产业增加值 0.0535 亿元；三次产业结构为 51.92:39.67:8.4，呈现"123"结构。1985 年嵩明县全年地区生产总值 1.2668 亿元，其中第一产业增加值 0.4719 亿元，第二产业增加值 0.5748 亿元，第三产业增加值 0.2201 亿元；三次产业结构为 37.25:45.37:17.37，呈现"213"结构。1986 年嵩明县全年地区生产总值 1.0688 亿元，其中第一产业增加值 0.4828 亿元，第二产业增加值 0.3313 亿元，第三产业增加值 0.2547 亿元；三次产业结构为 45.17:31:23.83，呈现"123"结构。1990 年嵩明县全年地区生产总值 1.9721 亿元，其中第一产业增加值 0.9692 亿元，第二产业增加值 0.4664 亿元，第三产业增加值 0.5365 亿元；三次产业结构为 49.15:23.65:27.2，呈现"132"结构。1991 年嵩明县全年地区生产总值 2.7169 亿元，其中第一产业增加值 1.1669 亿元，第二产业增加值 0.6964 亿元，第三产业增加值 0.8536 亿元；三次产业结构为 42.95:25.63:31.42，呈现"132"结构。1993 年嵩明县全年地区生产总值 4.2526 亿元，其中第一产业增加值 1.6918 亿元，第二产业增加值 1.4005 亿元，第三产业增加值 1.1603 亿元；三次产业结构为 39.78:32.93:27.28，呈现"123"结构。1995 年嵩明县全年地区生产总值 7.7809 亿元，其中第一产业增加值 3.4846 亿元，第二产业增加值 1.936 亿元，第三产业增加值 2.3603 亿元；三次产业结构为 44.78:24.88:30.33，呈现"132"结构。1997 年嵩明县全年地区生产总值 10.9285 亿元，其中第一产业增加值 4.0774 亿元，第二产业增加值 3.6355 亿元，第三产业增加值 3.2156 亿元；三次产业结构为 37.31:33.27:29.42，呈现"123"结构。1998 年嵩明县全年地区生产总值 11.8909 亿元，其中第一产业增加值 3.8982 亿元，第二产业增加值 4.5365 亿元，第三产业增加值 3.4562 亿元；三次产业结构为 32.78:38.15:29.07，呈现"213"结构。2004 年嵩明县全年地区生产总值 14.513 亿元，其中第一产业增加值 5.0426 亿元，第二产业增加值 3.8237 亿元，第三产业增加值 5.6467 亿元；三次产业结构为 34.75:26.35:38.91，呈现"312"结构。2005 年嵩明县全年地区生产总值 20.5319 亿元，其中第一产业增加值 5.8387 亿元，第二产业增加值 8.7587 亿元，第三产业增加值 5.9345 亿元；三次产业结构为 28.44:42.66:28.9，呈现"231"结构。2016 年嵩明县全年地区生产总值 107.33 亿元，其中第一产业增加值 15.14 亿元，第二产业增加值 51.38 亿元，第三产业增加值 40.81 亿元，三次产业结构为 14.11:47.87:38.02，呈现"231"结构。TY 值 0.4629 增加到 3.0446。

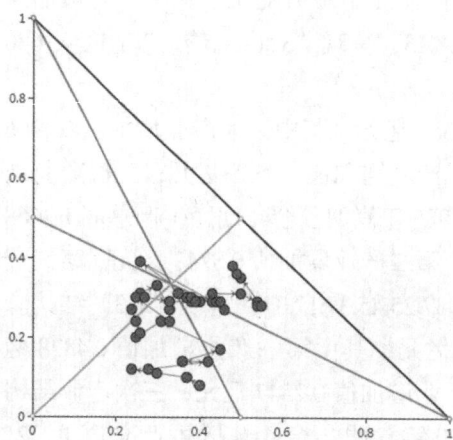

图4-18　嵩明县1978-2016年三次产业结构　　图4-19　禄劝县1978-2016年三次产业结构
变迁图　　　　　　　　　　　　　　　变迁图

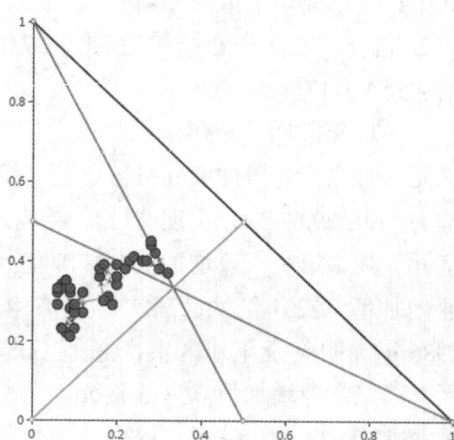

　　1978 年禄劝县全年地区生产总值 0.5859 亿元，其中第一产业增加值 0.3758 亿元，第二产业增加值 0.0373 亿元，第三产业增加值 0.1728 亿元；三次产业结构为 64.14:6.37:29.49，呈现"132"结构。2008 年禄劝县全年地区生产总值 24.5682 亿元，其中第一产业增加值 9.0927 亿元，第二产业增加值 5.5698 亿元，第三产业增加值 9.9057 亿元；三次产业结构为 37.01:22.67:40.32，呈现"312"结构。2013 年禄劝县全年地区生产总值 58.2 亿元，其中第一产业增加值 17.85 亿元，第二产业增加值 18.62 亿元，第三产业增加值 21.73 亿元；三次产业结构为 30.67:31.99:37.34，呈现"321"结构。2016 年禄劝县全年地区生产总值 81.96 亿元，其中第一产业增加值 22.31 亿元，第二产业增加值 22.89 亿元，第三产业增加值 36.76 亿元，三次产业结构为 27.22:27.93:44.85，呈现"321"结构。TY 值 0.2795 增加到 1.3368。

　　1978 年寻甸县全年地区生产总值 0.3748 亿元，其中第一产业增加值 0.2751

亿元，第二产业增加值 0.0273 亿元，第三产业增加值 0.0724 亿元；三次产业结构为 73.4:7.28:19.32，呈现"132"结构。2005 年寻甸县全年地区生产总值 17.6132 亿元，其中第一产业增加值 7.0659 亿元，第二产业增加值 3.2721 亿元，第三产业增加值 7.2752 亿元；三次产业结构为 40.12:18.58:41.31，呈现"312"结构。2011 年寻甸县全年地区生产总值 45.61 亿元，其中第一产业增加值 13.48 亿元，第二产业增加值 13.65 亿元，第三产业增加值 18.48 亿元；三次产业结构为 29.55:29.93:40.52，呈现"321"结构。2016 年寻甸县全年地区生产总值 82.23 亿元，其中第一产业增加值 22.36 亿元，第二产业增加值 24.98 亿元，第三产业增加值 34.89 亿元，三次产业结构为 27.19:30.38:42.43，呈现"321"结构。TY 值 0.1812 增加到 1.3388。

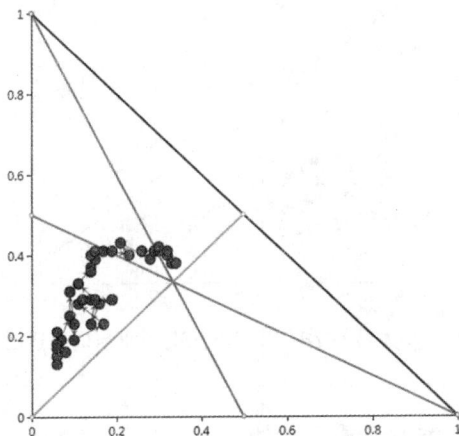

图4-20　寻甸县1978-2016年三次产业结构变迁图　　图4-21　安宁市1978-2016年三次产业结构变迁图

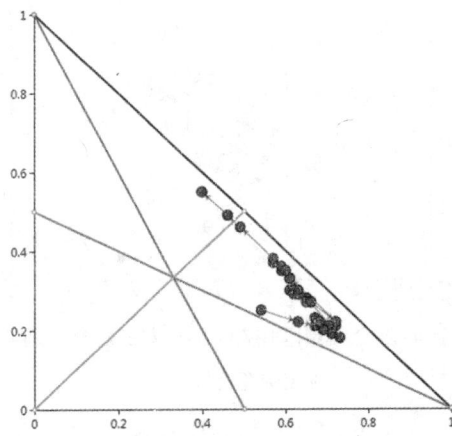

1978 年安宁市全年地区生产总值 1.0054 亿元，其中第一产业增加值 0.2119 亿元，第二产业增加值 0.546 亿元，第三产业增加值 0.2475 亿元；三次产业结构为 21.08:54.31:24.62，呈现"231"结构。2015 年安宁市全年地区生产总值 260.15 亿元，其中第一产业增加值 12.56 亿元，第二产业增加值 119.6 亿元，第三产业增加值 127.99 亿元；三次产业结构为 4.83:45.97:49.2，呈现"321"结构。2016 年安宁市全年地区生产总值 272.87 亿元，其中第一产业增加值 13.31 亿元，第二产业增加值 109.38 亿元，第三产业增加值 150.18 亿元，三次产业结构为 4.88:40.09:55.04，呈现"321"结构。从"231"→"321"，三次产业结构的变迁走了一条逆时针发展路径。TY 值 1.8723 增加到 9.7506。

（二）曲靖市各县市区三次产业结构变迁情况

1978 年麒麟区全年地区生产总值 2.6986 亿元，其中第一产业增加值 0.6659

亿元,第二产业增加值 1.5566 亿元,第三产业增加值 0.4761 亿元;三次产业结构为 24.68:57.68:17.64,呈现"213"结构。1984 年麒麟区全年地区生产总值5.962 亿元,其中第一产业增加值 1.3067 亿元,第二产业增加值 3.0419 亿元,第三产业增加值 1.6134 亿元;三次产业结构为 21.92:51.02:27.06,呈现"231"结构。2016 年麒麟区全年地区生产总值 576.62 亿元,其中第一产业增加值 24.01 亿元,第二产业增加值281.72 亿元,第三产业增加值 270.89 亿元,三次产业结构为 4.16:48.86:46.98,呈现"231"结构。从"213"→"231",三次产业结构的变迁走了一条逆时针发展路径。TY 值 1.5263 增加到 11.5079。

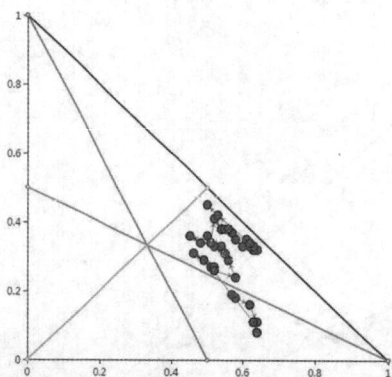 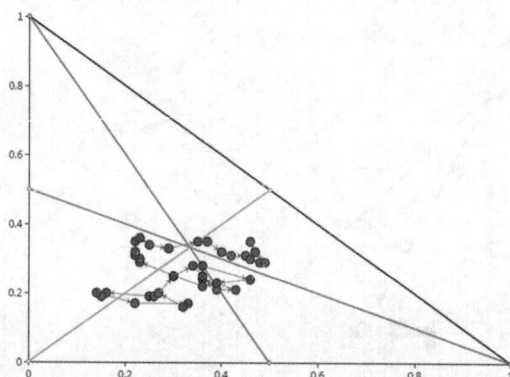

图4-22 麒麟区1978-2016年三次产 图4-23 马龙县1978-2016年三次产业结构变迁图
　　　业结构变迁图

　　1978 年马龙县全年地区生产总值 0.2905 亿元,其中第一产业增加值 0.1615 亿元,第二产业增加值 0.0733 亿元,第三产业增加值 0.0557 亿元;三次产业结构为 55.59:25.23:19.17,呈现"123"结构。1980 年马龙县全年地区生产总值 0.3159 亿元,其中第一产业增加值 0.2033 亿元,第二产业增加值 0.0507 亿元,第三产业增加值 0.0619 亿元;三次产业结构为 64.36:16.05:19.59,呈现"132"结构。1983 年马龙县全年地区生产总值 0.5866 亿元,其中第一产业增加值 0.3571 亿元,第二产业增加值 0.1272 亿元,第三产业增加值 0.1023 亿元;三次产业结构为 60.88:21.68:17.44,呈现"123"结构。1990 年马龙县全年地区生产总值 1.9827 亿元,其中第一产业增加值 0.7118 亿元,第二产业增加值 0.8512 亿元,第三产业增加值 0.4197 亿元;三次产业结构为 35.9:42.93:21.17,呈现"213"结构。1991 年马龙县全年地区生产总值 2.0045 亿元,其中第一产业增加值 0.7865 亿元,第二产业增加值 0.7314 亿元,第三产业增加值 0.4866 亿元;三次产业结构为 39.24:36.49:24.28,呈现"123"结构。1994 年马龙县全年地区生产总值 3.3199 亿元,其中第一产业增加值 0.9722 亿元,第二产业增加值 1.5432 亿元,第三产业增加值 0.8045 亿元；三次产业结构为 29.28:46.48:24.23，呈现"213"结构。
1996 年马龙县全年地区生产总值 4.7756 亿元，其中第一产业增加值 2.0238 亿元，
第二产业增加值 1.6971 亿元，第三产业增加值 1.0547 亿元；三次产业结构为
42.38:35.54:22.09，呈现"123"结构。1997 年马龙县全年地区生产总值 3.8574 亿元，
其中第一产业增加值 1.8643 亿元，第二产业增加值 0.8931 亿元，第三产业增加值 1.1
亿元；三次产业结构为 48.33:23.15:28.52，呈现"132"结构。2005 年马龙县全年
地区生产总值 9.935 亿元，其中第一产业增加值 3.0436 亿元，第二产业增加值 3.4538
亿元，第三产业增加值 3.4376 亿元；三次产业结构为 30.64:34.76:34.6，呈现"231"
结构。2016 年马龙县全年地区生产总值 48.59 亿元，其中第一产业增加值 9.26 亿
元，第二产业增加值 22.15 亿元，第三产业增加值 17.18 亿元，三次产业结构为
19.06:45.59:35.36，呈现"231"结构。TY 值 0.3994 增加到 2.1237。

　　1978 年陆良县全年地区生产总值 0.76 亿元，其中第一产业增加值 0.4885 亿
元，第二产业增加值 0.1053 亿元，第三产业增加值 0.1662 亿元；三次产业结构
为 64.28:13.86:21.87，呈现"132"结构。1985 年陆良县全年地区生产总值 2.0848
亿元，其中第一产业增加值 1.228 亿元，第二产业增加值 0.4995 亿元，第三产业
增加值 0.3573 亿元；三次产业结构为 58.9:23.96:17.14，呈现"123"结构。2000
年陆良县全年地区生产总值 20.4209 亿元，其中第一产业增加值 8.9206 亿元，
第二产业增加值 5.6804 亿元，第三产业增加值 5.8199 亿元；三次产业结构为
43.68:27.82:28.5，呈现"132"结构。2003 年陆良县全年地区生产总值 26.5628 亿
元，其中第一产业增加值 10.1633 亿元，第二产业增加值 8.4844 亿元，第三产业
增加值 7.9151 亿元；三次产业结构为 38.26:31.94:29.8，呈现"123"结构。2006
年陆良县全年地区生产总值 47.7881 亿元，其中第一产业增加值 16.9205 亿元，
第二产业增加值 17.8442 亿元，第三产业增加值 13.0234 亿元；三次产业结构为
35.41:37.34:27.25，呈现"213"结构。2007 年陆良县全年地区生产总值 59.2599
亿元，其中第一产业增加值 21.9609 亿元，第二产业增加值 21.5725 亿元，第三
产业增加值 15.7265 亿元；三次产业结构为 37.06:36.4:26.54，呈现"123"结构。
2009 年陆良县全年地区生产总值 79.8715 亿元，其中第一产业增加值 28.2889 亿元，
第二产业增加值 29.1573 亿元，第三产业增加值 22.4253 亿元；三次产业结构为
35.42:36.51:28.08，呈现"213"结构。2013 年陆良县全年地区生产总值 120.56 亿元，
其中第一产业增加值 47.59 亿元，第二产业增加值 34.37 亿元，第三产业增加值
38.6 亿元；三次产业结构为 39.47:28.51:32.02，呈现"132"结构。2015 年陆良县
全年地区生产总值 135.77 亿元，其中第一产业增加值 51.2 亿元，第二产业增加
值 33.89 亿元，第三产业增加值 50.68 亿元；三次产业结构为 37.71:24.96:37.33，
呈现"132"结构。2016 年陆良县全年地区生产总值 150.78 亿元，其中第一产

业增加值 53.98 亿元，第二产业增加值 38.56 亿元，第三产业增加值 58.24 亿元，三次产业结构为 35.8:25.57:38.63，呈现"312"结构。TY 值 0.2779 增加到0.8966。

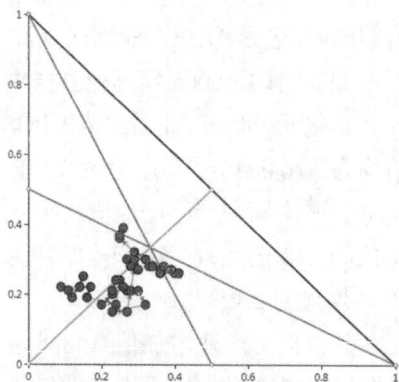

图4-24　陆良县1978-2016年三次产业
结构变迁图

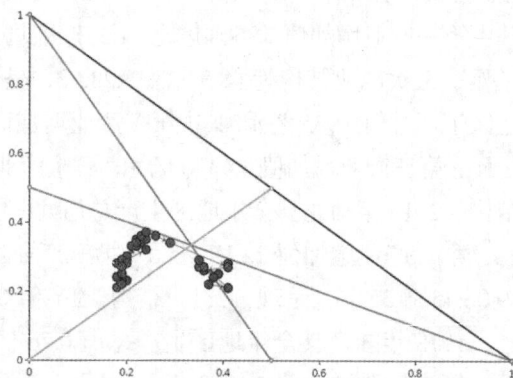

图4-25　师宗县1978-2016年三次产业结构
变迁图

　　1978 年师宗县全年地区生产总值 0.4505 亿元，其中第一产业增加值 0.2715 亿元，第二产业增加值 0.0833 亿元，第三产业增加值 0.0957 亿元；三次产业结构为 60.27:18.49:21.24，呈现"132"结构。2005 年师宗县全年地区生产总值 22.8043 亿元，其中第一产业增加值 7.2122 亿元，第二产业增加值 9.3904 亿元，第三产业增加值 6.2017 亿元；三次产业结构为 31.63:41.18:27.2，呈现"213"结构。2008 年师宗县全年地区生产总值 38.6788 亿元，其中第一产业增加值 14.4321 亿元，第二产业增加值 14.0548 亿元，第三产业增加值 10.1919 亿元；三次产业结构为 37.31:36.34:26.35，呈现"123"结构。2010 年师宗县全年地区生产总值 51.483 亿元，其中第一产业增加值 18.5474 亿元，第二产业增加值 20.0337 亿元，第三产业增加值 12.9019 亿元；三次产业结构为 36.03:38.91:25.06，呈现"213"结构。2011 年师宗县全年地区生产总值 62.2 亿元，其中第一产业增加值 23.78 亿元，第二产业增加值 23.68 亿元，第三产业增加值 14.74 亿元；三次产业结构为 38.23:38.07:23.7，呈现"123"结构。2013 年师宗县全年地区生产总值 89.93 亿元，其中第一产业增加值 34.1 亿元，第二产业增加值 36.61 亿元，第三产业增加值 19.22 亿元；三次产业结构为 37.92:40.71:21.37，呈现"213"结构。2014 年师宗县全年地区生产总值 97.31 亿元，其中第一产业增加值 36.61 亿元，第二产业增加值 34.66 亿元，第三产业增加值 26.04 亿元；三次产业结构为 37.62:35.62:26.76，呈现"123"结构。2016 年师宗县全年地区生产总值 109.11 亿元，其中第一产业增加值 38.91 亿元，第二产业增加值 36.34 亿元，第三产业增加值 33.86 亿元，三次产业结构为 35.66:33.31:31.03，呈现"123"结构。TY 值 0.3297 增加到 0.9021。

　　1978 年罗平县全年地区生产总值 0.4974 亿元，其中第一产业增加值 0.2421 亿元，第二产业增加值 0.0654 亿元，第三产业增加值 0.1899 亿元；三次产业结构为 48.67:13.15:38.18，呈现"132"结构。1983 年罗平县全年地区生产总值 1.3023 亿元，其中第一产业增加值 0.7633 亿元，第二产业增加值 0.3196 亿元，第三产业增加值 0.2194 亿元；三次产业结构为 58.61:24.54:16.85，呈现"123"结构。1986 年罗平县全年地区生产总值 2.0366 亿元，其中第一产业增加值 1.0414 亿元，第二产业增加值 0.4181 亿元，第三产业增加值 0.5771 亿元；三次产业结构为 51.13:20.53:28.34，呈现"132"结构。1989 年罗平县全年地区生产总值 3.7983 亿元，其中第一产业增加值 1.4229 亿元，第二产业增加值 1.4063 亿元，第三产业增加值 0.9691 亿元；三次产业结构为 37.46:37.02:25.51，呈现"123"结构。1990 年罗平县全年地区生产总值 4.3582 亿元，其中第一产业增加值 1.5801 亿元，第二产业增加值 1.7779 亿元，第三产业增加值 1.0002 亿元；三次产业结构为 36.26:40.79:22.95，呈现"213"结构。1995 年罗平县全年地区生产总值 10.0515 亿元，其中第一产业增加值 3.6563 亿元，第二产业增加值 3.4369 亿元，第三产业增加值 2.9583 亿元；三次产业结构为 36.38:34.19:29.43，呈现"123"结构。1996 年罗平县全年地区生产总值 12.4151 亿元，其中第一产业增加值 4.2448 亿元，第二产业增加值 4.2728 亿元，第三产业增加值 3.8975 亿元；三次产业结构为 34.19:34.42:31.39，呈现"213"结构。1997 年罗平县全年地区生产总值 13.7958 亿元，其中第一产业增加值 4.0795 亿元，第二产业增加值 4.5858 亿元，第三产业增加值 5.1305 亿元；三次产业结构为 29.57:33.24:37.19，呈现"321"结构。2000 年罗平县全年地区生产总值 19.1797 亿元，其中第一产业增加值 4.1585 亿元，第二产业增加值 7.7089 亿元，第三产业增加值 7.3123 亿元；三次产业结构为 21.68:40.19:38.13，呈现"231"结构。2014 年罗平县全年地区生产总值 127.05 亿元，其中第一产业增加值 36.99 亿元，第二产业增加值 39.4 亿元，第三产业增加值 50.66 亿元；三次产业结构为 29.11:31.01:39.87，呈现"321"结构。2016 年罗平县全年地区生产总值 153.8 亿元，其中第一产业增加值 41.08 亿元，第二产业增加值 47.4 亿元，第三产业增加值 65.32 亿元，三次产业结构为 26.71:30.82:42.47，呈现"321"结构。从"132"→"123"→"213"→"231"→"321"，三次产业结构的变迁走了一条逆时针发展路径。TY 值 0.5273 增加到 1.372。

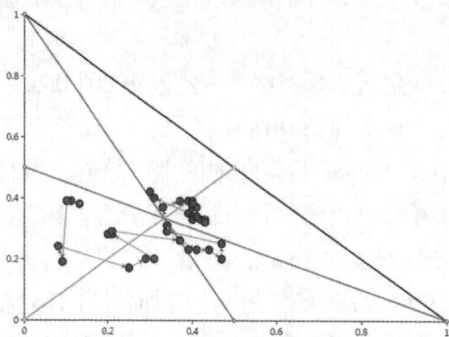

图4-26　罗平县1978-2016年三次产业结构
变迁图

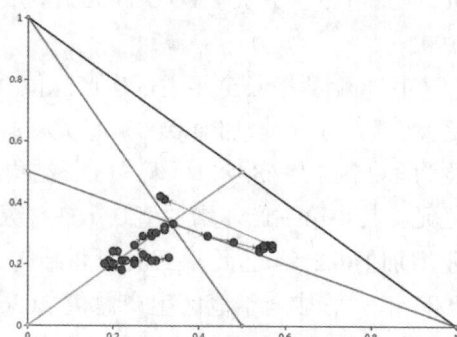

图4-27　富源县1978-2016年三次产业结构
变迁图

1978年富源县全年地区生产总值0.847亿元，其中第一产业增加值0.482亿元，第二产业增加值0.186亿元，第三产业增加值0.179亿元；三次产业结构为56.91:21.96:21.13，呈现"123"结构。1979年富源县全年地区生产总值0.82亿元，其中第一产业增加值0.445亿元，第二产业增加值0.175亿元，第三产业增加值0.2亿元；三次产业结构为54.27:21.34:24.39，呈现"132"结构。1985年富源县全年地区生产总值1.65亿元，其中第一产业增加值0.997亿元，第二产业增加值0.332亿元，第三产业增加值0.321亿元；三次产业结构为60.42:20.12:19.45，呈现"123"结构。1988年富源县全年地区生产总值2.8674亿元，其中第一产业增加值1.7081亿元，第二产业增加值0.5781亿元，第三产业增加值0.5812亿元；三次产业结构为59.57:20.16:20.27，呈现"132"结构。1989年富源县全年地区生产总值3.3611亿元，其中第一产业增加值1.7957亿元，第二产业增加值0.8435亿元，第三产业增加值0.7219亿元；三次产业结构为53.43:25.1:21.48，呈现"123"结构。1996年富源县全年地区生产总值13.782亿元，其中第一产业增加值6.725亿元，第二产业增加值3.4856亿元，第三产业增加值3.5714亿元；三次产业结构为48.8:25.29:25.91，呈现"132"结构。2000年富源县全年地区生产总值20.23亿元，其中第一产业增加值8.0025亿元，第二产业增加值6.1675亿元，第三产业增加值6.06亿元；三次产业结构为39.56:30.49:29.96，呈现"123"结构。2003年富源县全年地区生产总值26.569亿元，其中第一产业增加值8.6717亿元，第二产业增加值9.128亿元，第三产业增加值8.7693亿元；三次产业结构为32.64:34.36:33.01，呈现"231"结构。2014年富源县全年地区生产总值113.83亿元，其中第一产业增加值31.41亿元，第二产业增加值35.92亿元，第三产业增加值46.5亿元；三次产业结构为27.59:31.56:40.85，呈现"321"结构。2016年富源县全年地区生产总值133.86亿元，其中第一产业增加值35.03亿元，第二产业增加值 40.96 亿元，第三产业增加值 57.87 亿元，三次产业结构为 26.17:30.6:43.23，呈现 "321" 结构。从 "123" → "213" → "231" → "321"，三次产业结构的变迁走了一条逆时针发展路径。TY 值 0.3786 增加到 1.4106。

　　1978 年会泽县全年地区生产总值 1.9879 亿元，其中第一产业增加值 0.8018 亿元，第二产业增加值 0.9466 亿元，第三产业增加值 0.2395 亿元；三次产业结构为 40.33:47.62:12.05，呈现 "213" 结构。2002 年会泽县全年地区生产总值 31.7207 亿元，其中第一产业增加值 4.6074 亿元，第二产业增加值 22.4404 亿元，第三产业增加值 4.6729 亿元；三次产业结构为 14.52:70.74:14.73，呈现 "231" 结构。2004 年会泽县全年地区生产总值 39.9935 亿元，其中第一产业增加值 5.7402 亿元，第二产业增加值 28.6031 亿元，第三产业增加值 5.6502 亿元；三次产业结构为 14.35:71.52:14.13，呈现 "213" 结构。2005 年会泽县全年地区生产总值 45.7 亿元，其中第一产业增加值 7.41 亿元，第二产业增加值 28.0859 亿元，第三产业增加值 10.2041 亿元；三次产业结构为 16.21:61.46:22.33，呈现 "231" 结构。2008 年会泽县全年地区生产总值 76.9365 亿元，其中第一产业增加值 15.2175 亿元，第二产业增加值 47.1003 亿元，第三产业增加值 14.6187 亿元；三次产业结构为 19.78:61.22:19，呈现 "213" 结构。2009 年会泽县全年地区生产总值 83.3004 亿元，其中第一产业增加值 16.4804 亿元，第二产业增加值 48.6529 亿元，第三产业增加值 18.1671 亿元；三次产业结构为 19.78:58.41:21.81，呈现 "231" 结构。2011 年会泽县全年地区生产总值 112.94 亿元，其中第一产业增加值 27.03 亿元，第二产业增加值 61.07 亿元，第三产业增加值 24.84 亿元；三次产业结构为 23.93:54.07:21.99，呈现 "213" 结构。2013 年会泽县全年地区生产总值 143.13 亿元，其中第一产业增加值 33.06 亿元，第二产业增加值 76 亿元，第三产业增加值 34.07 亿元；三次产业结构为 23.1:53.1:23.8，呈现 "231" 结构。2016 年会泽县全年地区生产总值 169.3 亿元，其中第一产业增加值 38.83 亿元，第二产业增加值 71.09 亿元，第三产业增加值 59.38 亿元，三次产业结构为 22.94:41.99:35.07，呈现 "231" 结构。从 "213" → "231"，三次产业结构的变迁走了一条逆时针发展路径。TY 值 0.7396 增加到 1.68。

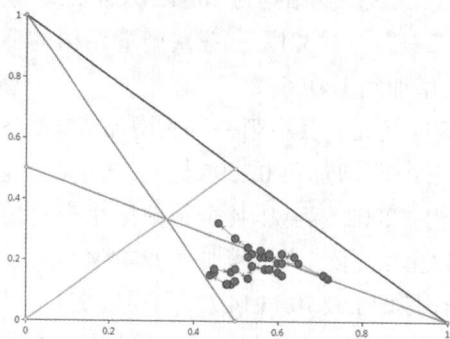

图4-28 会泽县1978-2016年三次产业结构
变迁图

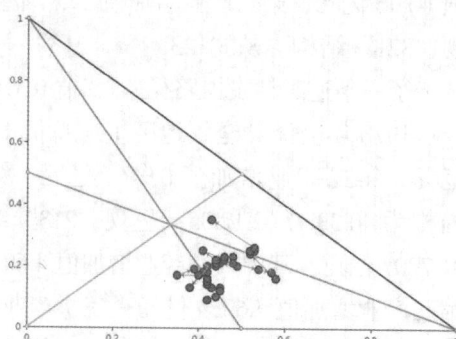

图4-29 沾益县1978-2016年三次产业结构
变迁图

1978 年沾益县全年地区生产总值 0.7335 亿元，其中第一产业增加值 0.3571 亿元，第二产业增加值 0.3091 亿元，第三产业增加值 0.0673 亿元；三次产业结构为 48.68:42.14:9.18，呈现 "123" 结构。1980 年沾益县全年地区生产总值 0.9646 亿元，其中第一产业增加值 0.4082 亿元，第二产业增加值 0.4326 亿元，第三产业增加值 0.1238 亿元；三次产业结构为 42.32:44.85:12.83，呈现 "213" 结构。1982 年沾益县全年地区生产总值 1.2325 亿元，其中第一产业增加值 0.5465 亿元，第二产业增加值 0.5282 亿元，第三产业增加值 0.1578 亿元；三次产业结构为 44.34:42.86:12.8，呈现 "123" 结构。1984 年沾益县全年地区生产总值 1.754 亿元，其中第一产业增加值 0.7395 亿元，第二产业增加值 0.7443 亿元，第三产业增加值 0.2702 亿元；三次产业结构为 42.16:42.43:15.4，呈现 "213" 结构。1985 年沾益县全年地区生产总值 2.1411 亿元，其中第一产业增加值 0.9021 亿元，第二产业增加值 0.891 亿元，第三产业增加值 0.348 亿元；三次产业结构为 42.13:41.61:16.25，呈现 "123" 结构。1986 年沾益县全年地区生产总值 2.5785 亿元，其中第一产业增加值 1.0337 亿元，第二产业增加值 1.0732 亿元，第三产业增加值 0.4716 亿元；三次产业结构为 40.09:41.62:18.29，呈现 "213" 结构。1988 年沾益县全年地区生产总值 3.1966 亿元，其中第一产业增加值 1.5536 亿元，第二产业增加值 1.218 亿元，第三产业增加值 0.425 亿元；三次产业结构为 48.6:38.1:13.3，呈现 "123" 结构。1990 年沾益县全年地区生产总值 4.7058 亿元，其中第一产业增加值 1.5973 亿元，第二产业增加值 2.0907 亿元，第三产业增加值 1.0178 亿元；三次产业结构为 33.94:44.43:21.63，呈现 "213" 结构。1995 年沾益县全年地区生产总值 12.6724 亿元，其中第一产业增加值 5.5067 亿元，第二产业增加值 5.0705 亿元，第三产业增加值 2.0952 亿元；三次产业结构为 43.45:40.01:16.53，呈现 "123" 结构。1998 年沾益县全年地区生产总值 14.4139 亿元，其中第一产业增加值 5.1577 亿元，第二产业增加值 6.36 亿元，第三产业增加值 2.8962 亿元；三次产业结构为 35.78:44.12:20.09，呈现"213"结构。2009 年沾益县全年地区生产总值 81.3322 亿元，其中第一产业增加值 19.4229 亿元，第二产业增加值 42.1697 亿元，第三产业增加值 19.7396 亿元；三次产业结构为 23.88:51.85:24.27，呈现"231"结构。2016 年沾益县全年地区生产总值 178.39 亿元，其中第一产业增加值 38.41 亿元，第二产业增加值 75.3 亿元，第三产业增加值 64.68 亿元，三次产业结构为 21.53:42.21:36.26，呈现"231"结构。从"123"→"213"→"231"，三次产业结构的变迁走了一条逆时针发展路径。TY 值 0.527 增加到 1.8222。

1978 年宣威市全年地区生产总值 2.3113 亿元，其中第一产业增加值 1.1556 亿元，第二产业增加值 0.7627 亿元，第三产业增加值 0.393 亿元；三次产业结构为 50:33:17，呈现"123"结构。1987 年宣威市全年地区生产总值 6.9435 亿元，其中第一产业增加值 2.6385 亿元，第二产业增加值 2.1524 亿元，第三产业增加值 2.1526 亿元；三次产业结构为 38:31:31，呈现"132"结构。1988 年宣威市全年地区生产总值 7.8461 亿元，其中第一产业增加值 3.0133 亿元，第二产业增加值 2.4952 亿元，第三产业增加值 2.3376 亿元；三次产业结构为 38.41:31.8:29.79，呈现"123"结构。1989 年宣威市全年地区生产总值 8.2975 亿元，其中第一产业增加值 3.2461 亿元，第二产业增加值 2.2653 亿元，第三产业增加值 2.7861 亿元；三次产业结构为 39.12:27.3:33.58，呈现"132"结构。1991 年宣威市全年地区生产总值 9.1835 亿元，其中第一产业增加值 3.3781 亿元，第二产业增加值 3.2589 亿元，第三产业增加值 2.5465 亿元；三次产业结构为 36.78:35.49:27.73，呈现"123"结构。1993 年宣威市全年地区生产总值 11.6584 亿元，其中第一产业增加值 4.1938 亿元，第二产业增加值 4.3072 亿元，第三产业增加值 3.1574 亿元；三次产业结构为 35.97:36.95:27.08，呈现"213"结构。1994 年宣威市全年地区生产总值 14.6141 亿元，其中第一产业增加值 6.0627 亿元，第二产业增加值 5.3405 亿元，第三产业增加值 3.2109 亿元；三次产业结构为 41.49:36.54:21.97，呈现"123"结构。1995 年宣威市全年地区生产总值 18.5656 亿元，其中第一产业增加值 7.8546 亿元，第二产业增加值 5.77 亿元，第三产业增加值 4.941 亿元；三次产业结构为 42.31:31.08:26.61，呈现"123"结构。1998 年宣威市全年地区生产总值 26.1492 亿元，其中第一产业增加值 9.1338 亿元，第二产业增加值 9.1652 亿元，第三产业增加值 7.8502 亿元；三次产业结构为 34.93:35.05:30.02，呈现"213"结构。1999 年宣威市全年地区生产总值 27.7076 亿元，其中第一产业增加值 9.8312 亿元，第二产业增加值 9.3284 亿元，第三产业增加值 8.548 亿元；三次产业结构为 35.48:33.67:30.85，呈现"123"结构。2002 年宣威市全年地区生产总值 34.3327 亿元，其中第一产业增加值 11.0399 亿元，第二产业增加值 12.1001

亿元，第三产业增加值 11.1927 亿元；三次产业结构为 32.16:35.24:32.6，呈现"231"结构。2014 年宣威市全年地区生产总值 207.89 亿元，其中第一产业增加值 51.01 亿元，第二产业增加值 55.71 亿元，第三产业增加值 101.17 亿元；三次产业结构为 24.54:26.8:48.67，呈现"321"结构。2016 年宣威市全年地区生产总值 248.88 亿元，其中第一产业增加值 56.05 亿元，第二产业增加值 67.31 亿元，第三产业增加值 125.52 亿元，三次产业结构为 22.52:27.05:50.43，呈现"321"结构。从"123"→"213"→"231"→"321"，三次产业结构的变迁走了一条逆时针发展路径。TY 值 0.5 增加到 1.7202。

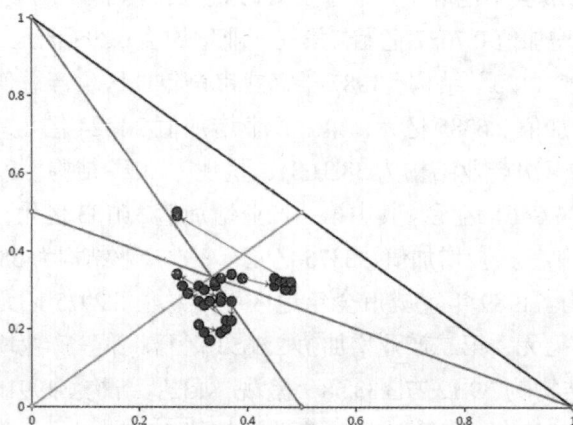

图4-30 宣威市1978-2016年三次产业结构变迁图

（三）玉溪市各县市区三次产业结构变迁情况

1978 年红塔区全年地区生产总值 1.7939 亿元，其中第一产业增加值 0.3536 亿元，第二产业增加值 1.2048 亿元，第三产业增加值 0.2355 亿元；三次产业结构为 19.71:67.16:13.13，呈现"213"结构。1985 年红塔区全年地区生产总值 6.7491 亿元，其中第一产业增加值 0.8004 亿元，第二产业增加值 4.9892 亿元，第三产业增加值 0.9595 亿元；三次产业结构为 11.86:73.92:14.22，呈现"231"结构。1987 年红塔区全年地区生产总值 11.606 亿元，其中第一产业增加值 1.299 亿元，第二产业增加值 9.0814 亿元，第三产业增加值 1.2256 亿元；三次产业结构为 11.19:78.25:10.56，呈现"213"结构。1988 年红塔区全年地区生产总值 17.3897 亿元，其中第一产业增加值 1.5943 亿元，第二产业增加值 13.928 亿元，第三产业增加值 1.8674 亿元；三次产业结构为 9.17:80.09:10.74，呈现"231"结构。2016 年红塔区全年地区生产总值 611.55 亿元，其中第一产业增加值 14.79 亿元，第二产业增加值 423.76 亿元，第三产业增加值 173 亿元，三次产业结构为 2.42:69.29:28.29，呈现"231"结构。从"213"→"231"，三次产业结构的变迁走了一条逆时针发展路径。TY 值 2.0366 增加到 20.1744。

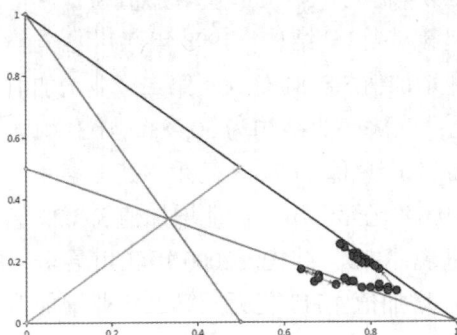

图4-31　红塔区1978-2016年三次产业结构
变迁图

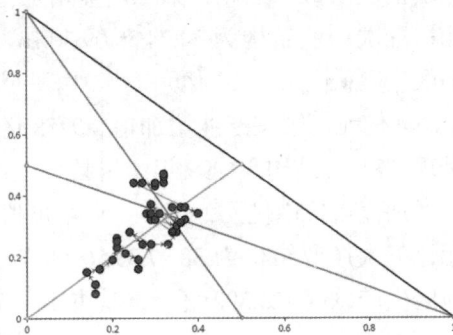

图4-32　江川县1978-2016年三次产业结构
变迁图

　　1978 年江川县全年地区生产总值 0.447 亿元，其中第一产业增加值 0.3377 亿元，第二产业增加值 0.0717 亿元，第三产业增加值 0.0376 亿元；三次产业结构为 75.55:16.04:8.41，呈现"123"结构。1980 年江川县全年地区生产总值 0.5409 亿元，其中第一产业增加值 0.3874 亿元，第二产业增加值 0.0745 亿元，第三产业增加值 0.079 亿元；三次产业结构为 71.62:13.77:14.61，呈现"132"结构。1981 年江川县全年地区生产总值 0.5749 亿元，其中第一产业增加值 0.383 亿元，第二产业增加值 0.0991 亿元，第三产业增加值 0.0928 亿元；三次产业结构为 66.62:17.24:16.14，呈现"123"结构。1983 年江川县全年地区生产总值 0.6614 亿元，其中第一产业增加值 0.3742 亿元，第二产业增加值 0.1362 亿元，第三产业增加值 0.151 亿元；三次产业结构为 56.58:20.59:22.83，呈现"132"结构。1986 年江川县全年地区生产总值 1.1296 亿元，其中第一产业增加值 0.6326 亿元，第二产业增加值 0.2622 亿元，第三产业增加值 0.2348 亿元；三次产业结构为 56:23.21:20.79，呈现"123"结构。1990 年江川县全年地区生产总值 1.9985 亿元，其中第一产业增加值 0.9508 亿元，第二产业增加值 0.4835 亿元，第三产业增加值 0.5642 亿元；三次产业结构为 47.58:24.19:28.23，呈现"132"结构。1991 年江川县全年地区生产总值 2.2964 亿元，其中第一产业增加值 1.1267 亿元，第二产业增加值 0.6284 亿元，第三产业增加值 0.5413 亿元；三次产业结构为 49.06:27.36:23.57，呈现"123"结构。1994 年江川县全年地区生产总值 5.3755 亿元，其中第一产业增加值 1.8355 亿元，第二产业增加值 1.5745 亿元，第三产业增加值 1.9655 亿元；三次产业结构为 34.15:29.29:36.56，呈现"312"结构。1995 年江川县全年地区生产总值 7.7032 亿元，其中第一产业增加值 3.007 亿元，第二产业增加值 2.199 亿元，第三产业增加值 2.4972 亿元；三次产业结构为 39.04:28.55:32.42，呈现"132"结构。1997 年江川县全年地区生产总值 11.1842 亿元，其中第一产业增加值 3.8853 亿元，第二产业增加值 3.924 亿元，第三产业增加值 3.3749 亿元；三次产业结构为 34.74:35.09:30.18，呈现"213"结构。1998 年江川县全年地区生产总值 12.4203 亿元，其中第一产业增加值 3.8481 亿元，第二产业增加值 4.6464 亿元，第三产业增加值 3.9258 亿元；三次产业结构为 30.98:37.41:31.61，呈现"231"结构。1999 年江川县全年地区生产总值 11.7218 亿元，其中第一产业增加值 4.4857 亿元，第二产业增加值 3.9338 亿元，第三产业增加值 3.3023 亿元；三次产业结构为 38.27:33.56:28.17，呈现"123"结构。2000 年江川县全年地区生产总值 12.2392 亿元，其中第一产业增加值 4.717 亿元，第二产业增加值 3.4137 亿元，第三产业增加值 4.1085 亿元；三次产业结构为 38.54:27.89:33.57，呈现"132"结构。2004 年江川县全年地区生产总值 17.7345 亿元，其中第一产业增加值 5.8583 亿元，第二产业增加值 6.3008 亿元，第三产业增加值 5.5754 亿元；三次产业结构为 33.03:35.53:31.44，呈现"213"结构。2005 年江川县全年地区生产总值 23.0239 亿元，其中第一产业增加值 6.8625 亿元，第二产业增加值 7.9109 亿元，第三产业增加值 8.2505 亿元；三次产业结构为 29.81:34.36:35.83，呈现"321"结构。2006 年江川县全年地区生产总值 25.6493 亿元，其中第一产业增加值 7.0958 亿元，第二产业增加值 9.3596 亿元，第三产业增加值 9.1939 亿元；三次产业结构为 27.66:36.49:35.84，呈现"231"结构。2009 年江川县全年地区生产总值 31.4985 亿元，其中第一产业增加值 9.8273 亿元，第二产业增加值 7.7984 亿元，第三产业增加值 13.8728 亿元；三次产业结构为 31.2:24.76:44.04，呈现"312"结构。2011 年江川县全年地区生产总值 43.07 亿元，其中第一产业增加值 11.84 亿元，第二产业增加值 12.73 亿元，第三产业增加值 18.5 亿元；三次产业结构为 27.49:29.56:42.95，呈现"321"结构。2012 年江川县全年地区生产总值 48.69 亿元，其中第一产业增加值 12.4 亿元，第二产业增加值 14.81 亿元，第三产业增加值 21.48 亿元；三次产业结构为 25.47:30.42:44.12，呈现"321"结构。2016 年江川市（原江川县）全年地区生产总值 81.09 亿元，其中第一产业增加值 15.99 亿元，第二产业增加值 26.42 亿元，第三产业增加值 38.68 亿元，三次产业结构为 19.72:32.58:47.7，呈现"321"结构。TY 值 0.1618 增加到 2.0356。

1978 年澄江县全年地区生产总值 0.3196 亿元，其中第一产业增加值 0.1857 亿元，第二产业增加值 0.0388 亿元，第三产业增加值 0.0951 亿元；三次产业结构为 58.1:12.14:29.76，呈现"132"结构。1985 年澄江县全年地区生产总值 0.6943 亿元，其中第一产业增加值 0.3009 亿元，第二产业增加值 0.209 亿元，第三产业增加值 0.1844 亿元；三次产业结构为 43.34:30.1:26.56，呈现"123"结构。1992 年澄江县全年地区生产总值 2.4103 亿元，其中第一产业增加值 0.8625 亿元，第二产业增加值1.0304亿元，第三产业增加值0.5174亿元；三次产业结构为35.78:42.75:21.47，呈现"213"结构。1995年澄江县全年地区生产总值5.0209亿元，其中第一产业增加值1.3888亿元，第二产业增加值2.2281亿元，第三产业增加值1.404亿元；三次产业结构为27.66:44.38:27.96，呈现"231"结构。2009年澄江县全年地区生产总值30.5183亿元，其中第一产业增加值5.737亿元，第二产业增加值11.8654亿元，第三产业增加值12.9159亿元；三次产业结构为18.8:38.88:42.32，呈现"321"结构。2011年澄江县全年地区生产总值44.05亿元，其中第一产业增加值7.01亿元，第二产业增加值19.96亿元，第三产业增加值17.08亿元；三次产业结构为15.91:45.31:38.77，呈现"231"结构。2014年澄江县全年地区生产总值64.47亿元，其中第一产业增加值9.74亿元，第二产业增加值21.34亿元，第三产业增加值33.39亿元；三次产业结构为15.11:33.1:51.79，呈现"321"结构。2016年澄江县全年地区生产总值80.02亿元，其中第一产业增加值10.7亿元，第二产业增加值25.56亿元，第三产业增加值43.76亿元，三次产业结构为13.37:31.94:54.69，呈现"321"结构。从"132"→"123"→"213"→"231"→"321"，三次产业结构的变迁走了一条逆时针发展路径。TY值0.3605增加到3.2393。

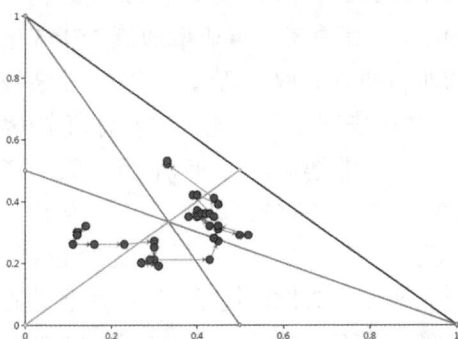

图4-33 澄江县1978-2016年三次产业结构变迁图

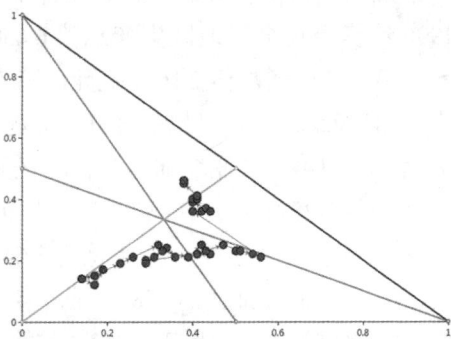

图4-34 通海县1978-2016年三次产业结构变迁图

1978年通海县全年地区生产总值0.3238亿元，其中第一产业增加值0.2338亿元，第二产业增加值0.0461亿元，第三产业增加值0.0439亿元；三次产业结构为72.21:14.24:13.56，呈现"123"结构。1993年通海县全年地区生产总值5.7171亿元，其中第一产业增加值1.8578亿元，第二产业增加值2.4287亿元，第三产业增加值1.4306亿元；三次产业结构为32.5:42.48:25.02，呈现"213"结构。2005年通海县全年地区生产总值25.6468亿元，其中第一产业增加值6.0788亿元，第二产业增加值10.2127亿元，第三产业增加值9.3553亿元；三次产业结构为23.7:39.82:36.48，呈现"231"结构。2014年通海县全年地区生产总值83.44亿元，其中第一产业增加值 14.54 亿元，第二产业增加值 31.75 亿元，第三产业增加值 37.15 亿元；三次产业结构为 17.43:38.05:44.52，呈现"321"结构。2016 年通海县全年地区生产总值 101.19 亿元，其中第一产业增加值 16.13 亿元，第二产业增加值 36.9 亿元，第三产业增加值 48.16 亿元，三次产业结构为 15.94:36.47:47.59，呈现"321"结构。从"123"→"213"→"231"→"321"，三次产业结构的变迁走了一条逆时针发展路径。TY 值 0.1925 增加到 2.6367。

1978 年华宁县全年地区生产总值 0.3118 亿元，其中第一产业增加值 0.1876 亿元，第二产业增加值 0.0627 亿元，第三产业增加值 0.0615 亿元；三次产业结构为 60.17:20.11:19.72，呈现"123"结构。1979 年华宁县全年地区生产总值 0.3252 亿元，其中第一产业增加值 0.1932 亿元，第二产业增加值 0.0633 亿元，第三产业增加值 0.0687 亿元；三次产业结构为 59.41:19.46:21.13，呈现"132"结构。1991 年华宁县全年地区生产总值 2.0877 亿元，其中第一产业增加值 1.2739 亿元，第二产业增加值 0.4151 亿元，第三产业增加值 0.3987 亿元；三次产业结构为 61.02:19.88:19.1，呈现"123"结构。1992 年华宁县全年地区生产总值 2.3961 亿元，其中第一产业增加值 1.2816 亿元，第二产业增加值 0.5167 亿元，第三产业增加值 0.5978 亿元；三次产业结构为 53.49:21.56:24.95，呈现"132"结构。1996 年华宁县全年地区生产总值 6.6508 亿元，其中第一产业增加值 2.5165 亿元，第二产业增加值 2.1647 亿元，第三产业增加值 1.9696 亿元；三次产业结构为 37.84:32.55:29.61，呈现"123"结构。1997 年华宁县全年地区生产总值 7.105 亿元，其中第一产业增加值 2.5175 亿元，第二产业增加值 2.2054 亿元，第三产业增加值 2.3821 亿元；三次产业结构为 35.43:31.04:33.53，呈现"132"结构。1998 年华宁县全年地区生产总值 7.6433 亿元，其中第一产业增加值 2.5128 亿元，第二产业增加值 2.6378 亿元，第三产业增加值 2.4927 亿元；三次产业结构为 32.88:34.51:32.61，呈现"213"结构。1999 年华宁县全年地区生产总值 8.2335 亿元，其中第一产业增加值 2.9982 亿元，第二产业增加值 2.4902 亿元，第三产业增加值 2.7451 亿元；三次产业结构为 36.41:30.24:33.34，呈现"132"结构。2000 年华宁县全年地区生产总值 8.5043 亿元，其中第一产业增加值 3.1059 亿元，第二产业增加值 1.975 亿元，第三产业增加值 3.4234 亿元；三次产业结构为 36.52:23.22:40.25，呈现"312"结构。2007 年华宁县全年地区生产总值 21.6065 亿元，其中第一产业增加值 6.5645 亿元，第二产业增加值 6.6983 亿元，第三产业增加值 8.3437 亿元；三次产业结构为 30.38:31:38.62，呈现"321"结构。2016 年华宁县全年地区生产总值 79.27 亿元，其中第一产业增加值 17.9 亿元，第二产业增加值 24.25 亿元，第三产业增加值 37.12 亿元，三次产业结构为 22.58:30.59:46.83，呈现"321"结构。TY 值 0.331 增加到 1.7142。

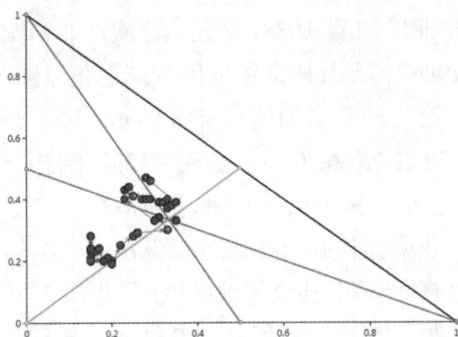

图4-35　华宁县1978-2016年三次产业结构
变迁图

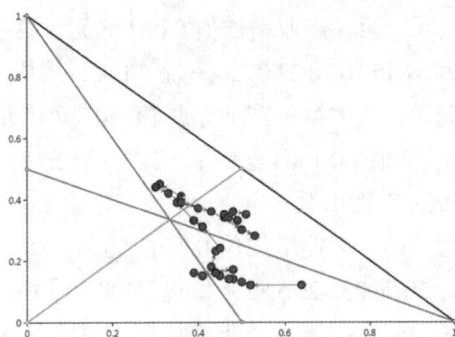

图4-36　易门县1978-2016年三次产业结构
变迁图

1978 年易门县全年地区生产总值 0.5876 亿元，其中第一产业增加值 0.1415 亿元，第二产业增加值 0.3751 亿元，第三产业增加值 0.071 亿元；三次产业结构为 24.08:63.84:12.08，呈现"213"结构。1987 年易门县全年地区生产总值 1.3423 亿元，其中第一产业增加值 0.5881 亿元，第二产业增加值 0.5565 亿元，第三产业增加值 0.1977 亿元；三次产业结构为 43.81:41.46:14.73，呈现"123"结构。1989 年易门县全年地区生产总值 1.6729 亿元，其中第一产业增加值 0.5937 亿元，第二产业增加值 0.8004 亿元，第三产业增加值 0.2788 亿元；三次产业结构为 35.49:47.85:16.67，呈现"213"结构。1994 年易门县全年地区生产总值 4.9195 亿元，其中第一产业增加值 1.3759 亿元，第二产业增加值 2.0187 亿元，第三产业增加值 1.5249 亿元；三次产业结构为 27.97:41.03:31，呈现"231"结构。1996 年易门县全年地区生产总值 7.7316 亿元，其中第一产业增加值 1.9949 亿元，第二产业增加值 2.6849 亿元，第三产业增加值 3.0518 亿元；三次产业结构为 25.8:34.73:39.47，呈现"321"结构。2004 年易门县全年地区生产总值 13.3473 亿元，其中第一产业增加值 3.0776 亿元，第二产业增加值 5.389 亿元，第三产业增加值 4.8807 亿元；三次产业结构为 23.06:40.38:36.57，呈现"231"结构。2005 年易门县全年地区生产总值 13.9922 亿元，其中第一产业增加值 3.6234 亿元，第二产业增加值 4.9707 亿元，第三产业增加值 5.3981 亿元；三次产业结构为 25.9:35.52:38.58，呈现"321"结构。2006 年易门县全年地区生产总值 17.6535 亿元，其中第一产业增加值 3.8465 亿元，第二产业增加值 7.5082 亿元，第三产业增加值 6.2988 亿元；三次产业结构为 21.79:42.53:35.68，呈现"231"结构。2016 年易门县全年地区生产总值 85.38 亿元，其中第一产业增加值 11.07 亿元，第二产业增加值 44.2 亿元，第三产业增加值 30.11 亿元，三次产业结构为 12.97:51.77:35.27，呈现"231"结构。TY 值 1.5763 增加到 3.3564。

1978 年峨山县全年地区生产总值 0.3992 亿元，其中第一产业增加值 0.2441 亿元，第二产业增加值 0.067 亿元，第三产业增加值 0.0881 亿元；三次产业结构为 61.15:16.78:22.07，呈现"132"结构。1986 年峨山县全年地区生产总值 0.907 亿元，其中第一产业增加值 0.4788 亿元，第二产业增加值 0.2418 亿元，第三产业增加值 0.1864 亿元；三次产业结构为 52.79:26.66:20.55，呈现"123"结构。1988 年峨山县全年地区生产总值 1.3508 亿元，其中第一产业增加值 0.6857 亿元，第二产业增加值 0.3163 亿元，第三产业增加值 0.3488 亿元；三次产业结构为 50.76:23.42:25.82，呈现"132"结构。1989 年峨山县全年地区生产总值 1.5586 亿元，其中第一产业增加值 0.7236 亿元，第二产业增加值 0.4459 亿元，第三产业增加值 0.3891 亿元；三次产业结构为 46.43:28.61:24.96，呈现"123"结构。1990 年峨山县全年地区生产总值 1.6454 亿元，其中第一产业增加值 0.7688 亿元，第二产业增加值 0.4341 亿元，第三产业增加值 0.4425 亿元；三次产业结构为 46.72:26.38:26.89，呈现"132"结构。1991 年峨山县全年地区生产总值 1.7933 亿元，其中第一产业增加值 0.7612 亿元，第二产业增加值 0.5172 亿元，第三产业增加值 0.5149 亿元；三次产业结构为 42.45:28.84:28.71，呈现"123"结构。1992 年峨山县全年地区生产总值 2.2555 亿元，其中第一产业增加值 0.8841 亿元，第二产业增加值 0.6818 亿元，第三产业增加值 0.6896 亿元；三次产业结构为 39.2:30.23:30.57，呈现"132"结构。1993 年峨山县全年地区生产总值 3.3617 亿元，其中第一产业增加值 0.9794 亿元，第二产业增加值 1.2986 亿元，第三产业增加值 1.0837 亿元；三次产业结构为 29.13:38.63:32.24，呈现"231"结构。1994 年峨山县全年地区生产总值 3.9647 亿元，其中第一产业增加值 1.2395 亿元，第二产业增加值 1.5925 亿元，第三产业增加值 1.1327 亿元；三次产业结构为 31.26:40.17:28.57，呈现"213"结构。1996 年峨山县全年地区生产总值 5.938 亿元，其中第一产业增加值 1.8829 亿元，第二产业增加值 2.0223 亿元，第三产业增加值 2.0328 亿元；三次产业结构为 31.71:34.06:34.23，呈现"321"结构。1997 年峨山县全年地区生产总值 6.0078 亿元，其中第一产业增加值 1.8575 亿元，第二产业增加值 1.7285 亿元，第三产业增加值 2.4218 亿元；三次产业结构为 30.92:28.77:40.31，呈现"312"结构。1998 年峨山县全年地区生产总值 6.6928 亿元，其中第一产业增加值 1.8476 亿元，第二产业增加值 2.3895 亿元，第三产业增加值 2.4557 亿元；三次产业结构为 27.61:35.7:36.69，呈现"321"结构。2004 年峨山县全年地区生产总值 12.1499 亿元，其中第一产业增加值 2.7954 亿元，第二产业增加值 4.8181 亿元，第三产业增加值 4.5364 亿元；三次产业结构为 23.01:39.66:37.34，呈现"231"结构。2005 年峨山县全年地区生产总值 14.8574 亿元，其中第一产业增加值 3.269 亿元，第二产业增加值 5.3648 亿元，第三产业增加值 6.2236 亿元；三次产业结构为 22:36.11:41.89，呈现"321"结构。2006 年峨山县全年地区生产总值 18.1545 亿元，其中第一产业增加值 3.4325 亿元，第二产业增加值 7.8267 亿元，第三产业增加值 6.8953 亿元；三次产业结构为 18.91:43.11:37.98，呈现"231"结构。2014 年峨山县全年地区生产总值 56.91 亿元，其中第一产业增加值 9.35 亿元，第二产业增加值 22.18 亿元，第三产业增加值 25.38 亿元；三次产业结构为 16.43:38.97:44.6，呈现"321"结构。2016 年峨山县全年地区生产总值 70.16 亿元，其中第一产业增加值 11.22 亿元，第二产业增加值 26.69 亿元，第三产业增加值 32.25 亿元，三次产业结构为 15.99:38.04:45.97，呈现"321"结构。TY 值 0.3177 增加到 2.6266。

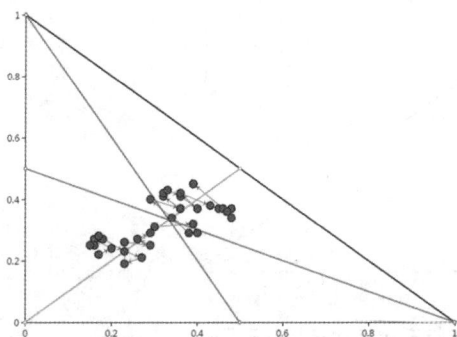

图4-37　峨山县1978-2016年三次产业结构
变迁图

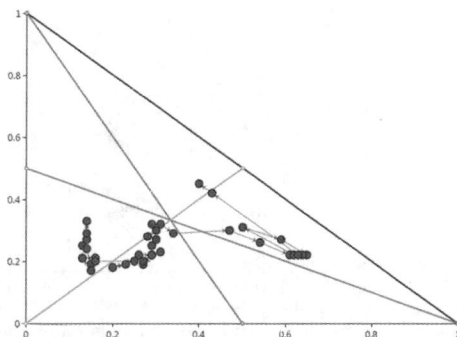

图4-38　新平县1978-2016年三次产业结构
变迁图

　　1978 年新平县全年地区生产总值 0.458 亿元，其中第一产业增加值 0.2821 亿元，第二产业增加值 0.0601 亿元，第三产业增加值 0.1158 亿元；三次产业结构为 61.59:13.12:25.28，呈现"132"结构。1989 年新平县全年地区生产总值 1.7319 亿元，其中第一产业增加值 0.956 亿元，第二产业增加值 0.4271 亿元，第三产业增加值 0.3488 亿元；三次产业结构为 55.2:24.66:20.14，呈现"123"结构。2002 年新平县全年地区生产总值 8.0086 亿元，其中第一产业增加值 3.1632 亿元，第二产业增加值 2.3207 亿元，第三产业增加值 2.5247 亿元；三次产业结构为 39.5:28.98:31.52，呈现"132"结构。2003 年新平县全年地区生产总值 9.0352 亿元，其中第一产业增加值 3.4112 亿元，第二产业增加值 2.7658 亿元，第三产业增加值 2.8582 亿元；三次产业结构为 37.75:30.61:31.63，呈现"132"结构。2004 年新平县全年地区生产总值 10.7201 亿元，其中第一产业增加值 3.8661 亿元，第二产业增加值 3.694 亿元，第三产业增加值 3.16 亿元；三次产业结构为 36.06:34.46:29.48，呈现"123"结构。2005 年新平县全年地区生产总值 19.6576 亿元，其中第一产业增加值 4.531 亿元，第二产业增加值 9.2867 亿元，第三产业增加值 5.8399 亿元；三次产业结构为23.05:47.24:29.71，呈现"231"结构。2015年新平县全年地区生产总值113.05亿元，其中第一产业增加值16.9亿元，第二产业增加值45.63亿元，第三产业增加值50.52亿元；三次产业结构为14.95:40.36:44.69，呈现"321"结构。2016年新平县全年地区生产总值124.68亿元，其中第一产业增加值18.64亿元，第二产业增加值48.62亿元，第三产业增加值57.42亿元，三次产业结构为14.95:39:46.05，呈现"321"结构。TY值0.3118增加到2.8444。

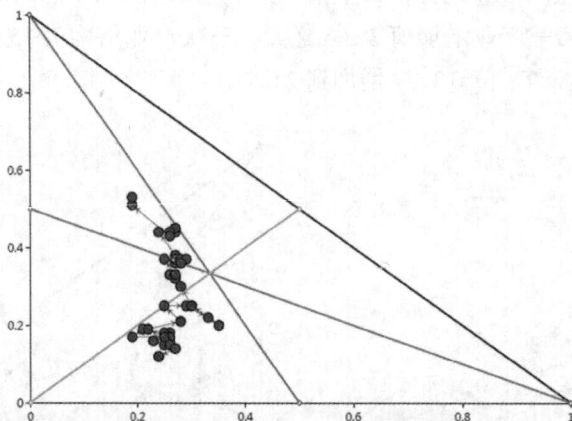

图4-39　元江县1978-2016年三次产业结构变迁图

1978年元江县全年地区生产总值0.4007亿元，其中第一产业增加值0.2235亿元，第二产业增加值0.1052亿元，第三产业增加值0.072亿元；三次产业结构为55.78:26.25:17.97，呈现"123"结构。1997年元江县全年地区生产总值6.8417亿元，其中第一产业增加值2.9283亿元，第二产业增加值1.8909亿元，第三产业增加值2.0225亿元；三次产业结构为42.8:27.64:29.56，呈现"132"结构。2002年元江县全年地区生产总值9.304亿元，其中第一产业增加值3.3722亿元，第二产业增加值2.5491亿元，第三产业增加值3.3827亿元；三次产业结构为36.24:27.4:36.36，呈现"312"结构。2008年元江县全年地区生产总值22.6852亿元，其中第一产业增加值8.1674亿元，第二产业增加值6.3683亿元，第三产业增加值8.1495亿元；三次产业结构为36:28.07:35.92，呈现"132"结构。2009年元江县全年地区生产总值26.9674亿元，其中第一产业增加值8.6291亿元，第二产业增加值6.4638亿元，第三产业增加值11.8745亿元；三次产业结构为32:23.97:44.03，呈现"312"结构。2016年元江县全年地区生产总值72.11亿元，其中第一产业增加值18.57亿元，第二产业增加值14.5亿元，第三产业增加值39.04亿元，三次产业结构为25.75:20.11:54.14，呈现"312"结构。TY值0.3964增加到1.4416。

（四）保山市各县市区三次产业结构变迁情况

1978 年隆阳区全年地区生产总值 1.2118 亿元，其中第一产业增加值 0.7005 亿元，第二产业增加值 0.2553 亿元，第三产业增加值 0.256 亿元；三次产业结构为 57.81:21.07:21.13，呈现"132"结构。1979 年隆阳区全年地区生产总值 1.4881 亿元，其中第一产业增加值 0.8621 亿元，第二产业增加值 0.3148 亿元，第三产业增加值 0.3112 亿元；三次产业结构为 57.93:21.15:20.91，呈现"123"结构。1980 年隆阳区全年地区生产总值 1.6385 亿元，其中第一产业增加值 0.9471 亿元，第二产业增加值 0.3424 亿元，第三产业增加值 0.349 亿元；三次产业结构为 57.8:20.9:21.3，呈现"132"结构。2000 年隆阳区全年地区生产总值 28.3071 亿元，其中第一产业增加值 10.8684 亿元，第二产业增加值 6.5695 亿元，第三产业增加值 10.8692 亿元；三次产业结构为 38.39:23.21:38.4，呈现"312"结构。2008 年隆阳区全年地区生产总值 82.4312 亿元，其中第一产业增加值 24.6617 亿元，第二产业增加值 25.4075 亿元，第三产业增加值 32.362 亿元；三次产业结构为 29.92:30.82:39.26，呈现"321"结构。2016 年隆阳区全年地区生产总值 234.59 亿元，其中第一产业增加值 48.95 亿元，第二产业增加值 80.53 亿元，第三产业增加值 105.11 亿元，三次产业结构为 20.87:34.33:44.81，呈现"321"结构。TY 值 0.365 增加到 1.8962。

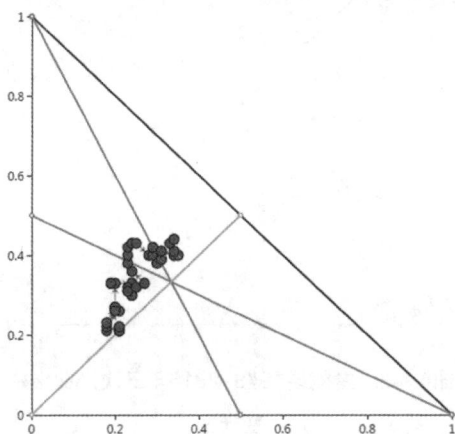

图4-40　隆阳区1978-2016年三次产业结构变迁图

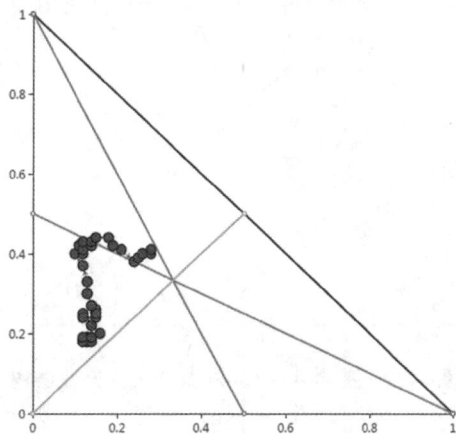

图4-41　施甸县1978-2016年三次产业结构变迁图

1978 年施甸县全年地区生产总值 0.4346 亿元，其中第一产业增加值 0.298 亿元，第二产业增加值 0.0555 亿元，第三产业增加值 0.0811 亿元；三次产业结构为 68.57:12.77:18.66，呈现"132"结构。2007 年施甸县全年地区生产总值 14.8553 亿元，其中第一产业增加值 6.008 亿元，第二产业增加值 2.3011 亿元，第三产业增加值

6.5462亿元；三次产业结构为40.44:15.49:44.07，呈现"312"结构。2016年施甸县全年地区生产总值56.3亿元，其中第一产业增加值15.97亿元，第二产业增加值15.95亿元，第三产业增加值24.38亿元，三次产业结构为28.37:28.33:43.3，呈现"312"结构。TY值0.2292增加到1.2627。

1978年腾冲县全年地区生产总值1.1856亿元，其中第一产业增加值0.7118亿元，第二产业增加值0.147亿元，第三产业增加值0.3268亿元；三次产业结构为60.04:12.4:27.56，呈现"132"结构。2000年腾冲县全年地区生产总值17.1793亿元，其中第一产业增加值6.6103亿元，第二产业增加值3.2838亿元，第三产业增加值7.2852亿元；三次产业结构为38.48:19.11:42.41，呈现"312"结构。2009年腾冲县全年地区生产总值57.4667亿元，其中第一产业增加值15.854亿元，第二产业增加值16.4547亿元，第三产业增加值25.158亿元；三次产业结构为27.59:28.63:43.78，呈现"321"结构。2016年腾冲市全年地区生产总值160.12亿元，其中第一产业增加值33.6亿元，第二产业增加值57.35亿元，第三产业增加值69.17亿元，三次产业结构为20.98:35.82:43.2，呈现"321"结构。TY值0.3328增加到1.8827。

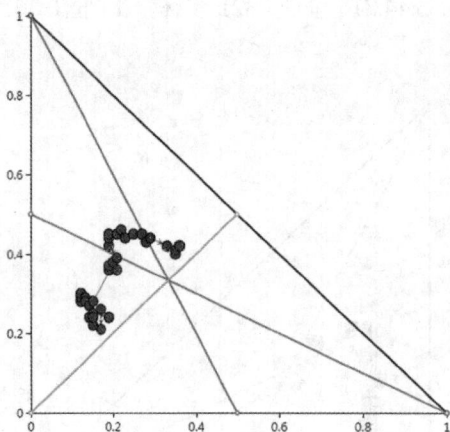

图4-42 腾冲县1978-2016年三次产业结构
变迁图

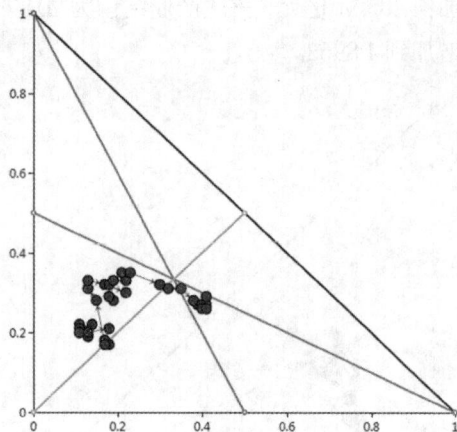

图4-43 龙陵县1978-2016年三次产业结构
变迁图

1978年龙陵县全年地区生产总值0.3207亿元，其中第一产业增加值0.2152亿元，第二产业增加值0.0357亿元，第三产业增加值0.0698亿元；三次产业结构为67.1:11.13:21.76，呈现"132"结构。1988年龙陵县全年地区生产总值1.2557亿元，其中第一产业增加值0.8356亿元，第二产业增加值0.211亿元，第三产业增加值0.2091亿元；三次产业结构为66.54:16.8:16.65，呈现"123"结构。1991年龙陵县全年地区生产总值1.9592亿元，其中第一产业增加值1.1114亿元，第二产业增加值 0.2921 亿元，第三产业增加值 0.5557 亿元；三次产业结构为 56.73:14.91:28.36，呈现"132"结构。2005 年龙陵县全年地区生产总值 11.969 亿元，其中第一产业增加值 4.418 亿元，第二产业增加值 3.818 亿元，第三产业增加值 3.733 亿元；三次产业结构为 36.91:31.9:31.19，呈现"123"结构。2006 年龙陵县全年地区生产总值 13.844 亿元，其中第一产业增加值 4.783 亿元，第二产业增加值 4.822 亿元，第三产业增加值 4.239 亿元；三次产业结构为 34.55:34.83:30.62，呈现"213"结构。2015 年龙陵县全年地区生产总值 61.96 亿元，其中第一产业增加值 18.58 亿元，第二产业增加值 25.34 亿元，第三产业增加值 18.04 亿元；三次产业结构为 29.99:40.9:29.12，呈现"213"结构。2016 年龙陵县全年地区生产总值 68.7 亿元，其中第一产业增加值 19.51 亿元，第二产业增加值 27.98 亿元，第三产业增加值 21.21 亿元，三次产业结构为 28.4:40.73:30.87，呈现"231"结构。TY 值 0.2451 增加到 1.2606。

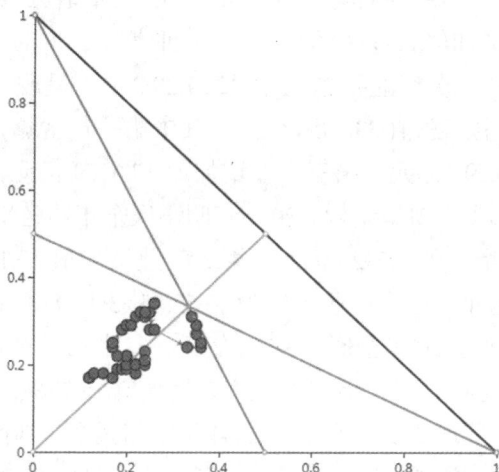

图4-44 昌宁县1978-2016年三次产业结构变迁图

1978 年昌宁县全年地区生产总值 0.5108 亿元，其中第一产业增加值 0.3643 亿元，第二产业增加值 0.0619 亿元，第三产业增加值 0.0846 亿元；三次产业结构为 71.32:12.12:16.56，呈现"132"结构。1987 年昌宁县全年地区生产总值 1.3782 亿元，其中第一产业增加值 0.8077 亿元，第二产业增加值 0.2903 亿元，第三产业增加值 0.2802 亿元；三次产业结构为 58.61:21.06:20.33，呈现"123"结构。1990 年昌宁县全年地区生产总值 2.1914 亿元，其中第一产业增加值 1.311 亿元，第二产业增加值 0.4362 亿元，第三产业增加值 0.4442 亿元；三次产业结构为 59.82:19.91:20.27，呈现"132"结构。1991 年昌宁县全年地区生产总值 2.747 亿元，其中第一产业增加值 1.6382 亿元，第二产业增加值 0.6131 亿元，第三产业增加值

0.4957 亿元；三次产业结构为 59.64:22.32:18.05，呈现"123"结构。1996 年昌宁县全年地区生产总值 6.248 亿元，其中第一产业增加值 3.61 亿元，第二产业增加值 1.271 亿元，第三产业增加值 1.367 亿元；三次产业结构为 57.78:20.34:21.88，呈现"132"结构。2011 年昌宁县全年地区生产总值 46.73 亿元，其中第一产业增加值 20.19 亿元，第二产业增加值 15.3 亿元，第三产业增加值 11.24 亿元；三次产业结构为 43.21:32.74:24.05，呈现"123"结构。2016 年昌宁县全年地区生产总值 94.59 亿元，其中第一产业增加值 33.33 亿元，第二产业增加值 32.33 亿元，第三产业增加值 28.93 亿元，三次产业结构为 35.24:34.18:30.58，呈现"123"结构。TY 值 0.2011 增加到 0.919。

（五）昭通市各县市区三次产业结构变迁情况

1978 年昭阳区全年地区生产总值 1.2363 亿元，其中第一产业增加值 0.4698 亿元，第二产业增加值 0.5192 亿元，第三产业增加值 0.2473 亿元；三次产业结构为 38:42:20，呈现"213"结构。1992 年昭阳区全年地区生产总值 14.5716 亿元，其中第一产业增加值 2.3922 亿元，第二产业增加值 8.3474 亿元，第三产业增加值 3.832 亿元；三次产业结构为 16.42:57.29:26.3，呈现"231"结构。2001 年昭阳区全年地区生产总值 39.9056 亿元，其中第一产业增加值 5.6367 亿元，第二产业增加值 16.591 亿元，第三产业增加值 17.6779 亿元；三次产业结构为 14.13:41.58:44.3，呈现"321"结构。2002 年昭阳区全年地区生产总值 42.0953 亿元，其中第一产业增加值 5.6929 亿元，第二产业增加值 19.1651 亿元，第三产业增加值 17.2373 亿元；三次产业结构为 13.52:45.53:40.95，呈现"231"结构。2003 年昭阳区全年地区生产总值 42.9565 亿元，其中第一产业增加值 6.1852 亿元，第二产业增加值 17.9953 亿元，第三产业增加值 18.776 亿元；三次产业结构为 14.4:41.89:43.71，呈现"321"结构。2004 年昭阳区全年地区生产总值 51.5017 亿元，其中第一产业增加值 7.1947 亿元，第二产业增加值 23.7849 亿元，第三产业增加值 20.5221 亿元；三次产业结构为 13.97:46.18:39.85，呈现"231"结构。2016 年昭阳区全年地区生产总值 233.57 亿元，其中第一产业增加值 27.14 亿元，第二产业增加值 114.73 亿元，第三产业增加值 91.7 亿元，三次产业结构为 11.62:49.12:39.26，呈现"231"结构。TY 值 0.293 增加到 3.8031。

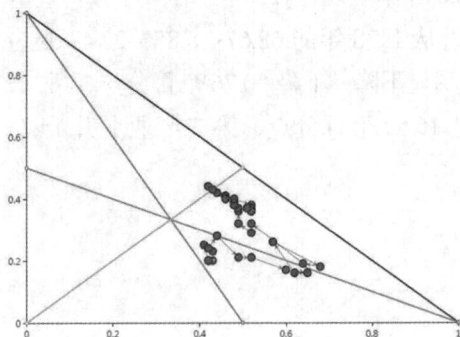

图4-45 昭阳区1978-2016年三次产业结构
变迁图

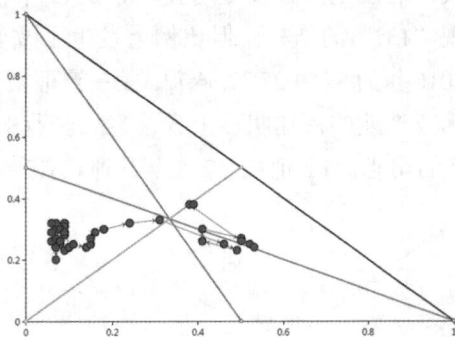

图4-46 鲁甸县1978-2016年三次产业结构
变迁图

1978年鲁甸县全年地区生产总值0.3606亿元，其中第一产业增加值0.2351亿元，第二产业增加值0.0375亿元，第三产业增加值0.088亿元；三次产业结构为65.2:10.4:24.4，呈现"132"结构。2006年鲁甸县全年地区生产总值12.8922亿元，其中第一产业增加值3.7566亿元，第二产业增加值5.8746亿元，第三产业增加值3.261亿元；三次产业结构为29.14:45.57:25.29，呈现"213"结构。2009年鲁甸县全年地区生产总值19.8004亿元，其中第一产业增加值5.7388亿元，第二产业增加值8.1375亿元，第三产业增加值5.9241亿元；三次产业结构为28.98:41.1:29.92，呈现"231"结构。2015年鲁甸县全年地区生产总值47.65亿元，其中第一产业增加值10.83亿元，第二产业增加值18.7亿元，第三产业增加值18.12亿元；三次产业结构为22.73:39.24:38.03，呈现"231"结构。2016年鲁甸县全年地区生产总值51.93亿元，其中第一产业增加值11.58亿元，第二产业增加值19.91亿元，第三产业增加值20.44亿元，三次产业结构为22.3:38.34:39.36，呈现"321"结构。TY值0.2669增加到1.7422。

1978年巧家县全年地区生产总值0.3581亿元，其中第一产业增加值0.2459亿元，第二产业增加值0.0317亿元，第三产业增加值0.0805亿元；三次产业结构为68.67:8.85:22.48，呈现"132"结构。2012年巧家县全年地区生产总值41.3亿元，其中第一产业增加值16.09亿元，第二产业增加值12.83亿元，第三产业增加值12.38亿元；三次产业结构为38.96:31.07:29.98，呈现"123"结构。2014年巧家县全年地区生产总值46.46亿元，其中第一产业增加值19.34亿元，第二产业增加值10.06亿元，第三产业增加值17.06亿元；三次产业结构为41.63:21.65:36.72，呈现"132"结构。2016年巧家县全年地区生产总值56.1亿元，其中第一产业增加值21.27亿元，第二产业增加值14.23亿元，第三产业增加值20.6亿元，三次产业结构为37.91:25.37:36.72，呈现"132"结构。巧家县是一个三次产业结构形式没有发生太大改变的县,除 2012 年和 2013 年呈现"123"的结构外,一直呈现"132"的结构,但比例上发生了改变,从 1978 年的 68.67:8.85:22.48 变为 2016 年的 37.91:25.37:36.72,第一产业占比明显下降,下降 30.76 个百分点,第二、第三产业的占比明显上升,第二产业上升 16.52 个百分点,第二产业上升 14.24 个百分点。TY 值从 0.228 上升到 0.819。

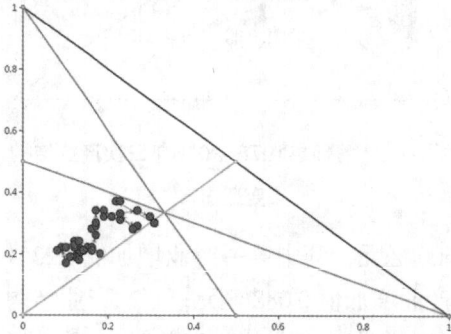 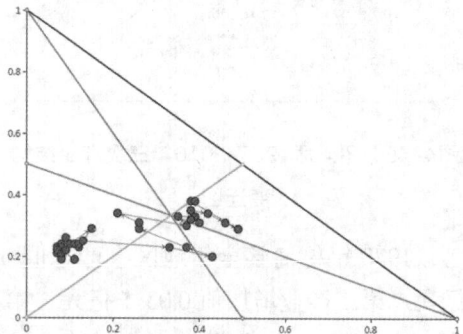

图4-47 巧家县1978-2016年三次产业结构　　图4-48 盐津县1978-2016年三次产业结构
　　　　　变迁图　　　　　　　　　　　　　　　　　变迁图

1978 年盐津县全年地区生产总值 0.2987 亿元,其中第一产业增加值 0.2092 亿元,第二产业增加值 0.0336 亿元,第三产业增加值 0.0559 亿元;三次产业结构为 70.04:11.25:18.71,呈现"132"结构。1998 年盐津县全年地区生产总值 4.5794 亿元,其中第一产业增加值 2.0032 亿元,第二产业增加值 1.5213 亿元,第三产业增加值 1.0549 亿元;三次产业结构为 43.74:33.22:23.04,呈现"123"结构。1999 年盐津县全年地区生产总值 5.8619 亿元,其中第一产业增加值 2.158 亿元,第二产业增加值 2.5305 亿元,第三产业增加值 1.1734 亿元;三次产业结构为 36.81:43.17:20.02,呈现"213"结构。2000 年盐津县全年地区生产总值 5.6037 亿元,其中第一产业增加值 2.2263 亿元,第二产业增加值 2.0682 亿元,第三产业增加值 1.3092 亿元;三次产业结构为 39.73:36.91:23.36,呈现"123"结构。2001 年盐津县全年地区生产总值 5.1292 亿元,其中第一产业增加值 2.2701 亿元,第二产业增加值 1.3501 亿元,第三产业增加值 1.509 亿元;三次产业结构为 44.26:26.32:29.42,呈现"132"结构。2004 年盐津县全年地区生产总值 8.4339 亿元,其中第一产业增加值 2.755 亿元,第二产业增加值 3.1392 亿元,第三产业增加值 2.5397 亿元;三次产业结构为 32.67:37.22:30.11,呈现"213"结构。2005 年盐津县全年地区生产总值 10.0602 亿元,其中第一产业增加值 3.1867 亿元,第二产业增加值 3.5395 亿元,第三产业增加值 3.334 亿元;三次产业结构为 31.68:35.18:33.14,呈现"231"结构。2015 年盐津县全年地区生产总值 38.29 亿元,其中第一产业增加值8.87亿元，第二产业增加值14.75亿元，第三产业增加值14.67亿元；三次产业结构为23.17:38.52:38.31，呈现"231"结构。2016年盐津县全年地区生产总值42.18亿元，其中第一产业增加值9.57亿元，第二产业增加值16.13亿元，第三产业增加值16.48亿元，三次产业结构为22.69:38.24:39.07，呈现"321"结构。TY值0.2139增加到1.7038。

1978年大关县全年地区生产总值0.2703亿元，其中第一产业增加值0.1126亿元，第二产业增加值0.0103亿元，第三产业增加值0.1474亿元；三次产业结构为41.66:3.81:54.53，呈现"312"结构。1982年大关县全年地区生产总值0.4375亿元，其中第一产业增加值0.3032亿元，第二产业增加值0.0222亿元，第三产业增加值0.1121亿元；三次产业结构为69.3:5.07:25.62，呈现"132"结构。1998年大关县全年地区生产总值3.6836亿元，其中第一产业增加值1.8361亿元，第二产业增加值1.0928亿元，第三产业增加值0.7547亿元；三次产业结构为49.85:29.67:20.49，呈现"123"结构。1999年大关县全年地区生产总值4.6551亿元，其中第一产业增加值1.8738亿元，第二产业增加值1.8912亿元，第三产业增加值0.8901亿元；三次产业结构为40.25:40.63:19.12，呈现"213"结构。2000年大关县全年地区生产总值4.73亿元，其中第一产业增加值1.8984亿元，第二产业增加值1.8141亿元，第三产业增加值1.0175亿元；三次产业结构为40.14:38.35:21.51，呈现"123"结构。2001年大关县全年地区生产总值3.9924亿元，其中第一产业增加值1.9098亿元，第二产业增加值0.9142亿元，第三产业增加值1.1684亿元；三次产业结构为47.84:22.9:29.27，呈现"132"结构。2009年大关县全年地区生产总值10.9765亿元，其中第一产业增加值3.9031亿元，第二产业增加值2.5268亿元，第三产业增加值4.5466亿元；三次产业结构为35.56:23.02:41.42，呈现"312"结构。2011年大关县全年地区生产总值14.9亿元，其中第一产业增加值4.43亿元，第二产业增加值4.84亿元，第三产业增加值5.63亿元；三次产业结构为29.73:32.48:37.79，呈现"321"结构。2013年大关县全年地区生产总值21.79亿元，其中第一产业增加值5.92亿元，第二产业增加值8.6亿元，第三产业增加值7.27亿元；三次产业结构为27.17:39.47:33.36，呈现"231"结构。2014年大关县全年地区生产总值27.61亿元，其中第一产业增加值6.38亿元，第二产业增加值10.63亿元，第三产业增加值10.6亿元；三次产业结构为23.11:38.5:38.39，呈现"231"结构。2015年大关县全年地区生产总值29.37亿元，其中第一产业增加值6.6亿元，第二产业增加值10.61亿元，第三产业增加值12.16亿元；三次产业结构为22.47:36.13:41.4，呈现"321"结构。2016年大关县全年地区生产总值30.03亿元，其中第一产业增加值7.01亿元，第二产业增加值9.4亿元，第三产业增加值13.62亿元，三次产业结构为23.34:31.3:45.35，呈现

"321"结构。TY值0.7003增加到1.6419。

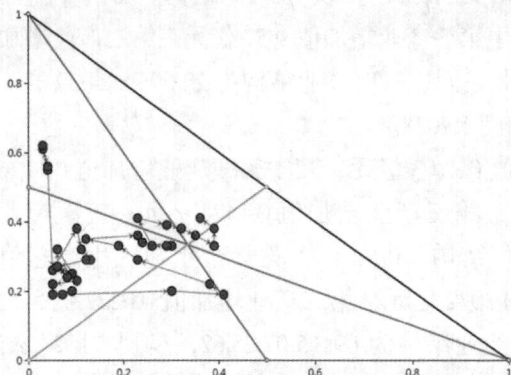 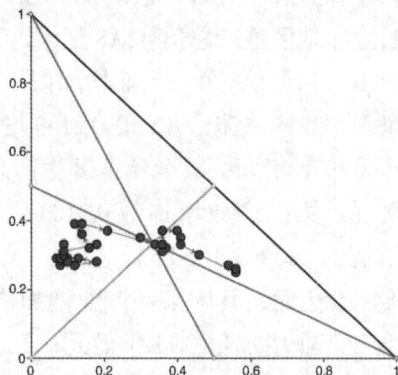

图4-49　大关县1978-2016年三次产业结构变迁图　图4-50　永善县1978-2016年三次产业结构变迁图

1978年永善县全年地区生产总值0.4513亿元，其中第一产业增加值0.2743亿元，第二产业增加值0.0545亿元，第三产业增加值0.1225亿元；三次产业结构为60.78:12.08:27.14，呈现"132"结构。2004年永善县全年地区生产总值11.9085亿元，其中第一产业增加值3.76亿元，第二产业增加值4.356亿元，第三产业增加值3.7925亿元；三次产业结构为31.57:36.58:31.85，呈现"231"结构。2005年永善县全年地区生产总值12.8706亿元，其中第一产业增加值4.5508亿元，第二产业增加值3.8711亿元，第三产业增加值4.4487亿元；三次产业结构为35.36:30.08:34.56，呈现"132"结构。2006年永善县全年地区生产总值14.9314亿元，其中第一产业增加值4.8898亿元，第二产业增加值5.1204亿元，第三产业增加值4.9212亿元；三次产业结构为32.75:34.29:32.96，呈现"231"结构。2007年永善县全年地区生产总值17.9314亿元，其中第一产业增加值5.879亿元，第二产业增加值6.4134亿元，第三产业增加值5.639亿元；三次产业结构为32.79:35.77:31.45，呈现"213"结构。2008年永善县全年地区生产总值21.4116亿元，其中第一产业增加值6.528亿元，第二产业增加值7.7564亿元，第三产业增加值7.1272亿元；三次产业结构为30.49:36.23:33.29，呈现"231"结构。2009年永善县全年地区生产总值23.6188亿元，其中第一产业增加值6.3168亿元，第二产业增加值8.5437亿元，第三产业增加值8.7583亿元；三次产业结构为26.74:36.17:37.08，呈现"321"结构。2010年永善县全年地区生产总值26.889亿元，其中第一产业增加值6.4098亿元，第二产业增加值10.6239亿元，第三产业增加值9.8553亿元；三次产业结构为23.84:39.51:36.65，呈现"231"结构。2016年永善县全年地区生产总值74.45亿元，其中第一产业增加值13.75亿元，第二产业增加值 40.27 亿元，第三产业增加值 20.43 亿元，三次产业结构为 18.47:54.09:27.44，呈现"231"结构。TY 值 0.3226 增加到 2.2073。

1978 年绥江县全年地区生产总值 0.2156 亿元，其中第一产业增加值 0.1163 亿元，第二产业增加值 0.0239 亿元，第三产业增加值 0.0754 亿元；三次产业结构为 53.94:11.09:34.97，呈现"132"结构。1986 年绥江县全年地区生产总值 0.4691 亿元，其中第一产业增加值 0.2209 亿元，第二产业增加值 0.1281 亿元，第三产业增加值 0.1201 亿元；三次产业结构为 47.09:27.31:25.6，呈现"123"结构。1989 年绥江县全年地区生产总值 0.8217 亿元，其中第一产业增加值 0.2899 亿元，第二产业增加值 0.3699 亿元，第三产业增加值 0.1619 亿元；三次产业结构为 35.28:45.02:19.7，呈现"213"结构。1999 年绥江县全年地区生产总值 1.7049 亿元，其中第一产业增加值 0.7054 亿元，第二产业增加值 0.5813 亿元，第三产业增加值 0.4182 亿元；三次产业结构为 41.37:34.1:24.53，呈现"123"结构。2000 年绥江县全年地区生产总值 1.7801 亿元，其中第一产业增加值 0.741 亿元，第二产业增加值 0.4971 亿元，第三产业增加值 0.542 亿元；三次产业结构为 41.63:27.93:30.45，呈现"132"结构。2002 年绥江县全年地区生产总值 1.982 亿元，其中第一产业增加值 0.7137 亿元，第二产业增加值 0.4989 亿元，第三产业增加值 0.7694 亿元；三次产业结构为 36.01:25.17:38.82，呈现"312"结构。2004 年绥江县全年地区生产总值 3.825 亿元，其中第一产业增加值 0.9424 亿元，第二产业增加值 0.9705 亿元，第三产业增加值 1.9121 亿元；三次产业结构为 24.64:25.37:49.99，呈现"321"结构。2005 年绥江县全年地区生产总值 4.2593 亿元，其中第一产业增加值 1.2085 亿元，第二产业增加值 0.8886 亿元，第三产业增加值 2.1622 亿元；三次产业结构为 28.37:20.86:50.76，呈现"312"结构。2008 年绥江县全年地区生产总值 8.4489 亿元，其中第一产业增加值 2.045 亿元，第二产业增加值 2.7047 亿元，第三产业增加值 3.6992 亿元；三次产业结构为 24.2:32.01:43.78，呈现"321"结构。2011 年绥江县全年地区生产总值 14.91 亿元，其中第一产业增加值 2.78 亿元，第二产业增加值 6.19 亿元，第三产业增加值 5.94 亿元；三次产业结构为 18.65:41.52:39.84，呈现"231"结构。2013 年绥江县全年地区生产总值 18.36 亿元，其中第一产业增加值 3.44 亿元，第二产业增加值 7.41 亿元，第三产业增加值 7.51 亿元；三次产业结构为 18.74:40.36:40.9，呈现"321"结构。2014 年绥江县全年地区生产总值 19.96 亿元，其中第一产业增加值 3.71 亿元，第二产业增加值 6.63 亿元，第三产业增加值 9.62 亿元；三次产业结构为 18.59:33.22:48.2，呈现"321"结构。2016 年绥江县全年地区生产总值 20.62 亿元，其中第一产业增加值 4.03 亿元，第二产业增加值 4.48 亿元，第三产业增加值 12.11 亿元，三次产业结构为 19.54:21.73:58.73，呈现"321"结构。TY 值 0.4269 增加到 2.0583。

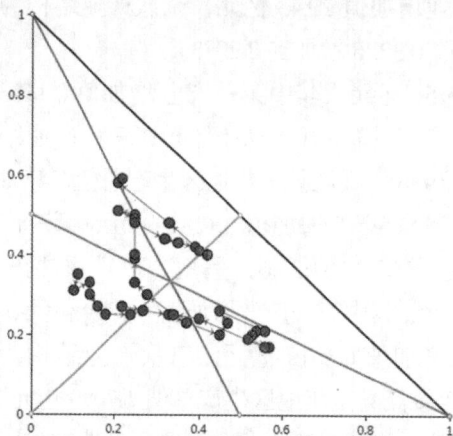

图4-51　绥江县1978-2016年三次产业结构
变迁图

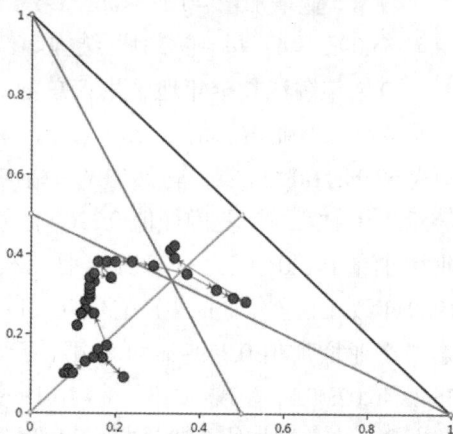

图4-52　镇雄县1978-2016年三次产业结构
变迁图

　　1978年镇雄县全年地区生产总值0.9649亿元，其中第一产业增加值0.7808亿元，第二产业增加值0.0822亿元，第三产业增加值0.1019亿元；三次产业结构为80.92:8.52:10.56，呈现"132"结构。1985年镇雄县全年地区生产总值1.9988亿元，其中第一产业增加值1.3622亿元，第二产业增加值0.3212亿元，第三产业增加值0.3154亿元；三次产业结构为68.15:16.07:15.78，呈现"123"结构。1990年镇雄县全年地区生产总值2.9097亿元，其中第一产业增加值1.7611亿元，第二产业增加值0.431亿元，第三产业增加值0.7176亿元；三次产业结构为60.53:14.81:24.66，呈现"132"结构。2008年镇雄县全年地区生产总值31.9764亿元，其中第一产业增加值11.8915亿元，第二产业增加值7.8191亿元，第三产业增加值12.2658亿元；三次产业结构为37.19:24.45:38.36，呈现"312"结构。2010年镇雄县全年地区生产总值53.2969亿元，其中第一产业增加值14.9538亿元，第二产业增加值19.7491亿元，第三产业增加值18.594亿元；三次产业结构为28.06:37.05:34.89，呈现"231"结构。2014年镇雄县全年地区生产总值84.62亿元，其中第一产业增加值22.59亿元，第二产业增加值28.78亿元，第三产业增加值33.25亿元；三次产业结构为26.7:34.01:39.29，呈现"321"结构。2016年镇雄县全年地区生产总值102.17亿元，其中第一产业增加值24.95亿元，第二产业增加值34.4亿元，第三产业增加值42.82亿元，三次产业结构为24.42:33.67:41.91，呈现"321"结构。TY值0.1179增加到1.5475。

　　1978年彝良县全年地区生产总值0.4448亿元，其中第一产业增加值0.3032亿元，第二产业增加值0.0353亿元，第三产业增加值0.1063亿元；三次产业结构为68.17:7.94:23.9，呈现"132"结构。1999年彝良县全年地区生产总值5.6761

亿元，其中第一产业增加值 3.0665 亿元，第二产业增加值 1.3224 亿元，第三产业增加值 1.2872 亿元；三次产业结构为 54.02:23.3:22.68，呈现"123"结构。2000 年彝良县全年地区生产总值 5.9454 亿元，其中第一产业增加值 3.1805 亿元，第二产业增加值 1.2487 亿元，第三产业增加值 1.5162 亿元；三次产业结构为 53.5:21:25.5，呈现"132"结构。2006 年彝良县全年地区生产总值 13.6338 亿元，其中第一产业增加值 5.1353 亿元，第二产业增加值 4.295 亿元，第三产业增加值 4.2035 亿元；三次产业结构为 37.67:31.5:30.83，呈现"123"结构。2007 年彝良县全年地区生产总值 16.6753 亿元，其中第一产业增加值 5.9193 亿元，第二产业增加值 6.022 亿元，第三产业增加值 4.734 亿元；三次产业结构为 35.5:36.11:28.39，呈现"213"结构。2009 年彝良县全年地区生产总值 23.9053 亿元，其中第一产业增加值 7.3383 亿元，第二产业增加值 9.2206 亿元，第三产业增加值 7.3464 亿元；三次产业结构为 30.7:38.57:30.73，呈现"231"结构。2011 年彝良县全年地区生产总值 38.14 亿元，其中第一产业增加值 12.05 亿元，第二产业增加值 17.18 亿元，第三产业增加值 8.91 亿元；三次产业结构为 31.59:45.04:23.36，呈现"213"结构。2014 年彝良县全年地区生产总值 45.37 亿元，其中第一产业增加值 18.95 亿元，第二产业增加值 14.09 亿元，第三产业增加值 12.33 亿元；三次产业结构为 41.77:31.06:27.18，呈现"123"结构。2015 年彝良县全年地区生产总值 47.59 亿元，其中第一产业增加值 19.74 亿元，第二产业增加值 13.3 亿元，第三产业增加值 14.55 亿元；三次产业结构为 41.48:27.95:30.57，呈现"132"结构。2016 年彝良县全年地区生产总值 51.88 亿元，其中第一产业增加值 21.01 亿元，第二产业增加值 14.47 亿元，第三产业增加值 16.4 亿元，三次产业结构为 40.5:27.89:31.61，呈现"132"结构。TY 值 0.2335 增加到 0.7347。

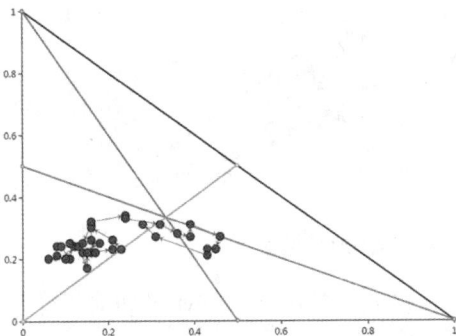

图4-53　彝良县1978-2016年三次产业结构变迁图

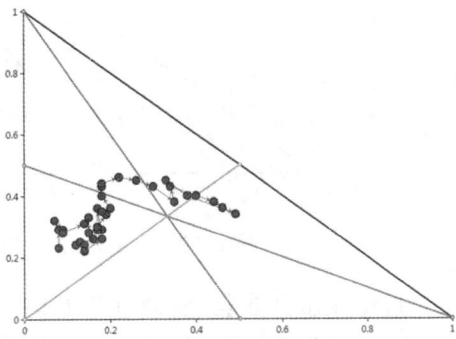

图4-54　威信县1978-2016年三次产业结构变迁图

1978 年威信县全年地区生产总值 0.3714 亿元，其中第一产业增加值 0.256 亿元，第二产业增加值 0.0293 亿元，第三产业增加值 0.0861 亿元；三次产业结构为 68.93:7.89:23.18，呈现"132"结构。2002 年威信县全年地区生产总值 4.775 亿元，其中第一产业增加值 1.867 亿元，第二产业增加值 0.873 亿元，第三产业增加值 2.035 亿元；三次产业结构为 39.1:18.28:42.62，呈现"312"结构。2007 年威信县全年地区生产总值 11.627 亿元，其中第一产业增加值 3.1962 亿元，第二产业增加值 3.434 亿元，第三产业增加值 4.9968 亿元；三次产业结构为 27.49:29.53:42.98，呈现"321"结构。2010 年威信县全年地区生产总值 20.3586 亿元，其中第一产业增加值 3.991 亿元，第二产业增加值 8.2227 亿元，第三产业增加值 8.1449 亿元；三次产业结构为 19.6:40.39:40.01，呈现"231"结构。2014 年威信县全年地区生产总值 29.24 亿元，其中第一产业增加值 6.37 亿元，第二产业增加值 11.04 亿元，第三产业增加值 11.83 亿元；三次产业结构为 21.79:37.76:40.46，呈现"321"结构。2016 年威信县全年地区生产总值 32.79 亿元，其中第一产业增加值 6.98 亿元，第二产业增加值 10.39 亿元，第三产业增加值 15.42 亿元，三次产业结构为 21.29:31.69:47.03，呈现"321"结构。TY 值 0.2254 增加到 1.8489。

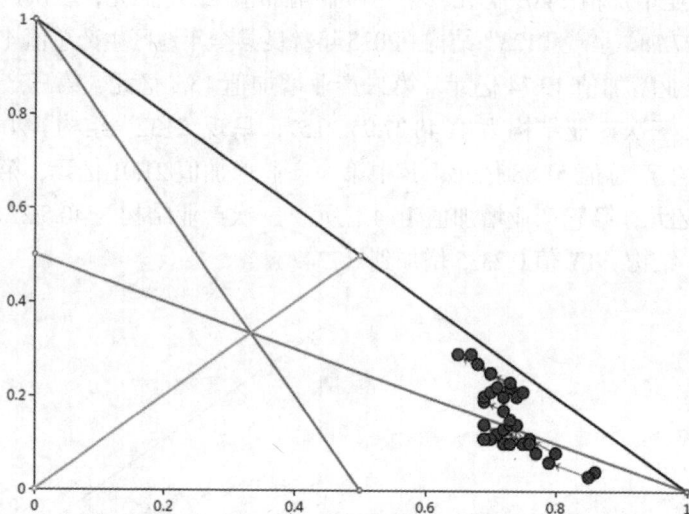

图4-55　水富县1978-2016年三次产业结构变迁图

1980 年水富县全年地区生产总值 1.0763 亿元，其中第一产业增加值 0.11 亿元，第二产业增加值 0.9245 亿元，第三产业增加值 0.0418 亿元；三次产业结构为 10.22:85.9:3.88，呈现"213"结构。1997 年水富县全年地区生产总值 5.3296 亿元，其中第一产业增加值 0.6826 亿元，第二产业增加值 3.9011 亿元，第三产业增加值 0.7459 亿元；三次产业结构为 12.81:73.2:14，呈现"231"结构。2016 年水富县全年地区生产总值 50.75 亿元,其中第一产业增加值 2.15 亿元,第二产业增加值 34.63 亿元,第三产业增加值 13.97 亿元,三次产业结构为 4.24:68.24:27.53,呈现"231"结构。TY 值 0.0902 增加到 1.3299。

（六）丽江市各县市区三次产业结构变迁情况

1978 年古城区全年地区生产总值 0.7788 亿元,其中第一产业增加值 0.3679 亿元,第二产业增加值 0.181 亿元,第三产业增加值 0.2299 亿元;三次产业结构为 47.24:23.24:29.52,呈现"132"结构。1980 年古城区全年地区生产总值 0.9455 亿元,其中第一产业增加值 0.4467 亿元,第二产业增加值 0.2197 亿元,第三产业增加值 0.2791 亿元;三次产业结构为 47.24:23.24:29.52,呈现"132"结构。1985 年古城区全年地区生产总值 1.5219 亿元,其中第一产业增加值 0.5636 亿元,第二产业增加值 0.3397 亿元,第三产业增加值 0.6186 亿元;三次产业结构为 37.03:22.32:40.65,呈现"312"结构。1989 年古城区全年地区生产总值 2.2874 亿元,其中第一产业增加值 0.7586 亿元,第二产业增加值 0.6127 亿元,第三产业增加值 0.9161 亿元;三次产业结构为 33.16:26.79:40.05,呈现"312"结构。1990 年古城区全年地区生产总值 2.6359 亿元,其中第一产业增加值 0.9788 亿元,第二产业增加值 0.6965 亿元,第三产业增加值 0.9606 亿元;三次产业结构为 37.13:26.42:36.44,呈现"132"结构。1991 年古城区全年地区生产总值 2.6743 亿元,其中第一产业增加值 0.9769 亿元,第二产业增加值 0.7151 亿元,第三产业增加值 0.9823 亿元;三次产业结构为 36.53:26.74:36.73,呈现"312"结构。1993 年古城区全年地区生产总值 4.5154 亿元,其中第一产业增加值 1.7705 亿元,第二产业增加值 1.4438 亿元,第三产业增加值 1.3011 亿元;三次产业结构为 39.21:31.98:28.81,呈现"123"结构。1994 年古城区全年地区生产总值 5.916 亿元,其中第一产业增加值 2.0807 亿元,第二产业增加值 1.6135 亿元,第三产业增加值 2.2218 亿元;三次产业结构为 35.17:27.27:37.56,呈现"312"结构。1997 年古城区全年地区生产总值 10.2643 亿元,其中第一产业增加值 2.7916 亿元,第二产业增加值 3.6614 亿元,第三产业增加值 3.8113 亿元;三次产业结构为 27.2:35.67:37.13,呈现"321"结构。2016 年古城区全年地区生产总值 116.82 亿元,其中第一产业增加值 5.49 亿元,第二产业增加值 36.03 亿元,第三产业增加值 75.3 亿元,三次产业结构为 4.7:30.84:64.46,呈现"321"结构。TY 值 0.5584 增加到 10.1393。

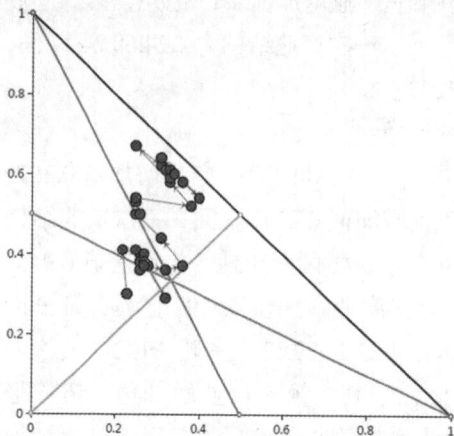

图4-56 古城区1978-2016年三次产业结构
变迁图

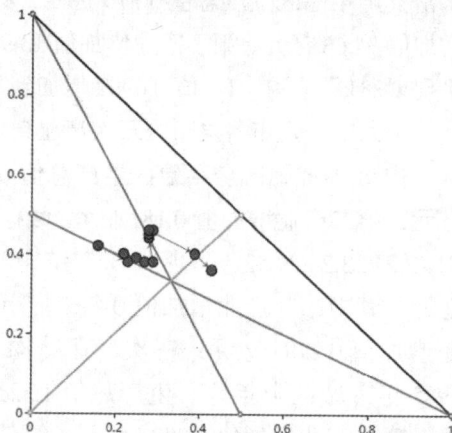

图4-57 玉龙县1978-2016年三次产业结构
变迁图

2003 年玉龙县全年地区生产总值 6.2625 亿元，其中第一产业增加值 2.6029 亿元，第二产业增加值 1.0076 亿元，第三产业增加值 2.652 亿元；三次产业结构为 41.56:16.09:42.35，呈现"312"结构。2004 年玉龙县全年地区生产总值 7.2651 亿元，其中第一产业增加值 2.8326 亿元，第二产业增加值 1.661 亿元，第三产业增加值 2.7715 亿元；三次产业结构为 38.99:22.86:38.15，呈现"132"结构。2005 年玉龙县全年地区生产总值 8.8799 亿元，其中第一产业增加值 3.3958 亿元，第二产业增加值 1.9604 亿元，第三产业增加值 3.5237 亿元；三次产业结构为 38.24:22.08:39.68，呈现"312"结构。2010 年玉龙县全年地区生产总值 22.3381 亿元，其中第一产业增加值 5.9075 亿元，第二产业增加值 6.3198 亿元，第三产业增加值 10.1108 亿元；三次产业结构为 26.45:28.29:45.26，呈现"321"结构。2014 年玉龙县全年地区生产总值 45.82 亿元，其中第一产业增加值 9.81 亿元，第二产业增加值 19.56 亿元，第三产业增加值 16.45 亿元；三次产业结构为 21.41:42.69:35.9，呈现"231"结构。2016 年玉龙县全年地区生产总值 53.45 亿元，其中第一产业增加值 10.88 亿元，第二产业增加值 22.54 亿元，第三产业增加值 20.03 亿元，三次产业结构为 20.36:42.17:37.47，呈现"231"结构。TY 值 0.0731 增加到 1.9563。

1978 年永胜县全年地区生产总值 0.4296 亿元，其中第一产业增加值 0.2696 亿元，第二产业增加值 0.05 亿元，第三产业增加值 0.11 亿元；三次产业结构为 62.76:11.64:25.61，呈现"132"结构。2000 年永胜县全年地区生产总值 8.0908 亿元，其中第一产业增加值 3.0403 亿元，第二产业增加值 1.6284 亿元，第三产业增加值 3.4221 亿元；三次产业结构为 37.58:20.13:42.3，呈现"312"结构。2005 年永胜县全年地区生产总值 12.629 亿元，其中第一产业增加值 4.9792 亿元，

第二产业增加值 2.8146 亿元，第三产业增加值 4.8352 亿元；三次产业结构为
39.43:22.29:38.29，呈现"132"结构。2009 年永胜县全年地区生产总值 24.1358 亿元，
其中第一产业增加值 7.69 亿元，第二产业增加值 8.4632 亿元，第三产业增加值
7.9826 亿元；三次产业结构为 31.86:35.06:33.07，呈现"231"结构。2012 年永胜
县全年地区生产总值 44.78 亿元，其中第一产业增加值 12.5 亿元，第二产业增加
值 19.9 亿元，第三产业增加值 12.38 亿元；三次产业结构为 27.91:44.44:27.65，呈
现"213"结构。2013 年永胜县全年地区生产总值 55.14 亿元，其中第一产业增
加值 13.97 亿元，第二产业增加值 27.02 亿元，第三产业增加值 14.15 亿元；三次
产业结构为 25.34:49:25.66，呈现"231"结构。2016 年永胜县全年地区生产总值
71.16 亿元，其中第一产业增加值 16.76 亿元，第二产业增加值 33.89 亿元，第三
产业增加值 20.51 亿元，三次产业结构为 23.55:47.63:28.82，呈现"231"结构。
TY 值 0.2967 增加到 1.6229。

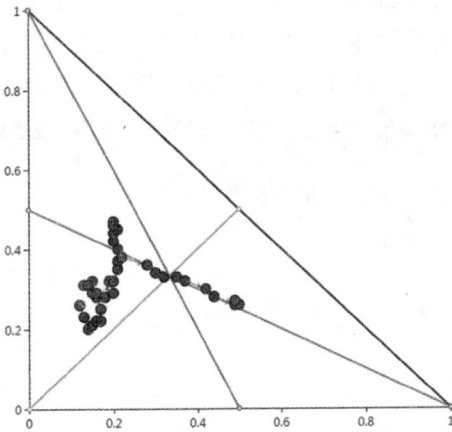

图4-58 永胜县1978-2016年三次产业结构
变迁图

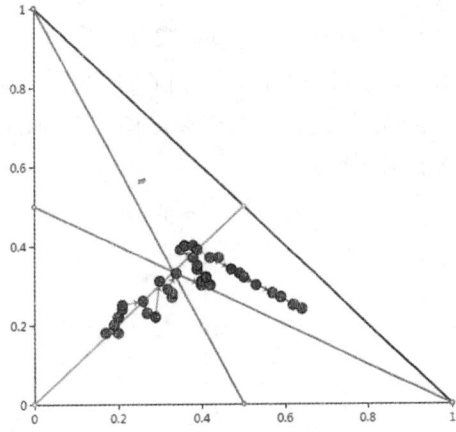

图4-59 华坪县1978-2016年三次产业结构
变迁图

1978 年华坪县全年地区生产总值 0.1925 亿元，其中第一产业增加值 0.1131
亿元，第二产业增加值 0.0378 亿元，第三产业增加值 0.0416 亿元；三次产业
结构为 58.75:19.64:21.61，呈现"132"结构。1981 年华坪县全年地区生产总值
0.3421 亿元，其中第一产业增加值 0.2117 亿元，第二产业增加值 0.0676 亿元，
第三产业增加值 0.0628 亿元；三次产业结构为 61.88:19.76:18.36，呈现"123"结
构。1982 年华坪县全年地区生产总值 0.3689 亿元，其中第一产业增加值 0.2274
亿元，第二产业增加值 0.0685 亿元，第三产业增加值 0.073 亿元；三次产业结构
为 61.64:18.57:19.79，呈现"132"结构。1985 年华坪县全年地区生产总值 0.5679
亿元，其中第一产业增加值 0.2759 亿元，第二产业增加值 0.1461 亿元，第三产

业增加值 0.1459 亿元；三次产业结构为 48.58:25.73:25.69，呈现 "123" 结构。1988 年华坪县全年地区生产总值 1.0117 亿元，其中第一产业增加值 0.4012 亿元，第二产业增加值 0.3007 亿元，第三产业增加值 0.3089 亿元；三次产业结构为 39.66:29.72:30.53，呈现 "132" 结构。1989 年华坪县全年地区生产总值 1.2433 亿元，其中第一产业增加值 0.4966 亿元，第二产业增加值 0.4063 亿元，第三产业增加值 0.3404 亿元；三次产业结构为 39.94:32.68:27.38，呈现 "123" 结构。1993 年华坪县全年地区生产总值 2.433 亿元，其中第一产业增加值 0.7246 亿元，第二产业增加值 0.9672 亿元，第三产业增加值 0.7412 亿元；三次产业结构为 29.78:39.75:30.46，呈现 "231" 结构。2001 年华坪县全年地区生产总值 5.8234 亿元，其中第一产业增加值 1.4985 亿元，第二产业增加值 2.0655 亿元，第三产业增加值 2.2594 亿元；三次产业结构为 25.73:35.47:38.8，呈现 "321" 结构。2004 年华坪县全年地区生产总值 8.3735 亿元，其中第一产业增加值 1.8761 亿元，第二产业增加值 3.2697 亿元，第三产业增加值 3.2277 亿元；三次产业结构为 22.41:39.05:38.55，呈现 "231" 结构。2016 年华坪县全年地区生产总值 34.61 亿元，其中第一产业增加值 6.21 亿元，第二产业增加值 15.85 亿元，第三产业增加值 12.55 亿元，三次产业结构为 17.94:45.8:36.26，呈现 "231" 结构。TY 值 0.351 增加到 2.2866。

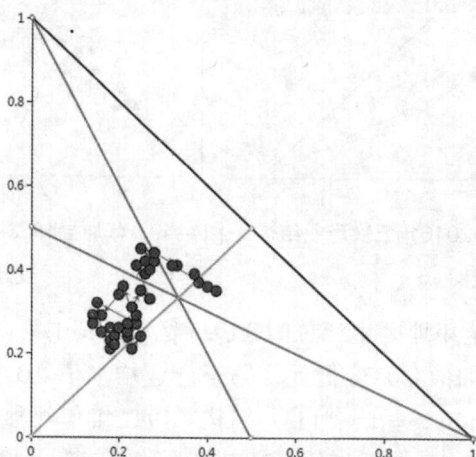

图4-60　宁蒗县1978-2016年三次产业结构变迁图

1978 年宁蒗县全年地区生产总值 0.2555 亿元，其中第一产业增加值 0.1324 亿元，第二产业增加值 0.0574 亿元，第三产业增加值 0.0657 亿元；三次产业结构为 51.82:22.47:25.71，呈现 "132" 结构。1986 年宁蒗县全年地区生产总值 0.6472 亿元，其中第一产业增加值 0.3641 亿元，第二产业增加值 0.149 亿元，第三产业增加值 0.1341 亿元；三次产业结构为 56.26:23.02:20.72，呈现 "123" 结构。1988 年宁蒗县全年地区生产总值 0.8837 亿元，其中第一产业增加值 0.3804 亿元，第二产业增加值 0.1847 亿元，第三产业增加值 0.3186 亿元；三次产业结构为 43.05:20.9:36.05，呈现 "132" 结构。2004 年宁蒗县全年地区生产总值 5.7279 亿元，其中第一产业增加值 1.9966 亿元，第二产业增加值 1.3861 亿元，第三产业增加值 2.3452 亿元；三次产业结构为 34.86:24.2:40.94，呈现 "312" 结构。2010 年宁蒗县全年地区生产总值 15.0043 亿元，其中第一产业增加值 4.2023 亿元，第二产业增加值 4.2602 亿元，第三产业增加值 6.5418 亿元；三次产业结构为 28.01:28.39:43.6，呈现 "321" 结构。2013 年宁蒗县全年地区生产总值 28.98 亿元，其中第一产业增加值 6.72 亿元，第二产业增加值 12.05 亿元，第三产业增加值 10.21 亿元；三次产业结构为 23.19:41.58:35.23，呈现 "231" 结构。2015 年宁蒗县全年地区生产总值 30.81 亿元，其中第一产业增加值 7.53 亿元，第二产业增加值 11.8 亿元，第三产业增加值 11.48 亿元；三次产业结构为 24.44:38.3:37.26，呈现 "231" 结构。2016 年宁蒗县全年地区生产总值 33.32 亿元，其中第一产业增加值 8 亿元，第二产业增加值 12.24 亿元，第三产业增加值 13.08 亿元，三次产业结构为 24.01:36.73:39.26，呈现 "321" 结构。TY 值 0.4649 增加到 1.5825。

（七）普洱市各县市区三次产业结构变迁情况

1978 年翠云区全年地区生产总值 0.391 亿元，其中第一产业增加值 0.106 亿元，第二产业增加值 0.1378 亿元，第三产业增加值 0.1472 亿元；三次产业结构为 27.11:35.24:37.65，呈现 "321" 结构。1979 年翠云区全年地区生产总值 0.3986 亿元，其中第一产业增加值 0.1289 亿元，第二产业增加值 0.1161 亿元，第三产业增加值 0.1536 亿元；三次产业结构为 32.34:29.13:38.53，呈现 "312" 结构。1980 年翠云区全年地区生产总值 0.4205 亿元，其中第一产业增加值 0.14 亿元，第二产业增加值 0.1261 亿元，第三产业增加值 0.1544 亿元；三次产业结构为 33.29:29.99:36.72，呈现 "312" 结构。1981 年翠云区全年地区生产总值 0.5197 亿元，其中第一产业增加值 0.1637 亿元，第二产业增加值 0.1937 亿元，第三产业增加值 0.1623 亿元；三次产业结构为 31.5:37.27:31.23，呈现 "213" 结构。1982 年翠云区全年地区生产总值 0.5535 亿元，其中第一产业增加值 0.1718 亿元，第二产业增加值 0.2049 亿元，第三产业增加值 0.1768 亿元；三次产业结构为 31.04:37.02:31.94，呈现 "231" 结构。1983 年翠云区全年地区生产总值 0.6996 亿元，其中第一产业增加值 0.2329 亿元，第二产业增加值 0.2225 亿元，第三产业增加值 0.2442 亿元；三次产业结构为 33.29:31.8:34.91，呈现 "312" 结构。1984 年翠云区全年地区生产总值 0.8945 亿元，其中第一产业增加值 0.2486 亿元，第二产业增加值 0.3262 亿元，第三产业增加值 0.3197 亿元；三次产业结构为

27.79:36.47:35.74，呈现"231"结构。1985年翠云区全年地区生产总值0.9047亿元，其中第一产业增加值0.2244亿元，第二产业增加值0.2611亿元，第三产业增加值0.4192亿元；三次产业结构为24.8:28.86:46.34，呈现"321"结构。1987年翠云区全年地区生产总值1.2364亿元，其中第一产业增加值0.3697亿元，第二产业增加值0.3597亿元，第三产业增加值0.507亿元；三次产业结构为29.9:29.09:41.01，呈现"312"结构。1988年翠云区全年地区生产总值1.5212亿元，其中第一产业增加值0.4386亿元，第二产业增加值0.4482亿元，第三产业增加值0.6344亿元；三次产业结构为28.83:29.46:41.7，呈现"321"结构。1989年翠云区全年地区生产总值1.7062亿元，其中第一产业增加值0.4697亿元，第二产业增加值0.42亿元，第三产业增加值0.8165亿元；三次产业结构为27.53:24.62:47.85，呈现"312"结构。1991年翠云区全年地区生产总值2.2397亿元，其中第一产业增加值0.529亿元，第二产业增加值0.6073亿元，第三产业增加值1.1034亿元；三次产业结构为23.62:27.12:49.27，呈现"321"结构。2013年思茅区（原翠云区）全年地区生产总值90.75亿元，其中第一产业增加值10.54亿元，第二产业增加值40.59亿元，第三产业增加值39.62亿元；三次产业结构为11.61:44.73:43.66，呈现"231"结构。2014年思茅区全年地区生产总值109.29亿元，其中第一产业增加值12.38亿元，第二产业增加值43.01亿元，第三产业增加值53.9亿元；三次产业结构为11.33:39.35:49.32，呈现"321"结构。2016年思茅区（原翠云区）全年地区生产总值131.65亿元，其中第一产业增加值13.72亿元，第二产业增加值51.65亿元，第三产业增加值66.28亿元，三次产业结构为10.42:39.23:50.35，呈现"321"结构。TY值0.3878增加到4.2977。

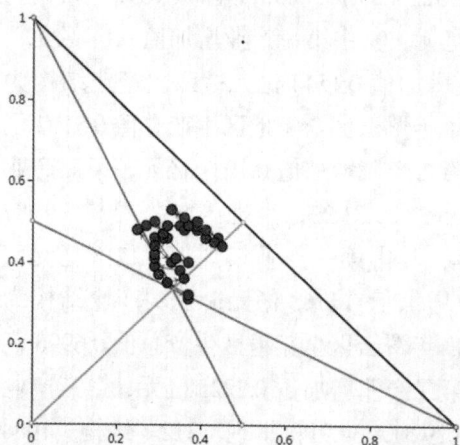

图4-61　翠云区1978-2016年三次产业结构
变迁图

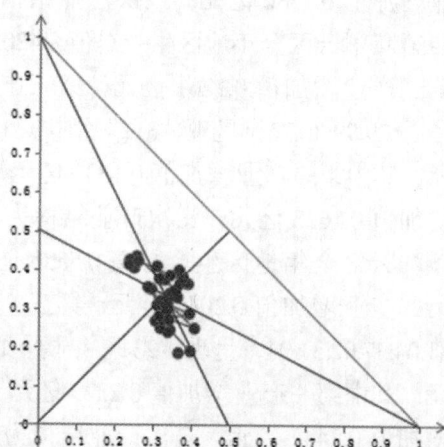

图4-62　宁洱县1978-2016年三次产业结构
变迁图

1978年宁洱县（原普洱县）全年地区生产总值0.3805亿元，其中第一产业增加值0.1707亿元，第二产业增加值0.1394亿元，第三产业增加值0.0704亿元；三次产业结构为44.86:36.64:18.5，呈现"123"结构。1985年宁洱县全年地区生产总值0.8646亿元，其中第一产业增加值0.306亿元，第二产业增加值0.2557亿元，第三产业增加值0.3029亿元；三次产业结构为35.39:29.57:35.03，呈现"132"结构。1988年宁洱县全年地区生产总值1.2468亿元，其中第一产业增加值0.3966亿元，第二产业增加值0.4932亿元，第三产业增加值0.357亿元；三次产业结构为31.81:39.56:28.63，呈现"213"结构。1989年宁洱县全年地区生产总值1.5219亿元，其中第一产业增加值0.6158亿元，第二产业增加值0.4936亿元，第三产业增加值0.4125亿元；三次产业结构为40.46:32.43:27.1，呈现"123"结构。1993年宁洱县全年地区生产总值2.5788亿元，其中第一产业增加值0.882亿元，第二产业增加值1.0549亿元，第三产业增加值0.6419亿元；三次产业结构为34.2:40.91:24.89，呈现"213"结构。1994年宁洱县全年地区生产总值3.13亿元，其中第一产业增加值1.2055亿元，第二产业增加值1.0691亿元，第三产业增加值0.8554亿元；三次产业结构为38.51:34.16:27.33，呈现"123"结构。1998年宁洱县全年地区生产总值5.5769亿元，其中第一产业增加值1.7669亿元，第二产业增加值1.9223亿元，第三产业增加值1.8877亿元；三次产业结构为31.68:34.47:33.85，呈现"231"结构。2001年宁洱县全年地区生产总值6.6268亿元，其中第一产业增加值1.9529亿元，第二产业增加值2.1957亿元，第三产业增加值2.4782亿元；三次产业结构为29.47:33.13:37.4，呈现"321"结构。2004年宁洱县全年地区生产总值8.988亿元，其中第一产业增加值2.7652亿元，第二产业增加值2.3089亿元，第三产业增加值3.9139亿元；三次产业结构为30.77:25.69:43.55，呈现"312"结构。2010年宁洱县全年地区生产总值22.4221亿元，其中第一产业增加值6.0383亿元，第二产业增加值7.7379亿元，第三产业增加值8.6459亿元；三次产业结构为26.93:34.51:38.56，呈现"321"结构。2012年宁洱县全年地区生产总值31.87亿元，其中第一产业增加值8.46亿元，第二产业增加值11.83亿元，第三产业增加值11.58亿元；三次产业结构为26.55:37.12:36.34，呈现"231"结构。2015年宁洱县全年地区生产总值42.62亿元，其中第一产业增加值10.33亿元，第二产业增加值16.17亿元，第三产业增加值16.12亿元；三次产业结构为24.24:37.94:37.82，呈现"231"结构。2016年宁洱县全年地区生产总值47.39亿元，其中第一产业增加值10.99亿元，第二产业增加值17.48亿元，第三产业增加值18.92亿元，三次产业结构为23.19:36.89:39.92，呈现"321"结构。TY值0.6145增加到1.6561。

1978年墨江县全年地区生产总值0.3693亿元，其中第一产业增加值0.2247亿元，第二产业增加值0.0552亿元，第三产业增加值0.0894亿元；三次产业结构为60.84:14.95:24.21，呈现"132"结构。1982年墨江县全年地区生产总值0.5823亿元，其中第一产业增加值0.31亿元，第二产业增加值0.1448亿元，第三产业增加值0.1275亿元；三次产业结构为53.24:24.87:21.9，呈现"123"结构。1984年墨江县全年地区生产总值0.7348亿元，其中第一产业增加值0.4195亿元，第二产业增加值0.157亿元，第三产业增加值0.1583亿元；三次产业结构为57.09:21.37:21.54，呈现"132"结构。1985年墨江县全年地区生产总值0.959亿元，其中第一产业增加值0.5596亿元，第二产业增加值0.2118亿元，第三产业增加值0.1876亿元；三次产业结构为58.35:22.09:19.56，呈现"123"结构。1989年墨江县全年地区生产总值1.3688亿元，其中第一产业增加值0.8011亿元，第二产业增加值0.2788亿元，第三产业增加值0.2889亿元；三次产业结构为58.53:20.37:21.11，呈现"132"结构。2000年墨江县全年地区生产总值7.111亿元，其中第一产业增加值2.0972亿元，第二产业增加值3.0901亿元，第三产业增加值1.9237亿元；三次产业结构为29.49:43.46:27.05，呈现"213"结构。2001年墨江县全年地区生产总值7.6112亿元，其中第一产业增加值2.1489亿元，第二产业增加值3.2973亿元，第三产业增加值2.165亿元；三次产业结构为28.23:43.32:28.44，呈现"231"结构。2004年墨江县全年地区生产总值10.2808亿元，其中第一产业增加值3.0053亿元，第二产业增加值3.2114亿元，第三产业增加值4.0641亿元；三次产业结构为29.23:31.24:39.53，呈现"321"结构。2005年墨江县全年地区生产总值11.2832亿元，其中第一产业增加值3.6388亿元，第二产业增加值3.2162亿元，第三产业增加值4.4282亿元；三次产业结构为32.25:28.5:39.25，呈现"312"结构。2007年墨江县全年地区生产总值15.8728亿元，其中第一产业增加值4.9825亿元，第二产业增加值5.1195亿元，第三产业增加值5.7708亿元；三次产业结构为31.39:32.25:36.36，呈现"321"结构。2010年墨江县全年地区生产总值24.5468亿元，其中第一产业增加值7.2541亿元，第二产业增加值8.947亿元，第三产业增加值8.3457亿元；三次产业结构为29.55:36.45:34，呈现"231"结构。2013年墨江县全年地区生产总值42.82亿元，其中第一产业增加值13亿元，第二产业增加值17.07亿元，第三产业增加值12.75亿元；三次产业结构为30.36:39.86:29.78，呈现"213"结构。2014年墨江县全年地区生产总值46.67亿元，其中第一产业增加值13.75亿元，第二产业增加值15.06亿元，第三产业增加值17.86亿元；三次产业结构为29.46:32.27:38.27，呈现"321"结构。2016年墨江县全年地区生产总值56.55亿元，其中第一产业增加值15.19亿元，第二产业增加值17.89亿元，第三产业增加值23.47亿元，三次产业结构为26.86:31.64:41.5，呈现"321"结构。TY值0.3218增加到1.3614。

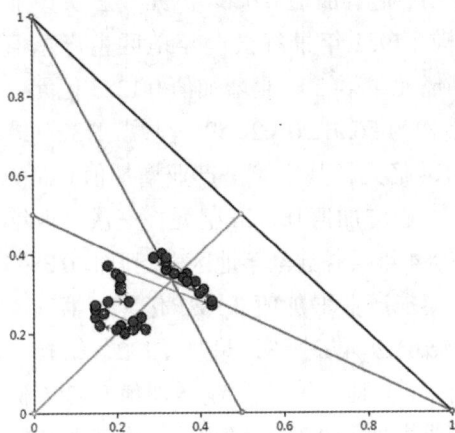

图4-63　墨江县1978-2016年三次产业结构
变迁图

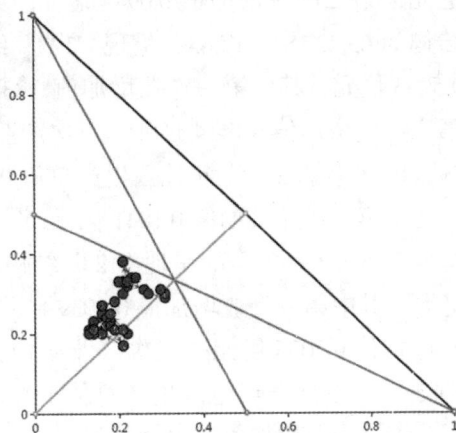

图4-64　景东县1978-2016年三次产业结构
变迁图

1978 年景东县全年地区生产总值 0.5204 亿元，其中第一产业增加值 0.3274 亿元，第二产业增加值 0.074 亿元，第三产业增加值 0.119 亿元；三次产业结构为 62.91:14.22:22.87，呈现"132"结构。1982 年景东县全年地区生产总值 0.5831 亿元，其中第一产业增加值 0.3623 亿元，第二产业增加值 0.1217 亿元，第三产业增加值 0.0991 亿元；三次产业结构为 62.13:20.87:17，呈现"123"结构。1983 年景东县全年地区生产总值 0.9477 亿元，其中第一产业增加值 0.612 亿元，第二产业增加值 0.148 亿元，第三产业增加值 0.1877 亿元；三次产业结构为 64.58:15.62:19.81，呈现"132"结构。1995 年景东县全年地区生产总值 5.1501 亿元，其中第一产业增加值 2.9935 亿元，第二产业增加值 1.1363 亿元，第三产业增加值 1.0203 亿元；三次产业结构为 58.13:22.06:19.81，呈现"123"结构。1996 年景东县全年地区生产总值 6.012 亿元，其中第一产业增加值 3.6044 亿元，第二产业增加值 1.1393 亿元，第三产业增加值 1.2683 亿元；三次产业结构为 59.95:18.95:21.1，呈现"132"结构。2013 年景东县全年地区生产总值 50.4 亿元，其中第一产业增加值 20.12 亿元，第二产业增加值 15.82 亿元，第三产业增加值 14.46 亿元；三次产业结构为 39.92:31.39:28.69，呈现"123"结构。2015 年景东县全年地区生产总值 57.85 亿元，其中第一产业增加值 22.41 亿元，第二产业增加值 17.27 亿元，第三产业增加值 18.17 亿元；三次产业结构为 38.74:29.85:31.41，呈现"132"结构。2016 年景东县全年地区生产总值 63.1 亿元，其中第一产业增加值 23.85 亿元，第二产业增加值 18.67 亿元，第三产业增加值 20.58 亿元，三次产业结构为 37.8:29.59:32.61，呈现"132"结构。TY 值 0.2947 增加到 0.8229。

1978 年景谷县全年地区生产总值 0.4981 亿元，其中第一产业增加值 0.3149

亿元，第二产业增加值 0.0944 亿元，第三产业增加值 0.0888 亿元；三次产业结构为 63.22:18.95:17.83，呈现"123"结构。1981 年景谷县全年地区生产总值 0.5995 亿元，其中第一产业增加值 0.3358 亿元，第二产业增加值 0.1223 亿元，第三产业增加值 0.1414 亿元；三次产业结构为 56.01:20.4:23.59，呈现"132"结构。1983 年景谷县全年地区生产总值 0.8034 亿元，其中第一产业增加值 0.4469 亿元，第二产业增加值 0.1841 亿元，第三产业增加值 0.1724 亿元；三次产业结构为 55.63:22.92:21.46，呈现"123"结构。1984 年景谷县全年地区生产总值 0.8895 亿元，其中第一产业增加值 0.5039 亿元，第二产业增加值 0.1821 亿元，第三产业增加值 0.2035 亿元；三次产业结构为 56.65:20.47:22.88，呈现"132"结构。1985 年景谷县全年地区生产总值 1.0987 亿元，其中第一产业增加值 0.5356 亿元，第二产业增加值 0.3062 亿元，第三产业增加值 0.2569 亿元；三次产业结构为 48.75:27.87:23.38，呈现"123"结构。1993 年景谷县全年地区生产总值 3.3508 亿元，其中第一产业增加值 1.1509 亿元，第二产业增加值 1.3498 亿元，第三产业增加值 0.8501 亿元；三次产业结构为 34.35:40.28:25.37，呈现"213"结构。1994 年景谷县全年地区生产总值 4.3086 亿元，其中第一产业增加值 1.2309 亿元，第二产业增加值 1.806 亿元，第三产业增加值 1.2717 亿元；三次产业结构为 28.57:41.92:29.52，呈现"231"结构。1995 年景谷县全年地区生产总值 4.9013 亿元，其中第一产业增加值 1.5341 亿元，第二产业增加值 1.9981 亿元，第三产业增加值 1.3691 亿元；三次产业结构为 31.3:40.77:27.93，呈现"213"结构。1999 年景谷县全年地区生产总值 7.9734 亿元，其中第一产业增加值 2.3947 亿元，第二产业增加值 3.1591 亿元，第三产业增加值 2.4196 亿元；三次产业结构为 30.03:39.62:30.35，呈现"231"结构。2005 年景谷县全年地区生产总值 16.1826 亿元，其中第一产业增加值 5.4723 亿元，第二产业增加值 6.4479 亿元，第三产业增加值 4.2624 亿元；三次产业结构为 33.82:39.84:26.34，呈现"213"结构。2008 年景谷县全年地区生产总值 27.6896 亿元，其中第一产业增加值 10.9302 亿元，第二产业增加值 10.1693 亿元，第三产业增加值 6.5901 亿元；三次产业结构为 39.47:36.73:23.8，呈现"123"结构。2012 年景谷县全年地区生产总值 61.5 亿元，其中第一产业增加值 23.24 亿元，第二产业增加值 25.07 亿元，第三产业增加值 13.19 亿元；三次产业结构为 37.79:40.76:21.45，呈现"213"结构。2016 年景谷县全年地区生产总值 93.39 亿元，其中第一产业增加值 29.28 亿元，第二产业增加值 35.85 亿元，第三产业增加值 28.26 亿元，三次产业结构为 31.35:38.39:30.26，呈现"213"结构。TY 值 0.2909 增加到 1.0948。

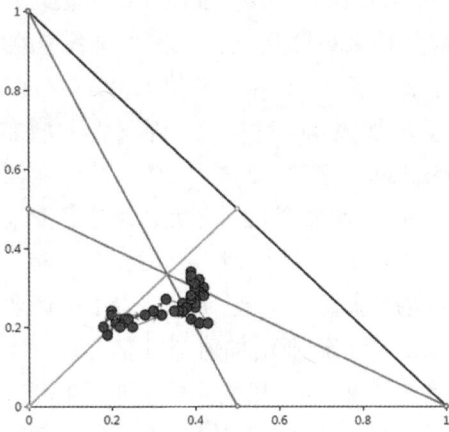

图4-65　景谷县1978-2016年三次产业结构 变迁图

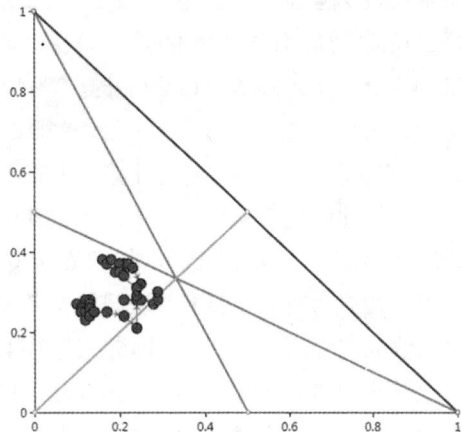

图4-66　镇沅县1978-2016年三次产业结构 变迁图

1978 年镇沅县全年地区生产总值 0.2923 亿元，其中第一产业增加值 0.1843 亿元，第二产业增加值 0.0305 亿元，第三产业增加值 0.0775 亿元；三次产业结构为 63.05:10.43:26.51，呈现"132"结构。1993 年镇沅县全年地区生产总值 2.1185 亿元，其中第一产业增加值 1.1807 亿元，第二产业增加值 0.4986 亿元，第三产业增加值 0.4392 亿元；三次产业结构为 55.73:23.54:20.73，呈现"123"结构。1994 年镇沅县全年地区生产总值 2.5853 亿元，其中第一产业增加值 1.2389 亿元，第二产业增加值 0.6281 亿元，第三产业增加值 0.7183 亿元；三次产业结构为 47.92:24.3:27.78，呈现"132"结构。2014 年镇沅县全年地区生产总值 37.84 亿元，其中第一产业增加值 16.87 亿元，第二产业增加值 10.78 亿元，第三产业增加值 10.19 亿元；三次产业结构为 44.58:28.49:26.93，呈现"123"结构。2015 年镇沅县全年地区生产总值 41.26 亿元，其中第一产业增加值 17.73 亿元，第二产业增加值 11.78 亿元，第三产业增加值 11.75 亿元；三次产业结构为 42.97:28.55:28.48，呈现"123"结构。2016 年镇沅县全年地区生产总值 46.13 亿元，其中第一产业增加值 18.82 亿元，第二产业增加值 13.39 亿元，第三产业增加值 13.92 亿元，三次产业结构为 40.8:29.03:30.18，呈现"132"结构。TY 值 0.293 增加到 0.7256。

1978 年江城县全年地区生产总值 0.1011 亿元，其中第一产业增加值 0.0659 亿元，第二产业增加值 0.0189 亿元，第三产业增加值 0.0163 亿元；三次产业结构为 65.18:18.69:16.12，呈现"123"结构。1980 年江城县全年地区生产总值 0.1149 亿元，其中第一产业增加值 0.0666 亿元，第二产业增加值 0.0222 亿元，第三产业增加值 0.0261 亿元；三次产业结构为 57.96:19.32:22.72，呈现"132"结构。

2008年江城县全年地区生产总值9.7037亿元，其中第一产业增加值3.4879亿元，第二产业增加值3.3536亿元，第三产业增加值2.8622亿元；三次产业结构为35.94:34.56:29.5，呈现"123"结构。2009年江城县全年地区生产总值11.0618亿元，其中第一产业增加值3.4918亿元，第二产业增加值4.6624亿元，第三产业增加值2.9076亿元；三次产业结构为31.57:42.15:26.29，呈现"213"结构。2014年江城县全年地区生产总值23.19亿元，其中第一产业增加值8.52亿元，第二产业增加值8.33亿元，第三产业增加值6.34亿元；三次产业结构为36.74:35.92:27.34，呈现"123"结构。2015年江城县全年地区生产总值24.43亿元，其中第一产业增加值8.45亿元，第二产业增加值8.84亿元，第三产业增加值7.14亿元；三次产业结构为34.59:36.19:29.23，呈现"213"结构。2016年江城县全年地区生产总值26.7亿元，其中第一产业增加值8.97亿元，第二产业增加值9.55亿元，第三产业增加值8.18亿元，三次产业结构为33.6:35.77:30.64，呈现"213"结构。TY值0.2671增加到0.9883。

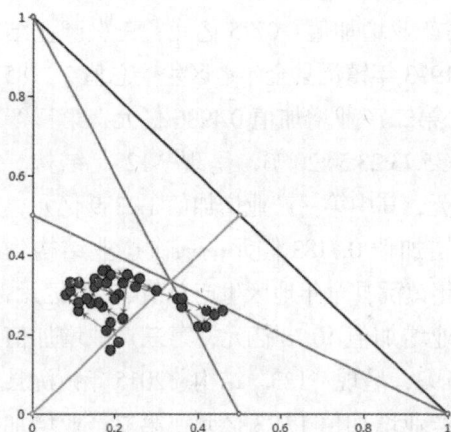

图4-67　江城县1978-2016年三次产业结构变迁图　　图4-68　孟连县1978-2016年三次产业结构变迁图

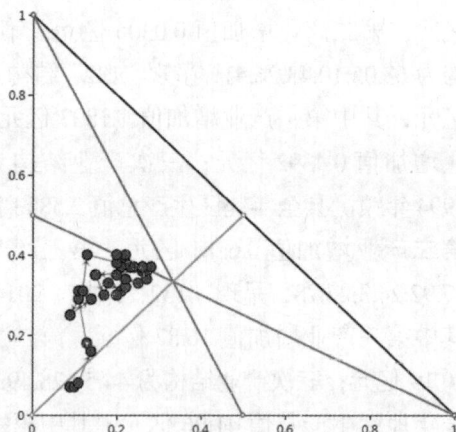

1978年孟连县全年地区生产总值0.1409亿元，其中第一产业增加值0.1183亿元，第二产业增加值0.0128亿元，第三产业增加值0.0098亿元；三次产业结构为83.96:9.08:6.96，呈现"123"结构。1981年孟连县全年地区生产总值0.1865亿元，其中第一产业增加值0.1305亿元，第二产业增加值0.0266亿元，第三产业增加值0.0294亿元；三次产业结构为69.97:14.26:15.76，呈现"132"结构。2004年孟连县全年地区生产总值4.3635亿元，第二产业增加值1.2072亿元，第三产业增加值1.6081亿元；三次产业结构

为 35.48:27.67:36.85，呈现"312"结构。2005 年孟连县全年地区生产总值 5.3076 亿元，其中第一产业增加值 2.1137 亿元，第二产业增加值 1.2374 亿元，第三产业增加值 1.9565 亿元；三次产业结构为 39.82:23.31:36.86，呈现"132"结构。2010 年孟连县全年地区生产总值 10.6209 亿元，其中第一产业增加值 4.0046 亿元，第二产业增加值 2.3579 亿元，第三产业增加值 4.2584 亿元；三次产业结构为 37.7:22.2:40.09，呈现"312"结构。2011 年孟连县全年地区生产总值 13 亿元，其中第一产业增加值 5.48 亿元，第二产业增加值 2.72 亿元，第三产业增加值 4.8 亿元；三次产业结构为 42.15:20.92:36.92，呈现"132"结构。2015 年孟连县全年地区生产总值 23.54 亿元，其中第一产业增加值 9.39 亿元，第二产业增加值 4.76 亿元，第三产业增加值 9.39 亿元；三次产业结构为 39.89:20.22:39.89，呈现"132"结构。2016 年孟连县全年地区生产总值 26.2 亿元，其中第一产业增加值 9.97 亿元，第二产业增加值 5.42 亿元，第三产业增加值 10.81 亿元，三次产业结构为 38.05:20.69:41.26，呈现"312"结构。TY 值 0.0955 增加到 0.8139。

1978 年澜沧县全年地区生产总值 0.4401 亿元，其中第一产业增加值 0.3013 亿元，第二产业增加值 0.0625 亿元，第三产业增加值 0.0763 亿元；三次产业结构为 68.46:14.2:17.34，呈现"132"结构。1979 年澜沧县全年地区生产总值 0.4668 亿元，其中第一产业增加值 0.3323 亿元，第二产业增加值 0.0692 亿元，第三产业增加值 0.0653 亿元；三次产业结构为 71.19:14.82:13.99，呈现"123"结构。1980 年澜沧县全年地区生产总值 0.4917 亿元，其中第一产业增加值 0.3251 亿元，第二产业增加值 0.0742 亿元，第三产业增加值 0.0924 亿元；三次产业结构为 66.12:15.09:18.79，呈现"132"结构。1983 年澜沧县全年地区生产总值 0.7338 亿元，其中第一产业增加值 0.4675 亿元，第二产业增加值 0.1408 亿元，第三产业增加值 0.1255 亿元；三次产业结构为 63.71:19.19:17.1，呈现"123"结构。1998 年澜沧县全年地区生产总值 5.1602 亿元，其中第一产业增加值 2.8295 亿元，第二产业增加值 1.0049 亿元，第三产业增加值 1.3258 亿元；三次产业结构为 54.83:19.47:25.69，呈现"132"结构。2009 年澜沧县全年地区生产总值 23.7869 亿元，其中第一产业增加值 8.0108 亿元，第二产业增加值 7.4977 亿元，第三产业增加值 8.2784 亿元；三次产业结构为 33.68:31.52:34.8，呈现"312"结构。2011 年澜沧县全年地区生产总值 34.81 亿元，其中第一产业增加值 11.34 亿元，第二产业增加值 12.25 亿元，第三产业增加值 11.22 亿元；三次产业结构为 32.58:35.19:32.23，呈现"213"结构。2015 年澜沧县全年地区生产总值 56.45 亿元，其中第一产业增加值 16.34 亿元，第二产业增加值 21.05 亿元，第三产业增加值 19.06 亿元；三次产业结构为 28.95:37.29:33.76，呈现"231"结构。2016 年澜沧县全年地区生产总值 63.05 亿元，其中第一产业增加值 18.65 亿元，第二产业增加值 23.12 亿元，第三产业增加值21.28亿元，三次产业结构为29.58:36.67:33.75，呈现"231"结构。TY值0.2303增加到1.1903。

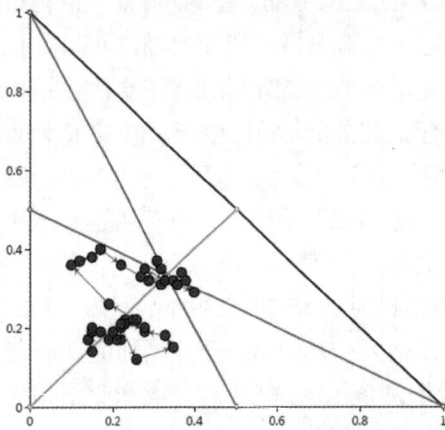 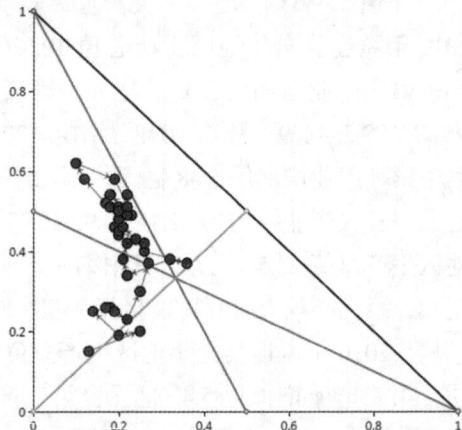

图4-69　澜沧县1978-2016年三次产业结构　　图4-70　西盟县1978-2016年三次产业结构
　　　　　　　　变迁图　　　　　　　　　　　　　　　　　　变迁图

1978年西盟县全年地区生产总值0.0484亿元，其中第一产业增加值0.0348亿元，第二产业增加值0.0061亿元，第三产业增加值0.0075亿元；三次产业结构为71.9:12.6:15.5，呈现"132"结构。1979年西盟县全年地区生产总值0.0674亿元，其中第一产业增加值0.0375亿元，第二产业增加值0.0167亿元，第三产业增加值0.0132亿元；三次产业结构为55.64:24.78:19.58，呈现"123"结构。1981年西盟县全年地区生产总值0.1159亿元，其中第一产业增加值0.0704亿元，第二产业增加值0.0161亿元，第三产业增加值0.0294亿元；三次产业结构为60.74:13.89:25.37，呈现"132"结构。1987年西盟县全年地区生产总值0.2558亿元，其中第一产业增加值0.0912亿元，第二产业增加值0.0703亿元，第三产业增加值0.0943亿元；三次产业结构为35.65:27.48:36.86，呈现"312"结构。1989年西盟县全年地区生产总值0.3639亿元，其中第一产业增加值0.1002亿元，第二产业增加值0.1308亿元，第三产业增加值0.1329亿元；三次产业结构为27.54:35.94:36.52，呈现"321"结构。1991年西盟县全年地区生产总值0.4874亿元，其中第一产业增加值0.2118亿元，第二产业增加值0.1095亿元，第三产业增加值0.1661亿元；三次产业结构为43.46:22.47:34.08，呈现"132"结构。1993年西盟县全年地区生产总值0.642亿元，其中第一产业增加值0.2286亿元，第二产业增加值0.1436亿元，第三产业增加值0.2698亿元；三次产业结构为35.61:22.37:42.02，呈现"312"结构。2016年西盟县全年地区生产总值12.23亿元，其中第一产业增加值2.82亿元，第二产业增加值2.64亿元，第三产业增加值6.77

亿元，三次产业结构为 23.06:21.59:55.36，呈现"312"结构。TY 值 0.1954 增加到 1.6684。

（八）临沧市各县市区三次产业结构变迁情况

1978 年临翔区全年地区生产总值 0.2792 亿元，其中第一产业增加值 0.1669 亿元，第二产业增加值 0.0481 亿元，第三产业增加值 0.0642 亿元；三次产业结构为 59.78:17.23:22.99，呈现"132"结构。1989 年临翔区全年地区生产总值 1.314 亿元，其中第一产业增加值 0.7096 亿元，第二产业增加值 0.3087 亿元，第三产业增加值 0.2957 亿元；三次产业结构为 54:23.49:22.5，呈现"123"结构。1998 年临翔区全年地区生产总值 5.6398 亿元，其中第一产业增加值 2.874 亿元，第二产业增加值 1.3697 亿元，第三产业增加值 1.3961 亿元；三次产业结构为 50.96:24.29:24.75，呈现"132"结构。2000 年临翔区全年地区生产总值 7.0022 亿元，其中第一产业增加值 3.1342 亿元，第二产业增加值 1.9579 亿元，第三产业增加值 1.9101 亿元；三次产业结构为 44.76:27.96:27.28，呈现"123"结构。2001 年临翔区全年地区生产总值 9.197 亿元，其中第一产业增加值 3.2193 亿元，第二产业增加值 2.05 亿元，第三产业增加值 3.9277 亿元；三次产业结构为 35:22.29:42.71，呈现"312"结构。2002 年临翔区全年地区生产总值 13.6567 亿元，其中第一产业增加值 3.337 亿元，第二产业增加值 4.5978 亿元，第三产业增加值 5.7219 亿元；三次产业结构为 24.43:33.67:41.9，呈现"321"结构。2004 年临翔区全年地区生产总值 12.3861 亿元，其中第一产业增加值 3.5887 亿元，第二产业增加值 2.9981 亿元，第三产业增加值 5.7993 亿元；三次产业结构为 28.97:24.21:46.82，呈现"312"结构。2010 年临翔区全年地区生产总值 33.3362 亿元，其中第一产业增加值 7.8386 亿元，第二产业增加值 8.7975 亿元，第三产业增加值 16.7001 亿元；三次产业结构为 23.51:26.39:50.1，呈现"321"结构。2016 年临翔区全年地区生产总值 99.9 亿元，其中第一产业增加值 15.65 亿元，第二产业增加值 35.58 亿元，第三产业增加值 48.67 亿元，三次产业结构为 15.67:35.62:48.72，呈现"321"结构。TY 值 0.3616 增加到 2.6917。

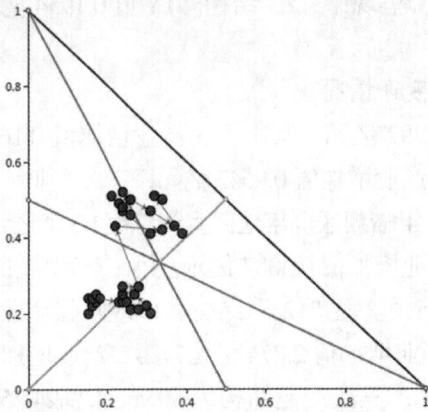

图4-71　临翔区1978-2016年三次产业结　图4-72　凤庆县1978-2016年三次产业结
　　　　构变迁图　　　　　　　　　　　　　　　构变迁图

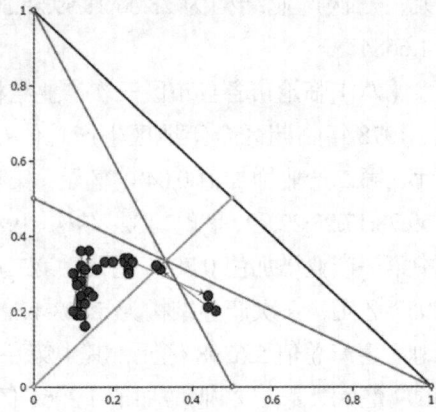

　　1978年凤庆县全年地区生产总值0.5756亿元,其中第一产业增加值0.299亿元,第二产业增加值0.0673亿元,第三产业增加值0.2093亿元;三次产业结构为51.95:11.69:36.36,呈现"132"结构。2011年凤庆县全年地区生产总值52.94亿元,其中第一产业增加值17.13亿元,第二产业增加值23.26亿元,第三产业增加值12.55亿元;三次产业结构为32.36:43.94:23.71,呈现"213"结构。2014年凤庆县全年地区生产总值85.38亿元,其中第一产业增加值32.19亿元,第二产业增加值27.14亿元,第三产业增加值26.05亿元;三次产业结构为37.7:31.79:30.51,呈现"123"结构。2015年凤庆县全年地区生产总值90.87亿元,其中第一产业增加值33.5亿元,第二产业增加值27.95亿元,第三产业增加值29.42亿元;三次产业结构为36.87:30.76:32.38,呈现"132"结构。2016年凤庆县全年地区生产总值99.21亿元,其中第一产业增加值35.71亿元,第二产业增加值31.16亿元,第三产业增加值32.34亿元,三次产业结构为35.99:31.41:32.6,呈现"132"结构。TY值0.4625增加到0.8891。

　　1978年云县全年地区生产总值0.4199亿元,其中第一产业增加值0.3011亿元,第二产业增加值0.0493亿元,第三产业增加值0.0695亿元;三次产业结构为71.71:11.74:16.55,呈现"132"结构。1993年云县全年地区生产总值2.9707亿元,其中第一产业增加值1.7119亿元,第二产业增加值0.6788亿元,第三产业增加值0.58亿元;三次产业结构为57.63:22.85:19.52,呈现"123"结构。1994年云县全年地区生产总值6.127亿元,其中第一产业增加值2.326亿元,第二产业增加值2.9943亿元,第三产业增加值0.8067亿元;三次产业结构为37.96:48.87:13.17,呈现"213"结构。2015年云县全年地区生产总值90.67亿元,其中第一产业增加值27.53亿元,第二产业增加值36.72亿元,第三产业增加值26.42亿元;三次

产业结构为 30.36:40.5:29.14，呈现"213"结构。2016 年云县全年地区生产总值
98.18 亿元，其中第一产业增加值 29.3 亿元，第二产业增加值 39.06 亿元，第三
产业增加值 29.82 亿元，三次产业结构为 29.84:39.78:30.37，呈现"231"结构。
TY 值 0.1973 增加到 1.1754。

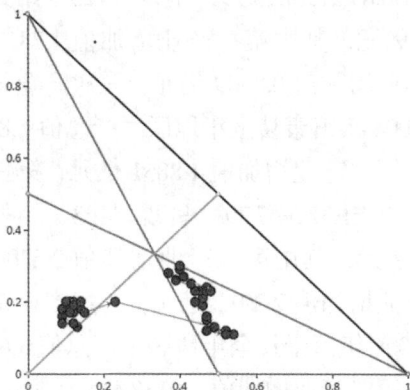

图4-73 云县1978-2016年三次产业结 图4-74 永德县1978-2016年三次产业
构变迁图 结构变迁图

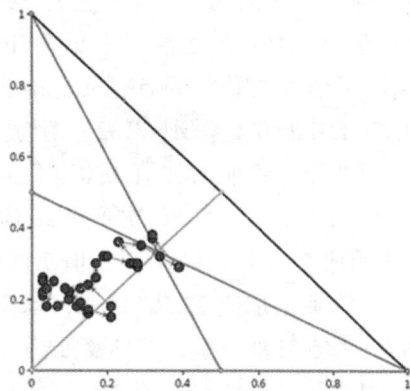

　　1978 年永德县全年地区生产总值 0.7737 亿元，其中第一产业增加值 0.5891
亿元，第二产业增加值 0.0202 亿元，第三产业增加值 0.1644 亿元；三次产业结
构为 76.14:2.61:21.25，呈现"132"结构。1997 年永德县全年地区生产总值 4.638
亿元，其中第一产业增加值 2.9801 亿元，第二产业增加值 0.9556 亿元，第三产
业增加值 0.7023 亿元；三次产业结构为 64.25:20.6:15.14，呈现"123"结构。
1999 年永德县全年地区生产总值 4.7887 亿元，其中第一产业增加值 2.8918 亿
元，第二产业增加值 0.7329 亿元，第三产业增加值 1.164 亿元；三次产业结构为
60.39:15.3:24.31，呈现"132"结构。2011 年永德县全年地区生产总值 28.48 亿元，
其中第一产业增加值 9.83 亿元，第二产业增加值 9.64 亿元，第三产业增加值 9.01
亿元；三次产业结构为 34.52:33.85:31.64，呈现"123"结构。2012 年永德县全
年地区生产总值 35.71 亿元，其中第一产业增加值 11.49 亿元，第二产业增加值
13.76 亿元，第三产业增加值 10.46 亿元；三次产业结构为 32.18:38.53:29.29，呈
现"213"结构。2014 年永德县全年地区生产总值 46.89 亿元，其中第一产业增
加值 14.57 亿元，第二产业增加值 15 亿元，第三产业增加值 17.32 亿元；三次产
业结构为 31.07:31.99:36.94，呈现"321"结构。2016 年永德县全年地区生产总值
56.41 亿元，其中第一产业增加值 15.96 亿元，第二产业增加值 18.57 亿元，第三
产业增加值 21.88 亿元，三次产业结构为 28.29:32.92:38.79，呈现"321"结构。
TY 值 0.1567 增加到 1.2672。

1978 年镇康县全年地区生产总值 0.218 亿元，其中第一产业增加值 0.1564 亿元，第二产业增加值 0.018 亿元，第三产业增加值 0.0436 亿元；三次产业结构为 71.74:8.26:20，呈现"132"结构。1997 年镇康县全年地区生产总值 2.7585 亿元，其中第一产业增加值 1.5693 亿元，第二产业增加值 0.6119 亿元，第三产业增加值 0.5773 亿元；三次产业结构为 56.89:22.18:20.93，呈现"123"结构。1999 年镇康县全年地区生产总值 3.3146 亿元，其中第一产业增加值 1.7872 亿元，第二产业增加值 0.6965 亿元，第三产业增加值 0.8309 亿元；三次产业结构为 53.92:21.01:25.07，呈现"132"结构。2004 年镇康县全年地区生产总值 5.8011 亿元，其中第一产业增加值 2.3038 亿元，第二产业增加值 1.8851 亿元，第三产业增加值 1.6122 亿元；三次产业结构为 39.71:32.5:27.79，呈现"123"结构。2005 年镇康县全年地区生产总值 7.1865 亿元，其中第一产业增加值 2.6206 亿元，第二产业增加值 2.2747 亿元，第三产业增加值 2.2912 亿元；三次产业结构为 36.47:31.65:31.88，呈现"132"结构。2006 年镇康县全年地区生产总值 8.6999 亿元，其中第一产业增加值 2.9165 亿元，第二产业增加值 3.0138 亿元，第三产业增加值 2.7696 亿元；三次产业结构为 33.52:34.64:31.83，呈现"213"结构。2009 年镇康县全年地区生产总值 14.5801 亿元，其中第一产业增加值 3.8876 亿元，第二产业增加值 5.6933 亿元，第三产业增加值 4.9992 亿元；三次产业结构为 26.66:39.05:34.29，呈现"231"结构。2014 年镇康县全年地区生产总值 32.95 亿元，其中第一产业增加值 8.11 亿元，第二产业增加值 11.04 亿元，第三产业增加值 13.8 亿元；三次产业结构为 24.61:33.51:41.88，呈现"321"结构。2016 年镇康县全年地区生产总值 39.18 亿元，其中第一产业增加值 8.98 亿元，第二产业增加值 12.42 亿元，第三产业增加值 17.78 亿元，三次产业结构为 22.92:31.7:45.38，呈现"321"结构。TY 值 0.1969 增加到 1.6815。

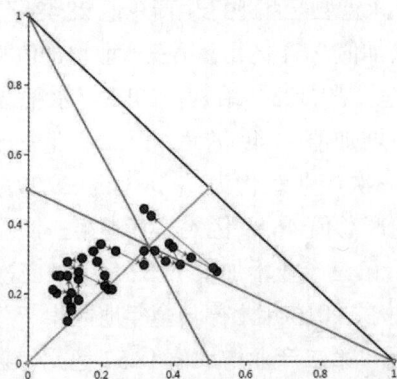
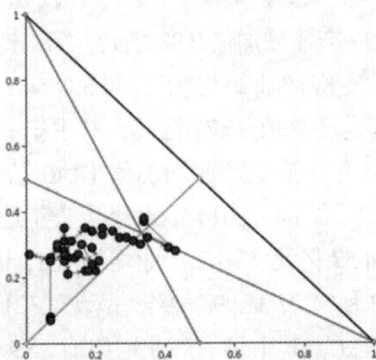

图4-75　镇康县1978-2016年三次产业　图4-76　双江县1978-2016年三次产业结
　　　　结构变迁图　　　　　　　　　　　　构变迁图

1978 年双江县全年地区生产总值 0.2474 亿元，其中第一产业增加值 0.2096亿元，第二产业增加值 0.0178 亿元，第三产业增加值 0.02 亿元；三次产业结构为 84.72:7.19:8.08，呈现"132"结构。1979 年双江县全年地区生产总值 0.3009 亿元，其中第一产业增加值 0.2601 亿元，第二产业增加值 0.0207 亿元，第三产业增加值 0.0201 亿元；三次产业结构为 86.44:6.88:6.68，呈现"123"结构。1980年双江县全年地区生产总值 0.2646 亿元，其中第一产业增加值 0.1781 亿元，第二产业增加值 0.0176 亿元，第三产业增加值 0.0689 亿元；三次产业结构为67.31:6.65:26.04，呈现"132"结构。2010 年双江县全年地区生产总值 14.2842 亿元，其中第一产业增加值 5.3723 亿元，第二产业增加值 4.6715 亿元，第三产业增加值 4.2404 亿元；三次产业结构为 37.61:32.7:29.69，呈现"123"结构。2011 年双江县全年地区生产总值 18.27 亿元，其中第一产业增加值 6 亿元，第二产业增加值 6.44 亿元，第三产业增加值 5.83 亿元；三次产业结构为 32.84:35.25:31.91，呈现"213"结构。2014 年双江县全年地区生产总值 32.64 亿元，其中第一产业增加值 9.59 亿元，第二产业增加值 11.01 亿元，第三产业增加值 12.04 亿元；三次产业结构为 29.38:33.73:36.89，呈现"321"结构。2016 年双江县全年地区生产总值 38.61 亿元，其中第一产业增加值 10.55 亿元，第二产业增加值 13.22 亿元，第三产业增加值 14.84 亿元，三次产业结构为 27.32:34.24:38.44，呈现"321"结构。TY 值 0.0902 增加到 1.3299。

1978 年耿马县全年地区生产总值 0.3498 亿元，其中第一产业增加值 0.1548亿元，第二产业增加值 0.1334 亿元，第三产业增加值 0.0616 亿元；三次产业结构为 44.25:38.14:17.61，呈现"123"结构。2002 年耿马县全年地区生产总值10.0138 亿元，其中第一产业增加值 4.501 亿元，第二产业增加值 2.547 亿元，第三产业增加值 2.9658 亿元；三次产业结构为 44.95:25.43:29.62，呈现"132"结构。2011 年耿马县全年地区生产总值 44.31 亿元，其中第一产业增加值 17.85 亿元，第二产业增加值 13.74 亿元，第三产业增加值 12.72 亿元；三次产业结构为40.28:31.01:28.71，呈现"123"结构。2014 年耿马县全年地区生产总值 68.51 亿元，其中第一产业增加值 26.4 亿元，第二产业增加值 20.13 亿元，第三产业增加值21.98 亿元；三次产业结构为 38.53:29.38:32.08，呈现"132"结构。2016 年耿马县全年地区生产总值 81.14 亿元，其中第一产业增加值 29.13 亿元，第二产业增加值 24.55 亿元，第三产业增加值 27.46 亿元，三次产业结构为 35.9:30.26:33.84，呈现"132"结构。TY 值 0.6298 增加到 0.8927。

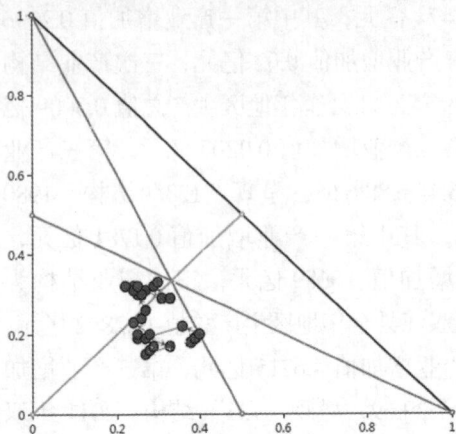

图4-77 耿马县1978-2016年三次产业结构
变迁图

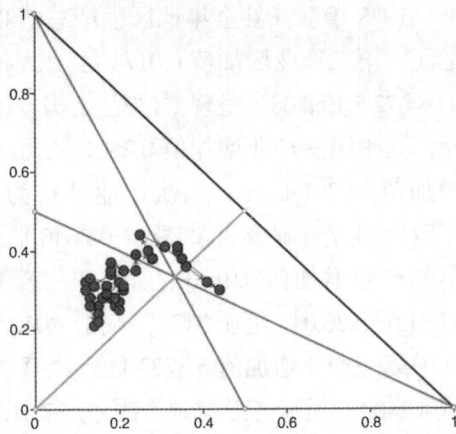

图4-78 沧源县1978-2016年三次产业结构
变迁图

1978年沧源县全年地区生产总值0.2104亿元，其中第一产业增加值0.1185亿元，第二产业增加值0.025亿元，第三产业增加值0.0669亿元；三次产业结构为56.32:11.88:31.8，呈现"132"结构。2005年沧源县全年地区生产总值6.461亿元，其中第一产业增加值2.3811亿元，第二产业增加值1.5562亿元，第三产业增加值2.5237亿元；三次产业结构为36.85:24.09:39.06，呈现"312"结构。2006年沧源县全年地区生产总值7.532亿元，其中第一产业增加值2.5906亿元，第二产业增加值2.0852亿元，第三产业增加值2.8562亿元；三次产业结构为34.39:27.68:37.92，呈现"312"结构。2011年沧源县全年地区生产总值17.4亿元，其中第一产业增加值4.77亿元，第二产业增加值6.3亿元，第三产业增加值6.33亿元；三次产业结构为27.41:36.21:36.38，呈现"321"结构。2012年沧源县全年地区生产总值23.94亿元，其中第一产业增加值6.54亿元，第二产业增加值9.77亿元，第三产业增加值7.63亿元；三次产业结构为27.32:40.81:31.87，呈现"231"结构。2014年沧源县全年地区生产总值31.04亿元，其中第一产业增加值8.51亿元，第二产业增加值10.72亿元，第三产业增加值11.81亿元；三次产业结构为27.42:34.54:38.05，呈现"321"结构。2016年沧源县全年地区生产总值37.4亿元，其中第一产业增加值9.4亿元，第二产业增加值12.7亿元，第三产业增加值15.3亿元，三次产业结构为25.13:33.96:40.91，呈现"321"结构。TY值0.3878增加到1.4894。

（九）楚雄州各县市三次产业结构变迁情况

1978年楚雄市全年地区生产总值0.566亿元，其中第一产业增加值0.3351亿元，第二产业增加值0.0918亿元，第三产业增加值0.1391亿元；三次产业结构为

59.2:16.22:24.58，呈现"132"结构。1986年楚雄市全年地区生产总值2.3256亿元，其中第一产业增加值0.8629亿元，第二产业增加值0.7328亿元，第三产业增加值0.7299亿元；三次产业结构为37.1:31.51:31.39，呈现"123"结构。1987年楚雄市全年地区生产总值2.9414亿元，其中第一产业增加值1.1433亿元，第二产业增加值0.7273亿元，第三产业增加值1.0708亿元；三次产业结构为38.87:24.73:36.4，呈现"132"结构。1988年楚雄市全年地区生产总值7.4203亿元，其中第一产业增加值1.7362亿元，第二产业增加值4.272亿元，第三产业增加值1.4121亿元；三次产业结构为23.4:57.57:19.03，呈现"213"结构。1989年楚雄市全年地区生产总值8.3895亿元，其中第一产业增加值1.3038亿元，第二产业增加值5.6022亿元，第三产业增加值1.4835亿元；三次产业结构为15.54:66.78:17.68，呈现"231"结构。2016年楚雄市全年地区生产总值323.64亿元，其中第一产业增加值25.1亿元，第二产业增加值168.33亿元，第三产业增加值130.21亿元，三次产业结构为7.76:52.01:40.23，呈现"231"结构。TY值0.3445增加到5.947。

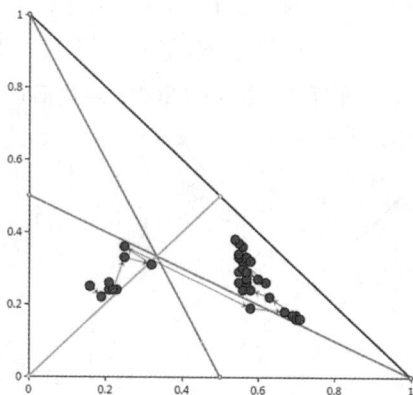

图4-79 楚雄市1978-2016年三次产业结构变迁图

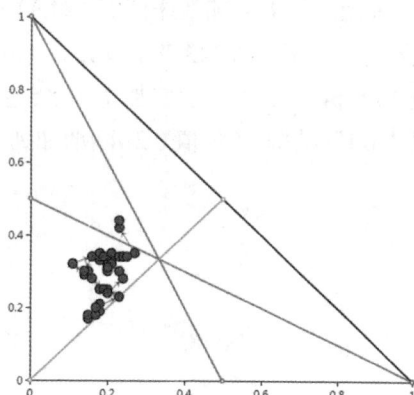

图4-80 双柏县1978-2016年三次产业结构变迁图

1978年双柏县全年地区生产总值0.2654亿元，其中第一产业增加值0.1792亿元，第二产业增加值0.0398亿元，第三产业增加值0.0464亿元；三次产业结构为67.52:15:17.48，呈现"132"结构。2014年双柏县全年地区生产总值26.76亿元，其中第一产业增加值9.37亿元，第二产业增加值6.13亿元，第三产业增加值11.26亿元；三次产业结构为35.01:22.91:42.08，呈现"312"结构。2016年双柏县全年地区生产总值33.17亿元，其中第一产业增加值10.29亿元，第二产业增加值8.1亿元，第三产业增加值14.78亿元，三次产业结构为31.02:24.42:44.56，呈现"312"结构。TY值0.2405增加到1.1118。

1978年牟定县全年地区生产总值0.3781亿元，其中第一产业增加值0.2647

亿元，第二产业增加值 0.0756 亿元，第三产业增加值 0.0378 亿元；三次产业结构为 70.01:19.99:10，呈现"123"结构。1986 年牟定县全年地区生产总值 0.7766亿元，其中第一产业增加值 0.4543 亿元，第二产业增加值 0.1565 亿元，第三产业增加值 0.1658 亿元；三次产业结构为 58.5:20.15:21.35，呈现"132"结构。1990 年牟定县全年地区生产总值 1.5065 亿元，其中第一产业增加值 0.8851 亿元，第二产业增加值 0.3169 亿元，第三产业增加值 0.3045 亿元；三次产业结构为 58.75:21.04:20.21，呈现"123"结构。2000 年牟定县全年地区生产总值 5.4688亿元，其中第一产业增加值 2.4952 亿元，第二产业增加值 1.3922 亿元，第三产业增加值 1.5814 亿元；三次产业结构为 45.63:25.46:28.92，呈现"132"结构。2009 年牟定县全年地区生产总值 17.8692 亿元，其中第一产业增加值 5.468 亿元，第二产业增加值 5.4579 亿元，第三产业增加值 6.9433 亿元；三次产业结构为 30.6:30.54:38.86，呈现"312"结构。2010 年牟定县全年地区生产总值 21.299 亿元，其中第一产业增加值 6.057 亿元，第二产业增加值 6.8822 亿元，第三产业增加值 8.3598 亿元；三次产业结构为 28.44:32.31:39.25，呈现"321"结构。2016 年牟定县全年地区生产总值 43.28 亿元，其中第一产业增加值 11.63 亿元，第二产业增加值 15 亿元，第三产业增加值 16.65 亿元，三次产业结构为 26.87:34.66:38.47，呈现"321"结构。TY 值 0.2142 增加到 1.3607。

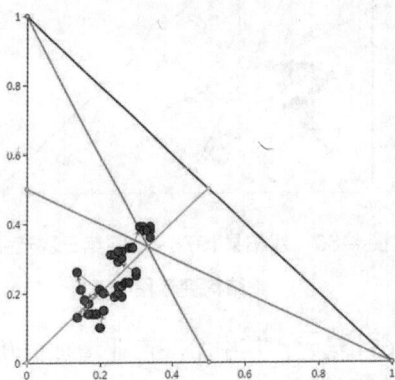

图4-81　牟定县1978-2016年三次产 业结构变迁图

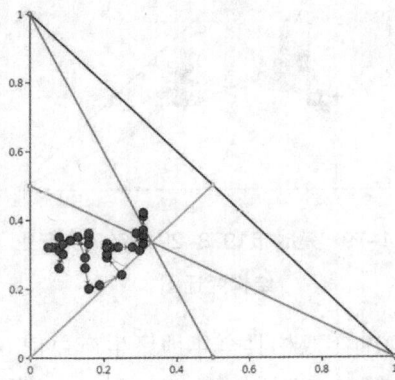

图4-82　南华县1978-2016年三次产 业结构变迁图

1978 年南华县全年地区生产总值 0.5166 亿元，其中第一产业增加值 0.3179亿元，第二产业增加值 0.0337 亿元，第三产业增加值 0.165 亿元；三次产业结构为 61.54:6.52:31.94，呈现"132"结构。1998 年南华县全年地区生产总值 4.7913亿元，其中第一产业增加值 2.4281 亿元，第二产业增加值 1.1896 亿元，第三产业增加值 1.1736 亿元；三次产业结构为 50.68:24.83:24.49，呈现"123"结构。

1999 年南华县全年地区生产总值 5.2846 亿元，其中第一产业增加值 2.6548 亿元，第二产业增加值 1.1222 亿元，第三产业增加值 1.5076 亿元；三次产业结构为 50.24:21.24:28.53，呈现"132"结构。2010 年南华县全年地区生产总值 22.2063 亿元，其中第一产业增加值 7.7525 亿元，第二产业增加值 6.4817 亿元，第三产业增加值 7.9721 亿元；三次产业结构为 34.91:29.19:35.9，呈现"312"结构。2012 年南华县全年地区生产总值 31.87 亿元，其中第一产业增加值 11.44 亿元，第二产业增加值 9.86 亿元，第三产业增加值 10.57 亿元；三次产业结构为 35.9:30.94:33.17，呈现"132"结构。2013 年南华县全年地区生产总值 36.37 亿元，其中第一产业增加值 11.58 亿元，第二产业增加值 11.17 亿元，第三产业增加值 13.62 亿元；三次产业结构为 31.84:30.71:37.45，呈现"312"结构。2014 年南华县全年地区生产总值 43.93 亿元，其中第一产业增加值 12.29 亿元，第二产业增加值 13.58 亿元，第三产业增加值 18.06 亿元；三次产业结构为 27.98:30.91:41.11，呈现"321"结构。2016 年南华县全年地区生产总值 53.86 亿元，其中第一产业增加值 13.97 亿元，第二产业增加值 17.29 亿元，第三产业增加值 22.6 亿元，三次产业结构为 25.94:32.1:41.96，呈现"321"结构。TY 值 0.3125 增加到 1.4277。

1978 年姚安县全年地区生产总值 0.3365 亿元，其中第一产业增加值 0.249 亿元，第二产业增加值 0.037 亿元，第三产业增加值 0.0505 亿元；三次产业结构为 74:11:15.01，呈现"132"结构。2014 年姚安县全年地区生产总值 32.97 亿元，其中第一产业增加值 12.66 亿元，第二产业增加值 5.94 亿元，第三产业增加值 14.37 亿元；三次产业结构为 38.4:18.02:43.59，呈现"312"结构。2016 年姚安县全年地区生产总值 40.91 亿元，其中第一产业增加值 14.1 亿元，第二产业增加值 7.84 亿元，第三产业增加值 18.97 亿元，三次产业结构为 34.47:19.16:46.37，呈现"312"结构。TY 值 0.1757 增加到 0.9507。

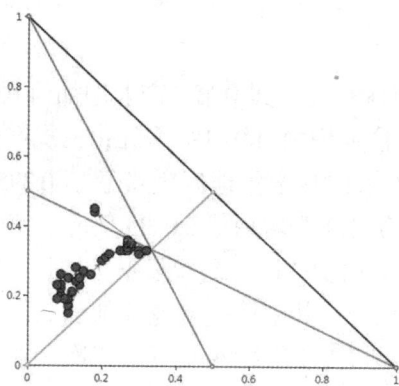

图4-83 姚安县1978-2016年三次产业结构变迁图

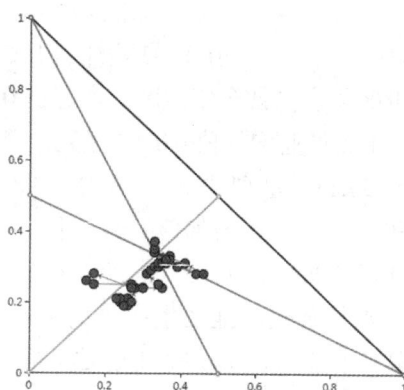

图4-84 大姚县1978-2016年三次产业结构变迁图

1978年大姚县全年地区生产总值0.4858亿元，其中第一产业增加值0.272亿元，第二产业增加值0.1208亿元，第三产业增加值0.093亿元；三次产业结构为55.99:24.87:19.14，呈现"123"结构。1988年大姚县全年地区生产总值1.549亿元，其中第一产业增加值0.8528亿元，第二产业增加值0.2658亿元，第三产业增加值0.4304亿元；三次产业结构为55.05:17.16:27.79，呈现"132"结构。1991年大姚县全年地区生产总值2.277亿元，其中第一产业增加值1.1006亿元，第二产业增加值0.6149亿元，第三产业增加值0.5615亿元；三次产业结构为48.34:27:24.66，呈现"123"结构。2003年大姚县全年地区生产总值10.8617亿元，其中第一产业增加值3.7385亿元，第二产业增加值3.8051亿元，第三产业增加值3.3181亿元；三次产业结构为34.42:35.03:30.55，呈现"213"结构。2006年大姚县全年地区生产总值18.3251亿元，其中第一产业增加值5.0555亿元，第二产业增加值8.1425亿元，第三产业增加值5.1271亿元；三次产业结构为27.59:44.43:27.98，呈现"231"结构。2009年大姚县全年地区生产总值24.0919亿元，其中第一产业增加值7.8893亿元，第二产业增加值8.0433亿元，第三产业增加值8.1593亿元；三次产业结构为32.75:33.39:33.87，呈现"321"结构。2010年大姚县全年地区生产总值28.894亿元，其中第一产业增加值8.8487亿元，第二产业增加值10.5481亿元，第三产业增加值9.4972亿元；三次产业结构为30.62:36.51:32.87，呈现"231"结构。2012年大姚县全年地区生产总值40.87亿元，其中第一产业增加值13.34亿元，第二产业增加值14.56亿元，第三产业增加值12.97亿元；三次产业结构为32.64:35.63:31.73，呈现"213"结构。2013年大姚县全年地区生产总值47.15亿元，其中第一产业增加值15.46亿元，第二产业增加值15.47亿元，第三产业增加值16.22亿元；三次产业结构为32.79:32.81:34.4，呈现"321"结构。2016年大姚县全年地区生产总值64.56亿元，其中第一产业增加值18.35亿元，第二产业增加值21.87亿元，第三产业增加值24.34亿元，三次产业结构为28.42:33.88:37.7，呈现"321"结构。TY值0.393增加到1.2591。

1978年永仁县全年地区生产总值0.1415亿元，其中第一产业增加值0.0849亿元，第二产业增加值0.0382亿元，第三产业增加值0.0184亿元；三次产业结构为60:27:13，呈现"123"结构。1984年永仁县全年地区生产总值0.3959亿元，其中第一产业增加值0.2439亿元，第二产业增加值0.0639亿元，第三产业增加值0.0881亿元；三次产业结构为61.61:16.14:22.25，呈现"132"结构。2007年永仁县全年地区生产总值7.4909亿元，其中第一产业增加值2.7385亿元，第二产业增加值1.8734亿元，第三产业增加值2.879亿元；三次产业结构为36.56:25.01:38.43，呈现"312"结构。2008年永仁县全年地区生产总值9.0301亿元，其中第一产业增加值3.5814亿元，第二产业增加值2.0943亿元，第三产业增加值 3.3544 亿元；三次产业结构为 39.66:23.19:37.15，呈现 "132" 结构。2009 年永仁县全年地区生产总值 10.2763 亿元，其中第一产业增加值 3.9177 亿元，第二产业增加值 2.4046 亿元，第三产业增加值 3.954 亿元；三次产业结构为 38.12:23.4:38.48，呈现 "312" 结构。2012 年永仁县全年地区生产总值 17.65 亿元，其中第一产业增加值 6.8 亿元，第二产业增加值 4.29 亿元，第三产业增加值 6.56 亿元；三次产业结构为 38.53:24.31:37.17，呈现 "132" 结构。2013 年永仁县全年地区生产总值 20.38 亿元，其中第一产业增加值 6.71 亿元，第二产业增加值 5.24 亿元，第三产业增加值 8.43 亿元；三次产业结构为 32.92:25.71:41.36，呈现 "312" 结构。2015 年永仁县全年地区生产总值 28.7 亿元，其中第一产业增加值 7.98 亿元，第二产业增加值 7.79 亿元，第三产业增加值 12.93 亿元；三次产业结构为 27.8:27.14:45.05，呈现 "312" 结构。2016 年永仁县全年地区生产总值 32.39 亿元，其中第一产业增加值 8.5 亿元，第二产业增加值 8.96 亿元，第三产业增加值 14.93 亿元，三次产业结构为 26.24:27.66:46.09，呈现 "321" 结构。TY 值 0.3333 增加到 1.4053。

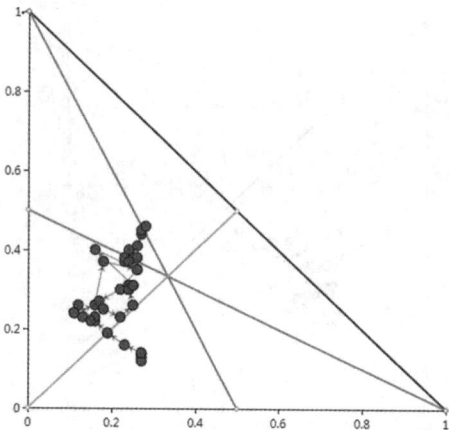

图4-85　永仁县1978-2016年三次产业结构变迁图

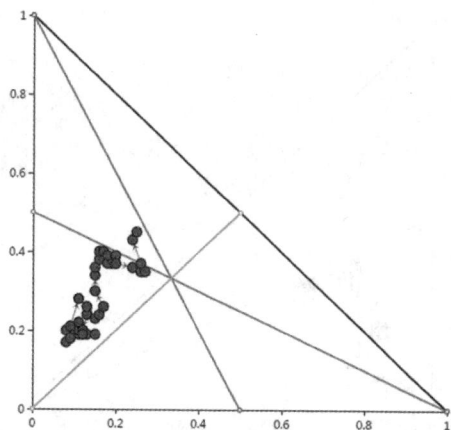

图4-86　元谋县1978-2016年三次产业结构变迁图

1978 年元谋县全年地区生产总值 0.3546 亿元，其中第一产业增加值 0.2662 亿元，第二产业增加值 0.0281 亿元，第三产业增加值 0.0603 亿元；三次产业结构为 75.07:7.92:17.01，呈现 "132" 结构。2014 年元谋县全年地区生产总值 42.87 亿元，其中第一产业增加值 14.02 亿元，第二产业增加值 10.38 亿元，第三产业增加值 18.47 亿元；三次产业结构为 32.7:24.21:43.08，呈现 "312" 结构。2016 年元谋县全年地区生产总值 52.98 亿元，其中第一产业增加值 15.28 亿元，第二产业增加值 13.97 亿元，第三产业增加值 23.73 亿元，三次产业结构为 28.84:26.37:44.79，呈现"312"结构。TY 值 0.166 增加到 1.2336。

1978 年武定县全年地区生产总值 0.4105 亿元，其中第一产业增加值 0.3173 亿元，第二产业增加值 0.0552 亿元，第三产业增加值 0.038 亿元；三次产业结构为 77.3:13.45:9.26，呈现"123"结构。1981 年武定县全年地区生产总值 0.5387 亿元，其中第一产业增加值 0.3317 亿元，第二产业增加值 0.0835 亿元，第三产业增加值 0.1235 亿元；三次产业结构为 61.57:15.5:22.93，呈现"132"结构。2014 年武定县全年地区生产总值 50.39 亿元，其中第一产业增加值 14.82 亿元，第二产业增加值 14.75 亿元，第三产业增加值 20.82 亿元；三次产业结构为 29.41:29.27:41.32，呈现"312"结构。2015 年武定县全年地区生产总值 55.57 亿元，其中第一产业增加值 15.52 亿元，第二产业增加值 15.98 亿元，第三产业增加值 24.07 亿元；三次产业结构为 27.93:28.76:43.31，呈现"321"结构。2016 年武定县全年地区生产总值 62.77 亿元，其中第一产业增加值 16.56 亿元，第二产业增加值 18.23 亿元，第三产业增加值 27.98 亿元，三次产业结构为 26.38:29.04:44.58，呈现"321"结构。TY 值 0.1469 增加到 1.3952。

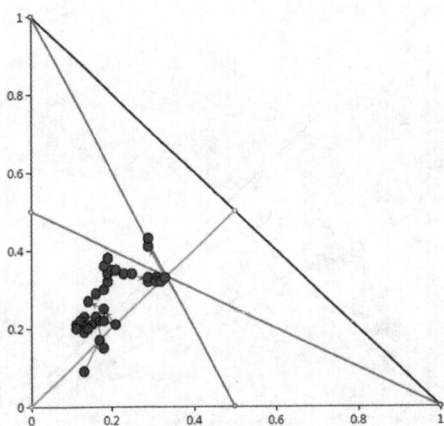 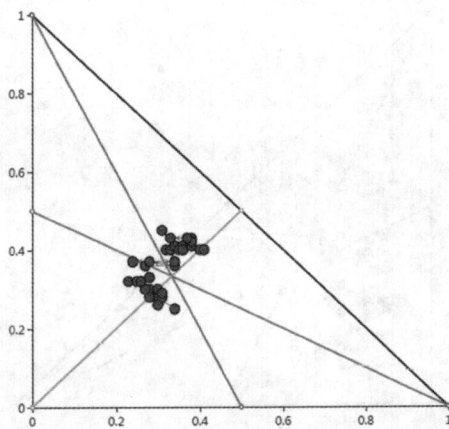

图4-87　武定县1978-2016年三次产业结构　　图4-88　禄丰县1978-2016年三次产业结构
变迁图　　　　　　　　　　　　　　　变迁图

1978 年禄丰县全年地区生产总值 1.1831 亿元，其中第一产业增加值 0.4954 亿元，第二产业增加值 0.3976 亿元，第三产业增加值 0.2901 亿元；三次产业结构为 41.87:33.61:24.52，呈现"123"结构。1980 年禄丰县全年地区生产总值 1.0749 亿元，其中第一产业增加值 0.4585 亿元，第二产业增加值 0.3058 亿元，第三产业增加值 0.3106 亿元；三次产业结构为 42.66:28.45:28.9，呈现"132"结构。1981 年禄丰县全年地区生产总值 1.1096 亿元，其中第一产业增加值 0.466 亿元，第二产业增加值 0.3107 亿元，第三产业增加值 0.3329 亿元；三次产业结构为

42:28:30，呈现"132"结构。1982 年禄丰县全年地区生产总值 1.287 亿元，其中第一产业增加值 0.5232 亿元，第二产业增加值 0.4052 亿元，第三产业增加值 0.3586 亿元；三次产业结构为 40.65:31.48:27.86，呈现"123"结构。1983 年禄丰县全年地区生产总值 1.4604 亿元，其中第一产业增加值 0.5899 亿元，第二产业增加值 0.4314 亿元，第三产业增加值 0.4391 亿元；三次产业结构为 40.39:29.54:30.07，呈现"132"结构。1984 年禄丰县全年地区生产总值 1.7989 亿元，其中第一产业增加值 0.7876 亿元，第二产业增加值 0.5074 亿元，第三产业增加值 0.5039 亿元；三次产业结构为 43.78:28.21:28.01，呈现"123"结构。1987 年禄丰县全年地区生产总值 2.7646 亿元，其中第一产业增加值 1.1829 亿元，第二产业增加值 0.7491 亿元，第三产业增加值 0.8326 亿元；三次产业结构为 42.79:27.1:30.12，呈现"132"结构。1993 年禄丰县全年地区生产总值 7.2177 亿元，其中第一产业增加值 2.2077 亿元，第二产业增加值 2.4409 亿元，第三产业增加值 2.5691 亿元；三次产业结构为 30.59:33.82:35.59，呈现"321"结构。1994 年禄丰县全年地区生产总值 9.7958 亿元，其中第一产业增加值 3.4604 亿元，第二产业增加值 2.7096 亿元，第三产业增加值 3.6258 亿元；三次产业结构为 35.33:27.66:37.01，呈现"312"结构。1995 年禄丰县全年地区生产总值 11.4954 亿元，其中第一产业增加值 4.4831 亿元，第二产业增加值 2.7939 亿元，第三产业增加值 4.2184 亿元；三次产业结构为 39:24.3:36.7，呈现"132"结构。1998 年禄丰县全年地区生产总值 19.4829 亿元，其中第一产业增加值 5.6478 亿元，第二产业增加值 6.5679 亿元，第三产业增加值 7.2672 亿元；三次产业结构为 28.99:33.71:37.3，呈现"321"结构。2007 年禄丰县全年地区生产总值 55.7909 亿元，其中第一产业增加值 11.5085 亿元，第二产业增加值 22.1692 亿元，第三产业增加值 22.1132 亿元；三次产业结构为 20.63:39.74:39.64，呈现"231"结构。2009 年禄丰县全年地区生产总值 74.0123 亿元，其中第一产业增加值 15.2967 亿元，第二产业增加值 28.3055 亿元，第三产业增加值 30.4101 亿元；三次产业结构为 20.67:38.24:41.09，呈现"321"结构。2010 年禄丰县全年地区生产总值 85.3385 亿元，其中第一产业增加值 16.8687 亿元，第二产业增加值 32.011 亿元，第三产业增加值 36.4588 亿元；三次产业结构为 19.77:37.51:42.72，呈现"321"结构。2016 年禄丰县全年地区生产总值 129.62 亿元，其中第一产业增加值 28.85 亿元，第二产业增加值 42.31 亿元，第三产业增加值 58.46 亿元，三次产业结构为 22.26:32.64:45.1，呈现"321"结构。TY 值 0.6941 增加到 1.7464。

（十）红河州各县市三次产业结构变迁情况

1978 年，个旧市国民生产总值为 1.56 亿元，其中第一产业、第二产业、第三产业增加值分别为 0.216、1.146 和 0.202 亿元，三次产业结构之比为 13.81:

73.27:12.91，呈"213"结构，第二产业占比最大，第三产业严重滞后。1979年，个旧市国民生产总值为1.75亿元，其中第一产业、第二产业、第三产业增加值分别为0.191、1.328和0.231亿元，第三产业超过第一产业，三次产业结构之比为10.93:75.87:13.20，呈"231"结构。经过30多年的发展，个旧市国民生产总值发生了翻天覆地的变化，三次产业结构还未发生根本改变，2016年个旧市全年地区生产总值224.72亿元，其中第一产业增加值13.61亿元，第二产业增加值120.07亿元，第三产业增加值91.04亿元，三次产业结构为6.06:53.43:40.51，呈现"231"结构。TY值3.1194增加到7.7557。

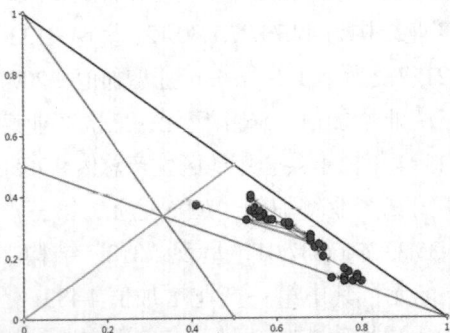

图4-89　个旧市1978-2016年三次产业结构
变迁图

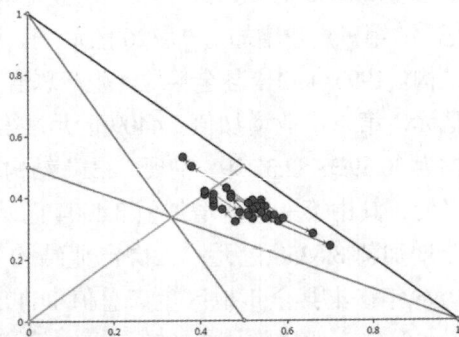

图4-90　开远市1978-2016年三次产业结构
变迁图

　　1978年，开远市国民生产总值为1.16亿元，其中第一产业、第二产业、第三产业增加值分别为0.1247、0.6253和0.4079亿元，三次产业结构之比为10.77:54.00:35.23，呈"231"结构，第二产业占比最大，第三产业次之，第一产业占比最小。2000年，开远市国民生产总值为20.43亿元，其中第一产业、第二产业、第三产业增加值分别为3.6683、8.3768和8.3868亿元，第三产业以微弱优势首次超过第二产业，三次产业结构之比为17.95:41.00:41.05，呈"321"结构。2003年，开远市国民生产总值为27.06亿元，其中第一产业、第二产业、第三产业增加值分别为4.3569、11.5845和11.1155亿元，第二产业又超过第三产业，三次产业结构之比为16.10:42.82:41.08，呈"231"结构。经过11年的发展，2014年，开远市国民生产总值为143.26亿元，其中第一产业、第二产业、第三产业增加值分别为16.21、55.10和71.95亿元，第三产业以再次超过第二产业，三次产业结构之比为11.32:38.46:50.22，呈"321"结构。2016年开远市全年地区生产总值168.68亿元，其中第一产业增加值17.94亿元，第二产业增加值59.34亿元，第三产业增加值91.4亿元，三次产业结构为10.64:35.18:54.19，呈现"321"结构。"321"结构稳固。TY值4.1427增加到4.2012。

　　1978 年，蒙自县国民生产总值为 0.597 亿元，其中第一产业、第二产业、第三产业增加值分别为 0.3343、0.1552 和 0.1075 亿元，三次产业结构之比为 56:26:18，呈"123"结构，第一产业占 56%，占比较大，第二、三产业占比较小，随后第一产业占比逐渐下降。1980 年，蒙自县国民生产总值为 0.4453 亿元，其中第一产业、第二产业、第三产业增加值分别为 0.2294、0.1036 和 0.1123 亿元，第三产业首次以微弱优势超过第二产业，三次产业结构之比为 51.52:23.26:25.22，呈"132"结构。1981 年，蒙自县国民生产总值为 0.6068 亿元，其中第一产业、第二产业、第三产业增加值分别为 0.3164、0.1511 和 0.1393 亿元，第二产业又超过第三产业，三次产业结构之比为 52.14:24.90:22.96，又回到"123"结构。1993 年蒙自县国民生产总值为 3.7159 亿元，其中第一产业、第二产业、第三产业增加值分别为 1.5324、1.0574 和 1.1297 亿元，第三产业再次超过第二产业，三次产业结构之比为 41.20:28.43:30.37，呈"132"结构。至 2000 年蒙自县国民生产总值为 10.5081 亿元，其中第一产业、第二产业、第三产业增加值分别为 3.7587、2.8255 和 3.9239 亿元，第三产业首次超过第一产业，三次产业之比调整为 35.77:26.89:37.34，呈"312"结构。至 2003 年蒙自县国民生产总值为 14.2339 亿元，其中第一产业、第二产业、第三产业增加值分别为 4.3031、4.7023 和 5.2285 亿元，第二产业也超过第一产业，三次产业结构之比为 30.23:33.04:36.73，呈"321"结构。2006 年蒙自县国民生产总值为 30.6337 亿元，其中第一产业、第二产业、第三产业增加值分别为 6.5518、12.6019 和 11.48 亿元，第二产业又超过第三产业，三次产业结构之比为 21.39:41.14:34.47，又回到"231"结构。2016 年蒙自市全年地区生产总值 164.31 亿元，其中第一产业增加值 23.27 亿元，第二产业增加值 79.08 亿元，第三产业增加值 61.96 亿元，三次产业结构为 14.16:48.13:37.71，呈现"231"结构。TY 值 0.3929 增加到 3.0305。

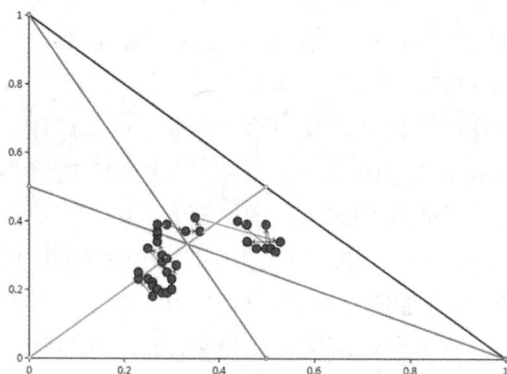

图4-91　蒙自市1978-2016年三次产业结构
变迁图

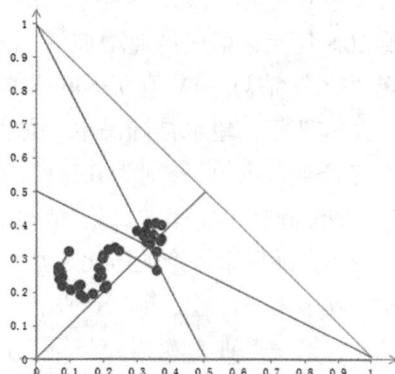

图4-92　屏边县1978-2016年三次产业
结构变迁图

1978 年，屏边县国民生产总值为 0.1852 亿元，其中第一产业、第二产业、第三产业增加值分别为 0.1071、0.0183 和 0.0598 亿元，三次产业结构之比为 57.83:9.88:32.29，呈"132"结构，第一产业占 57.83%，占比较大，第二产业占比较小，随后第一产业占比逐渐下降。2004 年，屏边县国民生产总值为 5.1495 亿元，其中第一产业、第二产业、第三产业增加值分别为 1.9253、1.8468 和 1.3774 亿元，第二产业首次以超过第三产业，三次产业结构之比为 37.39:35.86:26.75，呈"123"结构。2005 年，屏边县国民生产总值为 6.3503 亿元，其中第一产业、第二产业、第三产业增加值分别为 2.0129、2.2888 和 2.0486 亿元，第二、三产业均超过第一产业，三次产业结构之比为 31.70:36.04:32.26，呈"231"结构。2006 年屏边县国民生产总值为 6.6149 亿元，其中第一产业、第二产业、第三产业增加值分别为 2.1078、2.1802 和 2.3269 亿元，第三产业超过第二产业，三次产业结构之比为 31.86:32.96:35.18，呈现较好的"321"结构。至 2009 年屏边县国民生产总值为 10.5922 亿元，其中第一产业、第二产业、第三产业增加值分别为 3.3616、3.1637 和 4.0669 亿元，第一产业又反超第二产业，三次产业之比调整为 31.74:29.87:38.39，三次产业结构又回到"312"结构。至 2010 年屏边县国民生产总值为 12.3212 亿元，其中第一产业、第二产业、第三产业增加值分别为 3.6136、3.9991 和 4.7085 亿元，第二产业再次超过第一产业，三次产业结构之比为 29.33:32.46:38.21，三次产业结构呈"321"结构。2012 年屏边县国民生产总值为 16.95 亿元，其中第一产业、第二产业、第三产业增加值分别为 4.67、6.29 和 5.99 亿元，第二产业又超过第三产业，三次产业结构之比为 27.55:37.11:35.34，又回到"231"结构。2014 年屏边县国民生产总值为 22.69 亿元，其中第一产业、第二产业、第三产业增加值分别为 5.90、7.60 和 9.19 亿元，第三产业再次超过第二产业，三次产业结构之比为 26.00:33.50:40.50，三次产业结构呈"321"结构。2016 年屏边县全年地区生产总值 28.86 亿元，其中第一产业增加值 6.46 亿元，第二产业增加值 10.8 亿元，第三产业增加值 11.6 亿元，三次产业结构为 22.38:37.42:40.19，呈现"321"结构。TY 值 0.3646 增加到 1.7337。

1978 年，建水县国民生产总值为 0.7125 亿元，其中第一产业、第二产业、第三产业增加值分别为 0.3817、0.1807 和 0.1501 亿元，三次产业结构之比为 53.57:25.36:21.07，呈"123"结构，第一产业占 53.57%，占比较大，第二产业占比较小，随后第一产业占比逐渐下降。1981 年，建水县国民生产总值为 0.802 亿元，其中第一产业、第二产业、第三产业增加值分别为 0.3459、0.2236 和 0.2325 亿元，第三产业首次以超过第二产业，三次产业结构之比为 43.13:27.88:28.99，呈"132"结构。1997 年，建水县国民生产总值为 12.9214 亿元，其中第一产业、第二产业、第三产业增加值分别为 5.1651、4.2006 和 3.5557 亿元，第二产业又反超第三产业，三次产业结构之比为 39.97:32.51:27.52，又回到"123"结构。2000 年建水县国民生产总值为 15.1981 亿元，其中第一产业、第二产业、第三产业增加值分别为 5.2296、5.4533 和 4.5152 亿元，第二产业首次超过第以产业，三次产业结构之比为 34.41:35.88:29.71，呈"213"结构。三年后，至 2003 年建水县国民生产总值为 18.9341 亿元，其中第一产业、第二产业、第三产业增加值分别为 5.5621、7.3286 和 6.0434 亿元，第三产业也首次超过第一产业，三次产业之比调整为 29.38:38.70:31.92，三次产业结构调整为"231"结构。至 2005 年建水县国民生产总值为 28.4629 亿元，其中第一产业、第二产业、第三产业增加值分别为 7.7443、8.9599 和 11.7587 亿元，第三产业又超过第二产业，三次产业结构之比为 27.21:31.48:41.31，三次产业结构呈较好的"321"结构。2007 年建水县国民生产总值为 41.418 亿元，其中第一产业、第二产业、第三产业增加值分别为 9.9384、16.1449 和 15.3347 亿元，第二产业又超过第三产业，三次产业结构之比为 24.00:38.98:37.02，又回到"231"结构。至 2008 年建水县国民生产总值为 49.0844 亿元，其中第一产业、第二产业、第三产业增加值分别为 12.255、18.0303 和 18.7991 亿元，第三产业又超过第二产业，三次产业结构之比为 24.97:36.73:38.30，三次产业结构又呈较好的"321"结构。2012 年建水县国民生产总值为 89.64 亿元，其中第一产业、第二产业、第三产业增加值分别为 21.41、35.39 和 32.84 亿元，第二产业又超过第三产业，三次产业结构之比为 23.88:39.48:36.64，又回到"231"结构。2014 年建水县国民生产总值为 114.95 亿元，其中第一产业、第二产业、第三产业增加值分别为 26.99、42.93 和 45.03 亿元，第三产业又再次超过第二产业，三次产业结构之比为 23.48:37.35:39.17，三次产业结构呈"321"结构。2016 年建水县全年地区生产总值 137.6 亿元，其中第一产业增加值 29.36 亿元，第二产业增加值 53.33 亿元，第三产业增加值 54.91 亿元，三次产业结构为 21.34:38.76:39.91，呈现"321"结构。TY 值 0.4333 增加到 1.8433。

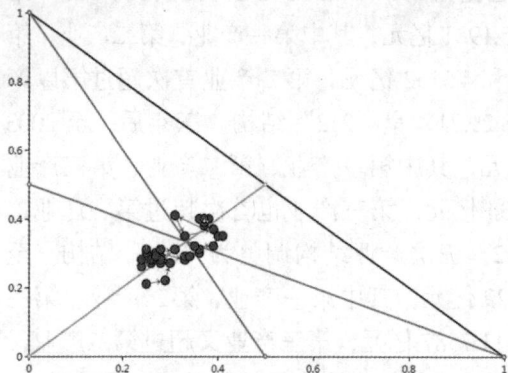

图4-93 建水县1978-2016年三次产业结构
变迁图

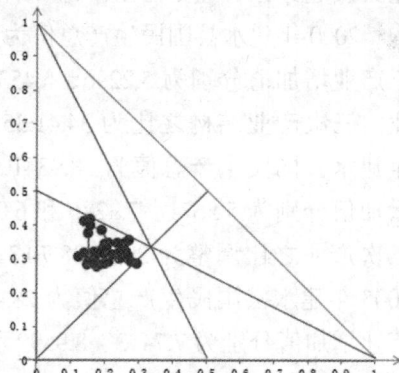

图4-94 石屏县1978-2016年三次产业
结构变迁图

1978年石屏县全年地区生产总值0.4013亿元，其中第一产业增加值0.2184亿元，第二产业增加值0.0709亿元，第三产业增加值0.112亿元；三次产业结构为54.42:17.67:27.91，呈现"132"结构。2013年石屏县全年地区生产总值46.39亿元，其中第一产业增加值19.49亿元，第二产业增加值13.62亿元，第三产业增加值13.28亿元；三次产业结构为42.01:29.36:28.63，呈现"123"结构。2014年石屏县全年地区生产总值51.72亿元，其中第一产业增加值20.95亿元，第二产业增加值12.89亿元，第三产业增加值17.88亿元；三次产业结构为40.51:24.92:34.57，呈现"132"结构。2016年石屏县全年地区生产总值62.4亿元，其中第一产业增加值23.13亿元，第二产业增加值17亿元，第三产业增加值22.27亿元，三次产业结构为37.07:27.24:35.69，呈现"132"结构。TY值0.4187增加到0.8489。

1978年弥勒县全年地区生产总值0.6629亿元，其中第一产业增加值0.4309亿元，第二产业增加值0.1338亿元，第三产业增加值0.0982亿元；三次产业结构为65:20.18:14.81，呈现"123"结构。1992年弥勒县全年地区生产总值5.4723亿元，其中第一产业增加值2.2538亿元，第二产业增加值2.4392亿元，第三产业增加值0.7793亿元；三次产业结构为41.19:44.57:14.24，呈现"213"结构。2001年弥勒县全年地区生产总值48.4885亿元，其中第一产业增加值4.1105亿元，第二产业增加值40.145亿元，第三产业增加值4.233亿元；三次产业结构为8.48:82.79:8.73，呈现"231"结构。2016年弥勒市全年地区生产总值273.48亿元，其中第一产业增加值28.3亿元，第二产业增加值172.86亿元，第三产业增加值72.32亿元，三次产业结构为10.35:63.21:26.44，呈现"231"结构。TY值0.2692增加到4.3318。

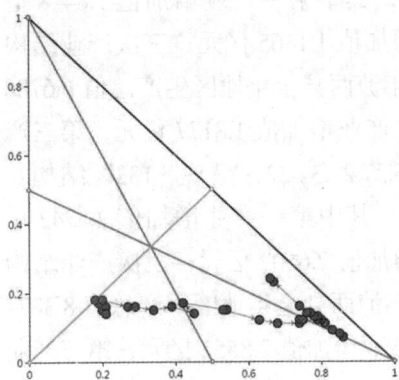

图4-95 弥勒县1978-2016年三次产
业结构变迁图

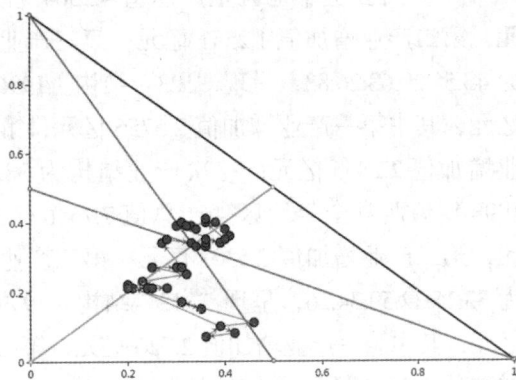

图4-96 泸西县1978-2016年三次产业结构变迁图

1978年泸西县全年地区生产总值0.6336亿元，其中第一产业增加值0.3677亿元，第二产业增加值0.1267亿元，第三产业增加值0.1392亿元；三次产业结构为58.03:20:21.97，呈现"132"结构。1979年泸西县全年地区生产总值0.5211亿元，其中第一产业增加值0.2606亿元，第二产业增加值0.2175亿元，第三产业增加值0.043亿元；三次产业结构为50.01:41.74:8.25，呈现"123"结构。1982年泸西县全年地区生产总值0.5572亿元，其中第一产业增加值0.239亿元，第二产业增加值0.2584亿元，第三产业增加值0.0598亿元；三次产业结构为42.89:46.37:10.73，呈现"213"结构。1983年泸西县全年地区生产总值0.5773亿元，其中第一产业增加值0.3045亿元，第二产业增加值0.1768亿元，第三产业增加值0.096亿元；三次产业结构为52.75:30.63:16.63，呈现"123"结构。1985年泸西县全年地区生产总值0.9173亿元，其中第一产业增加值0.5288亿元，第二产业增加值0.1935亿元，第三产业增加值0.195亿元；三次产业结构为57.65:21.09:21.26，呈现"132"结构。1986年泸西县全年地区生产总值0.9722亿元，其中第一产业增加值0.5322亿元，第二产业增加值0.2333亿元，第三产业增加值0.2067亿元；三次产业结构为54.74:24:21.26，呈现"123"结构。1987年泸西县全年地区生产总值1.2037亿元，其中第一产业增加值0.7071亿元，第二产业增加值0.2407亿元，第三产业增加值0.2559亿元；三次产业结构为58.74:20:21.26，呈现"132"结构。1988年泸西县全年地区生产总值1.2488亿元，其中第一产业增加值0.6818亿元，第二产业增加值0.3015亿元，第三产业增加值0.2655亿元；三次产业结构为54.6:24.14:21.26，呈现"123"结构。1993年泸西县全年地区生产总值3.103亿元，其中第一产业增加值1.4635亿元，第二产业增加值0.7879亿元，第三产业增加值0.8516亿元；三次产业结构为47.16:25.39:27.44，呈现"132"结构。

1994 年泸西县全年地区生产总值 4.2364 亿元，其中第一产业增加值 1.8448 亿元，第二产业增加值 1.2551 亿元，第三产业增加值 1.1365 亿元；三次产业结构为 43.55:29.63:26.83，呈现"123"结构。1996 年泸西县全年地区生产总值 6.6788 亿元，其中第一产业增加值 2.5756 亿元，第二产业增加值 1.8177 亿元，第三产业增加值 2.2855 亿元；三次产业结构为 38.56:27.22:34.22，呈现"132"结构。1998 年泸西县全年地区生产总值 7.7646 亿元，其中第一产业增加值 2.5742 亿元，第二产业增加值 2.5302 亿元，第三产业增加值 2.6602 亿元；三次产业结构为 33.15:32.59:34.26，呈现"312"结构。1999 年泸西县全年地区生产总值 8.3874 亿元，其中第一产业增加值 2.726 亿元，第二产业增加值 2.8552 亿元，第三产业增加值 2.8062 亿元；三次产业结构为 32.5:34.04:33.46，呈现"231"结构。2005 年泸西县全年地区生产总值 16.1293 亿元，其中第一产业增加值 4.9956 亿元，第二产业增加值 4.8105 亿元，第三产业增加值 6.3232 亿元；三次产业结构为 30.97:29.82:39.2，呈现"312"结构。2006 年泸西县全年地区生产总值 18.6505 亿元，其中第一产业增加值 5.3775 亿元，第二产业增加值 5.7592 亿元，第三产业增加值 7.5138 亿元；三次产业结构为 28.83:30.88:40.29，呈现"321"结构。2011 年泸西县全年地区生产总值 45.2 亿元，其中第一产业增加值 9.71 亿元，第二产业增加值 18.2 亿元，第三产业增加值 17.29 亿元；三次产业结构为 21.48:40.27:38.25，呈现"231"结构。2014 年泸西县全年地区生产总值 69.65 亿元，其中第一产业增加值 17.01 亿元，第二产业增加值 24.74 亿元，第三产业增加值 27.9 亿元；三次产业结构为 24.42:35.52:40.06，呈现"321"结构。2016 年泸西县全年地区生产总值 83.82 亿元，其中第一产业增加值 19 亿元，第二产业增加值 30.13 亿元，第三产业增加值 34.69 亿元，三次产业结构为 22.67:35.95:41.39，呈现"321"结构。TY 值 0.3616 增加到 1.7058。

1978 年元阳县全年地区生产总值 0.3355 亿元，其中第一产业增加值 0.252 亿元，第二产业增加值 0.0179 亿元，第三产业增加值 0.0656 亿元；三次产业结构为 75.11:5.34:19.55，呈现"132"结构。2005 年元阳县全年地区生产总值 9.4826 亿元，其中第一产业增加值 3.5994 亿元，第二产业增加值 1.6943 亿元，第三产业增加值 4.1889 亿元；三次产业结构为 37.96:17.87:44.17，呈现"312"结构。2015 年元阳县全年地区生产总值 40.52 亿元，其中第一产业增加值 12.29 亿元，第二产业增加值 11.83 亿元，第三产业增加值 16.4 亿元；三次产业结构为 30.33:29.2:40.47，呈现"312"结构。2016 年元阳县全年地区生产总值 44.98 亿元，其中第一产业增加值 13.04 亿元，第二产业增加值 13.31 亿元，第三产业增加值 18.63 亿元，三次产业结构为 28.99:29.59:41.42，呈现"321"结构。TY 值 0.1657 增加到 1.2247。

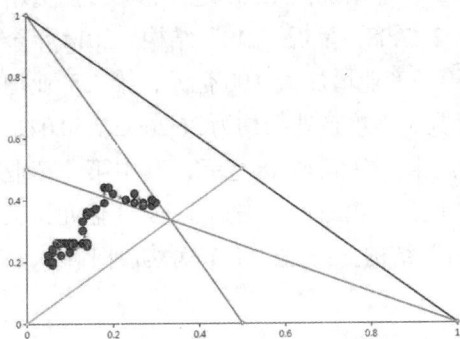

图4-97　元阳县1978-2016年三次产业结构
变迁图

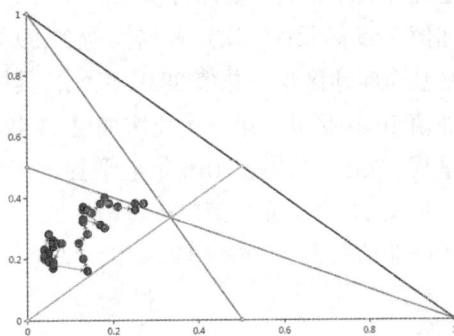

图4-98　红河县1978-2016年三次产业结构
变迁图

　　1978年红河县全年地区生产总值0.2475亿元，其中第一产业增加值0.1874亿元，第二产业增加值0.0127亿元，第三产业增加值0.0474亿元；三次产业结构为75.72:5.13:19.15，呈现"132"结构。2014年红河县全年地区生产总值27.84亿元，其中第一产业增加值10.29亿元，第二产业增加值6.97亿元，第三产业增加值10.58亿元；三次产业结构为36.96:25.04:38，呈现"312"结构。2016年红河县全年地区生产总值35.39亿元，其中第一产业增加值11.5亿元，第二产业增加值10.46亿元，第三产业增加值13.43亿元，三次产业结构为32.5:29.56:37.95，呈现"312"结构。TY值0.1604增加到1.0387。

　　1978年金平县全年地区生产总值0.311亿元，其中第一产业增加值0.2281亿元，第二产业增加值0.0154亿元，第三产业增加值0.0675亿元；三次产业结构为73.34:4.95:21.7，呈现"132"结构。1983年金平县全年地区生产总值0.3962亿元，其中第一产业增加值0.3043亿元，第二产业增加值0.0465亿元，第三产业增加值0.0454亿元；三次产业结构为76.8:11.74:11.46，呈现"123"结构。1984年金平县全年地区生产总值0.4685亿元，其中第一产业增加值0.3692亿元，第二产业增加值0.0378亿元，第三产业增加值0.0615亿元；三次产业结构为78.8:8.07:13.13，呈现"132"结构。2005年金平县全年地区生产总值8.0615亿元，其中第一产业增加值3.0425亿元，第二产业增加值2.6805亿元，第三产业增加值2.3385亿元；三次产业结构为37.74:33.25:29.01，呈现"123"结构。2006年金平县全年地区生产总值10.7632亿元，其中第一产业增加值3.2093亿元，第二产业增加值4.9387亿元，第三产业增加值2.6152亿元；三次产业结构为29.82:45.89:24.3，呈现"213"结构。2009年金平县全年地区生产总值17.8986亿元，其中第一产业增加值4.6912亿元，第二产业增加值8.5083亿元，第三产业增加值4.6991亿元；三次产业结构为26.21:47.54:26.25，呈现"231"结构。2012年金平县全年地区生产总值27.88

亿元，其中第一产业增加值 7.72 亿元，第二产业增加值 12.61 亿元，第三产业增加值 7.55 亿元；三次产业结构为 27.69:45.23:27.08，呈现"213"结构。2014 年金平县全年地区生产总值 38.01 亿元，其中第一产业增加值 9.98 亿元，第二产业增加值 16.61 亿元，第三产业增加值 11.42 亿元；三次产业结构为 26.26:43.7:30.04，呈现"231"结构。2016 年金平县全年地区生产总值 47.48 亿元，其中第一产业增加值 11.18 亿元，第二产业增加值 22.47 亿元，第三产业增加值 13.83 亿元，三次产业结构为 23.55:47.33:29.13，呈现"231"结构。TY 值 0.1817 增加到 1.6234。

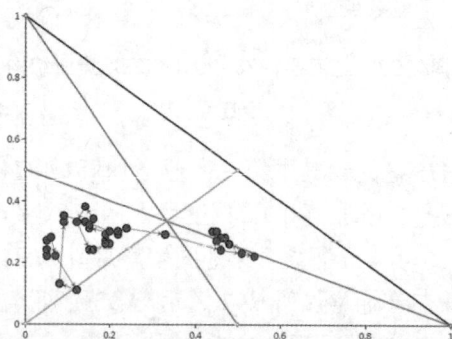

图4-99　金平县1978-2016年三次产业结构变迁图　　图4-100　绿春县1978-2016年三次产业结构变迁图

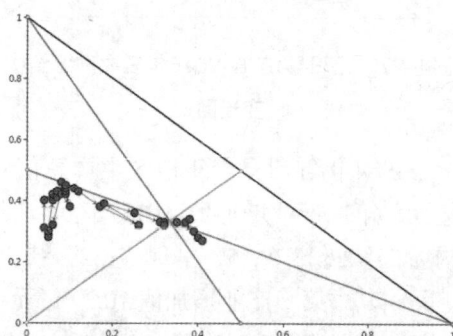

1978 年绿春县全年地区生产总值 0.2003 亿元，其中第一产业增加值 0.1302 亿元，第二产业增加值 0.01 亿元，第三产业增加值 0.0601 亿元；三次产业结构为 65:4.99:30，呈现"132"结构。1999 年绿春县全年地区生产总值 1.7924 亿元，其中第一产业增加值 0.8095 亿元，第二产业增加值 0.1497 亿元，第三产业增加值 0.8332 亿元；三次产业结构为 45.16:8.35:46.49，呈现"312"结构。2000 年绿春县全年地区生产总值 1.9562 亿元，其中第一产业增加值 0.9027 亿元，第二产业增加值 0.1747 亿元，第三产业增加值 0.8788 亿元；三次产业结构为 46.15:8.93:44.92，呈现"132"结构。2010 年绿春县全年地区生产总值 11.1015 亿元，其中第一产业增加值 3.4917 亿元，第二产业增加值 3.9353 亿元，第三产业增加值 3.6745 亿元；三次产业结构为 31.45:35.45:33.1，呈现"231"结构。2011 年绿春县全年地区生产总值 14.37 亿元，其中第一产业增加值 4.48 亿元，第二产业增加值 5.58 亿元，第三产业增加值 4.31 亿元；三次产业结构为 31.18:38.83:29.99，呈现"213"结构。2014 年绿春县全年地区生产总值 23.56 亿元，其中第一产业增加值 7.06 亿元，第二产业增加值 8.75 亿元，第三产业增加值 7.75 亿元；三次产业结构为 29.97:37.14:32.89，呈现"231"结构。2016 年绿春县全年地区生产总值 29.8 亿元，其中第一产业增加值 7.99 亿元，第二产业增加值 11.9 亿元，第三

产业增加值9.91亿元，三次产业结构为26.81:39.93:33.26，呈现"231"结构。TY值0.2692增加到1.3648。

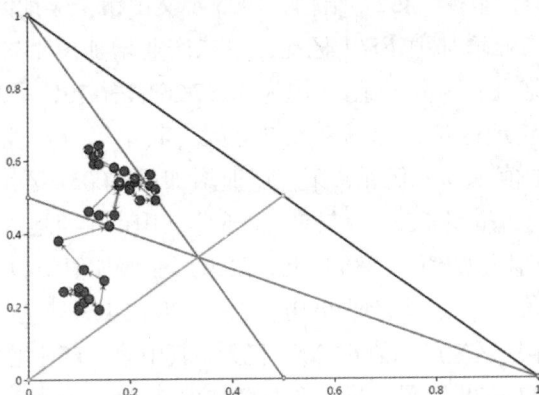

图4-101　河口县1978-2016年三次产业结构变迁图

1978年河口县全年地区生产总值0.1559亿元，其中第一产业增加值0.1002亿元，第二产业增加值0.0176亿元，第三产业增加值0.0381亿元；三次产业结构为64.27:11.29:24.44，呈现"132"结构。1992年河口县全年地区生产总值1.3141亿元，其中第一产业增加值0.5444亿元，第二产业增加值0.2128亿元，第三产业增加值0.5569亿元；三次产业结构为41.43:16.19:42.38，呈现"312"结构。2006年河口县全年地区生产总值8.5419亿元，其中第一产业增加值1.9713亿元，第二产业增加值2.0774亿元，第三产业增加值4.4932亿元；三次产业结构为23.08:24.32:52.6，呈现"321"结构。2010年河口县全年地区生产总值18.5315亿元，其中第一产业增加值4.8888亿元，第二产业增加值3.7688亿元，第三产业增加值9.8739亿元；三次产业结构为26.38:20.34:53.28，呈现"312"结构。2015年河口县全年地区生产总值37.12亿元，其中第一产业增加值8.87亿元，第二产业增加值7.9亿元，第三产业增加值20.35亿元；三次产业结构为23.9:21.28:54.82，呈现"312"结构。2016年河口县全年地区生产总值42.14亿元，其中第一产业增加值9.52亿元，第二产业增加值9.72亿元，第三产业增加值22.9亿元，三次产业结构为22.59:23.07:54.34，呈现"321"结构。TY值0.2779增加到1.7132。

（十一）文山州各县市三次产业结构变迁情况

1978年文山市全年地区生产总值0.8249亿元，其中第一产业增加值0.3902亿元，第二产业增加值0.1958亿元，第三产业增加值0.2389亿元；三次产业结构为47.3:23.74:28.96，呈现"132"结构。1979年文山市全年地区生产总值0.6884亿元，其中第一产业增加值0.3071亿元，第二产业增加值0.2183亿元，第三产业增加值0.163亿元；三次产业结构为44.61:31.71:23.68，呈现"123"结构。1980 年文山市全年地区生产总值 0.904 亿元,其中第一产业增加值 0.419 亿元,第二产业增加值 0.2403 亿元,第三产业增加值 0.2447 亿元;三次产业结构为 46.35:26.58:27.07,呈现"132"结构。1995 年文山市全年地区生产总值 5.1312亿元,其中第一产业增加值 1.861 亿元,第二产业增加值 1.3823 亿元,第三产业增加值 1.8879 亿元;三次产业结构为 36.27:26.94:36.79,呈现"312"结构。1997 年文山市全年地区生产总值 9.0937 亿元,其中第一产业增加值 2.9136 亿元,第二产业增加值 3.1744 亿元,第三产业增加值 3.0057 亿元;三次产业结构为 32.04:34.91:33.05,呈现"231"结构。2005 年文山市全年地区生产总值 43.6923亿元,其中第一产业增加值 7.0886 亿元,第二产业增加值 16.9163 亿元,第三产业增加值 19.6874 亿元;三次产业结构为 16.22:38.72:45.06,呈现"321"结构。2007 年文山市全年地区生产总值 62.2099 亿元,其中第一产业增加值 8.1995 亿元,第二产业增加值 27.4638 亿元,第三产业增加值 26.5466 亿元;三次产业结构为 13.18:44.15:42.67,呈现"231"结构。2015 年文山市全年地区生产总值 189.49 亿元,其中第一产业增加值 16.91 亿元,第二产业增加值 86.66 亿元,第三产业增加值 85.92 亿元;三次产业结构为 8.92:45.73:45.34,呈现"231"结构。2016 年文山市全年地区生产总值 207.97 亿元,其中第一产业增加值 17.71 亿元,第二产业增加值 93.79 亿元,第三产业增加值 96.47 亿元,三次产业结构为 8.52:45.1:46.39,呈现"321"结构。TY 值 0.557 增加到 5.3715。

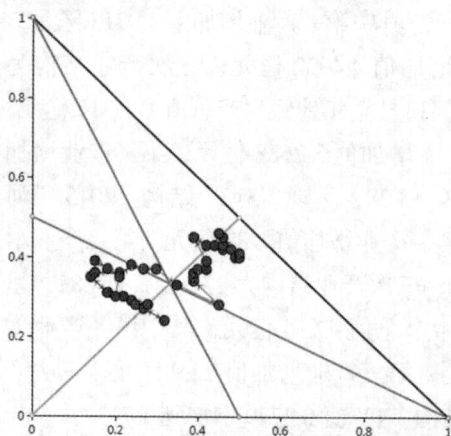

图4-102　文山市1978-2016年三次产业结构变迁图

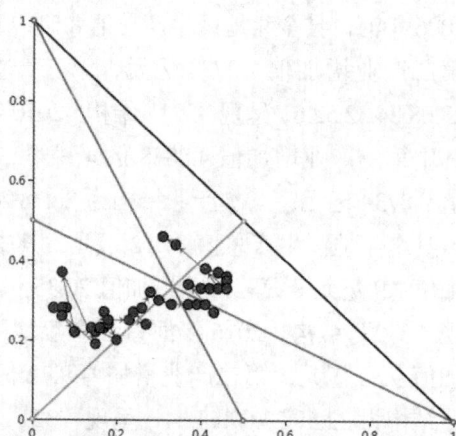

图4-103　砚山县1978-2016年三次产业结构变迁图

1978 年砚山县全年地区生产总值 0.2459 亿元,其中第一产业增加值 0.1672亿元,第二产业增加值 0.0244 亿元,第三产业增加值 0.0543 亿元;三次产业结构为 68:9.92:22.08,呈现"132"结构。2000 年砚山县全年地区生产总值 8.0099

亿元，其中第一产业增加值 3.0791 亿元，第二产业增加值 2.6401 亿元，第三产业增加值 2.2907 亿元；三次产业结构为 38.44:32.96:28.6，呈现"123"结构。2001 年砚山县全年地区生产总值 9.1706 亿元，其中第一产业增加值 3.1653 亿元，第二产业增加值 3.3839 亿元，第三产业增加值 2.6214 亿元；三次产业结构为 34.52:36.9:28.58，呈现"213"结构。2005 年砚山县全年地区生产总值 21.9613 亿元，其中第一产业增加值 6.4164 亿元，第二产业增加值 8.1198 亿元，第三产业增加值 7.4251 亿元；三次产业结构为 29.22:36.97:33.81，呈现"231"结构。2014 年砚山县全年地区生产总值 93.15 亿元，其中第一产业增加值 20.82 亿元，第二产业增加值 31.3 亿元，第三产业增加值 41.03 亿元；三次产业结构为 22.35:33.6:44.05，呈现"321"结构。2016 年砚山县全年地区生产总值 110.85 亿元，其中第一产业增加值 24.49 亿元，第二产业增加值 35.36 亿元，第三产业增加值 51 亿元，三次产业结构为 22.09:31.9:46.01，呈现"321"结构。TY 值 0.2353 增加到 1.7632。

1978 年西畴县全年地区生产总值 0.2467 亿元，其中第一产业增加值 0.1749 亿元，第二产业增加值 0.0085 亿元，第三产业增加值 0.0633 亿元；三次产业结构为 70.9:3.45:25.66，呈现"132"结构。2005 年西畴县全年地区生产总值 7.314 亿元，其中第一产业增加值 3.0767 亿元，第二产业增加值 0.8526 亿元，第三产业增加值 3.3847 亿元；三次产业结构为 42.07:11.66:46.28，呈现"312"结构。2016 年西畴县全年地区生产总值 33.69 亿元，其中第一产业增加值 9.69 亿元，第二产业增加值 8.22 亿元，第三产业增加值 15.78 亿元，三次产业结构为 28.76:24.4:46.84，呈现"312"结构。TY 值 0.2053 增加到 1.2384。

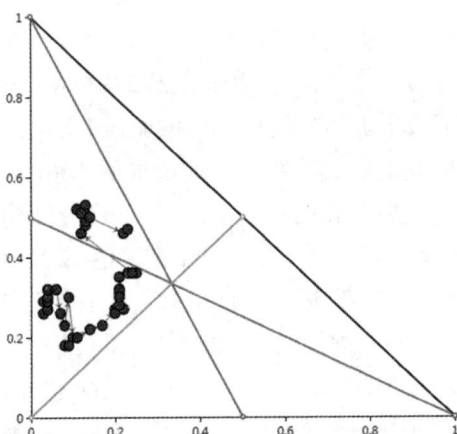

图4-104　西畴县1978-2016年三次产业结构变迁图

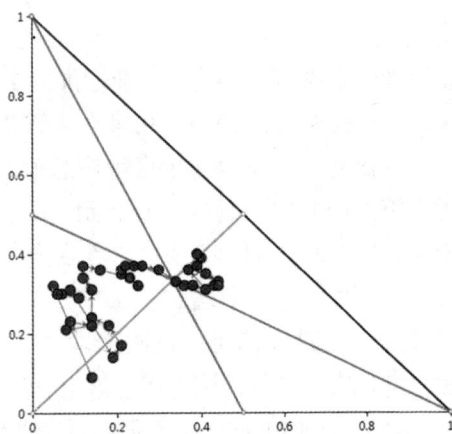

图4-105　麻栗坡县1978-2016年三次产业结构变迁图

1978年麻栗坡县全年地区生产总值0.345亿元，其中第一产业增加值0.265亿元，第二产业增加值0.0475亿元，第三产业增加值0.0325亿元；三次产业结构为76.81:13.77:9.42，呈现"123"结构。1979年麻栗坡县全年地区生产总值0.3461亿元，其中第一产业增加值0.2181亿元，第二产业增加值0.0176亿元，第三产业增加值0.1104亿元；三次产业结构为63.02:5.09:31.9，呈现"132"结构。1985年麻栗坡县全年地区生产总值0.9053亿元，其中第一产业增加值0.608亿元，第二产业增加值0.1699亿元，第三产业增加值0.1274亿元；三次产业结构为67.16:18.77:14.07，呈现"123"结构。1987年麻栗坡县全年地区生产总值0.9395亿元，其中第一产业增加值0.5686亿元，第二产业增加值0.1668亿元，第三产业增加值0.2041亿元；三次产业结构为60.52:17.75:21.72，呈现"132"结构。1989年麻栗坡县全年地区生产总值1.0271亿元，其中第一产业增加值0.6624亿元，第二产业增加值0.1434亿元，第三产业增加值0.2213亿元；三次产业结构为64.49:13.96:21.55，呈现"132"结构。2003年麻栗坡县全年地区生产总值8.0205亿元，其中第一产业增加值2.9482亿元，第二产业增加值2.1034亿元，第三产业增加值2.9689亿元；三次产业结构为36.76:26.23:37.02，呈现"312"结构。2005年麻栗坡县全年地区生产总值11.5559亿元，其中第一产业增加值3.8721亿元，第二产业增加值3.8984亿元，第三产业增加值3.7854亿元；三次产业结构为33.51:33.74:32.76，呈现"213"结构。2006年麻栗坡县全年地区生产总值13.4007亿元，其中第一产业增加值4.1586亿元，第二产业增加值4.8909亿元，第三产业增加值4.3512亿元；三次产业结构为31.03:36.5:32.47，呈现"231"结构。2015年麻栗坡县全年地区生产总值49.92亿元，其中第一产业增加值10.89亿元，第二产业增加值19.75亿元，第三产业增加值19.28亿元；三次产业结构为21.81:39.56:38.62，呈现"231"结构。2016年麻栗坡县全年地区生产总值53.77亿元，其中第一产业增加值11.2亿元，第二产业增加值21.2亿元，第三产业增加值21.37亿元，三次产业结构为20.83:39.43:39.74，呈现"321"结构。TY值0.1509增加到1.9004。

1978年马关县全年地区生产总值0.605亿元，其中第一产业增加值0.361亿元，第二产业增加值0.0889亿元，第三产业增加值0.1551亿元；三次产业结构为59.67:14.69:25.64，呈现"132"结构。2004年马关县全年地区生产总值12.3231亿元，其中第一产业增加值4.2872亿元，第二产业增加值4.0615亿元，第三产业增加值3.9744亿元；三次产业结构为34.79:32.96:32.25，呈现"123"结构。2005年马关县全年地区生产总值15.2898亿元，其中第一产业增加值5.1769亿元，第二产业增加值4.5066亿元，第三产业增加值5.6063亿元；三次产业结构为33.86:29.47:36.67，呈现"312"结构。2006年马关县全年地区生产总值19.5299亿元，其中第一产业增加值5.4772亿元，第二产业增加值7.7886亿元，第三产业增加值

6.2641 亿元；三次产业结构为 28.05:39.88:32.07，呈现"231"结构。2016 年马关县全年地区生产总值 78.61 亿元，其中第一产业增加值 17.92 亿元，第二产业增加值 31.17 亿元，第三产业增加值 29.52 亿元，三次产业结构为 22.8:39.65:37.55，呈现"231"结构。TY 值 0.338 增加到 1.6934。

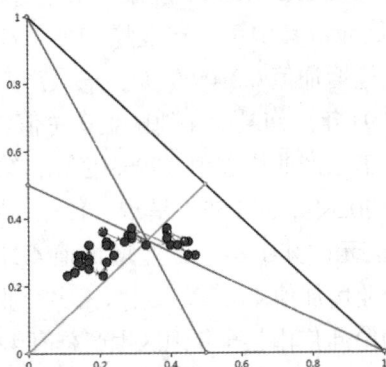

图4-106 关县1978-2016年三次产业 结构变迁图　　图4-107 丘北县1978-2016年三次 产业结构变迁图

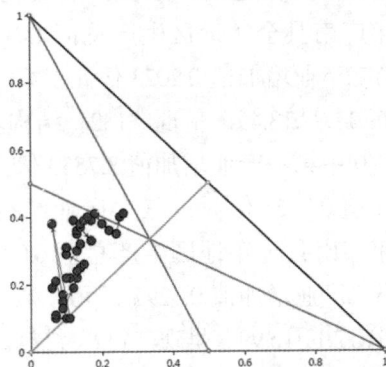

1978 年丘北县全年地区生产总值 0.3854 亿元，其中第一产业增加值 0.2869 亿元，第二产业增加值 0.0246 亿元，第三产业增加值 0.0739 亿元；三次产业结构为 74.44:6.38:19.17，呈现"132"结构。1983 年丘北县全年地区生产总值 0.6438 亿元，其中第一产业增加值 0.5074 亿元，第二产业增加值 0.0707 亿元，第三产业增加值 0.0657 亿元；三次产业结构为 78.81:10.98:10.21，呈现"123"结构。1984 年丘北县全年地区生产总值 0.7822 亿元，其中第一产业增加值 0.4411 亿元，第二产业增加值 0.0476 亿元，第三产业增加值 0.2935 亿元；三次产业结构为 56.39:6.09:37.52，呈现"132"结构。2010 年丘北县全年地区生产总值 26.3953 亿元，其中第一产业增加值 10.7476 亿元，第二产业增加值 4.8374 亿元，第三产业增加值 10.8103 亿元；三次产业结构为 40.72:18.33:40.96，呈现"312"结构。2011 年丘北县全年地区生产总值 32.98 亿元，其中第一产业增加值 13.59 亿元，第二产业增加值 6.74 亿元，第三产业增加值 12.65 亿元；三次产业结构为 41.21:20.44:38.36，呈现"132"结构。2014 年丘北县全年地区生产总值 57.71 亿元，其中第一产业增加值 20.52 亿元，第二产业增加值 14.23 亿元，第三产业增加值 22.96 亿元；三次产业结构为 35.56:24.66:39.79，呈现"312"结构。2016 年丘北县全年地区生产总值 70.1 亿元，其中第一产业增加值 22.01 亿元，第二产业增加值 18.44 亿元，第三产业增加值 29.65 亿元，三次产业结构为 31.4:26.31:42.3，呈现"312"结构。TY 值 0.1717 增加到 1.0925。

  1978 年广南县全年地区生产总值 0.5783 亿元，其中第一产业增加值 0.4476 亿元，第二产业增加值 0.0324 亿元，第三产业增加值 0.0983 亿元；三次产业结构为 77.4:5.6:17，呈现 "132" 结构。1985 年广南县全年地区生产总值 1.6387 亿元，其中第一产业增加值 1.1907 亿元，第二产业增加值 0.2298 亿元，第三产业增加值 0.2182 亿元；三次产业结构为 72.66:14.02:13.32，呈现 "123" 结构。1986 年广南县全年地区生产总值 1.7118 亿元，其中第一产业增加值 1.2786 亿元，第二产业增加值 0.2023 亿元，第三产业增加值 0.2309 亿元；三次产业结构为 74.69:11.82:13.49，呈现 "132" 结构。1994 年广南县全年地区生产总值 5.3278 亿元，其中第一产业增加值 3.7559 亿元，第二产业增加值 0.7968 亿元，第三产业增加值 0.7751 亿元；三次产业结构为 70.5:14.96:14.55，呈现 "123" 结构。1995 年广南县全年地区生产总值 6.0273 亿元，其中第一产业增加值 4.2737 亿元，第二产业增加值 0.7297 亿元，第三产业增加值 1.0239 亿元；三次产业结构为 70.91:12.11:16.99，呈现 "132" 结构。2010 年广南县全年地区生产总值 42.1581 亿元，其中第一产业增加值 16.0085 亿元，第二产业增加值 9.5245 亿元，第三产业增加值 16.6251 亿元；三次产业结构为 37.97:22.59:39.44，呈现 "312" 结构。2012 年广南县全年地区生产总值 63.26 亿元，其中第一产业增加值 24.71 亿元，第二产业增加值 15.6 亿元，第三产业增加值 22.95 亿元；三次产业结构为 39.06:24.66:36.28，呈现 "132" 结构。2014 年广南县全年地区生产总值 82.15 亿元，其中第一产业增加值 28.99 亿元，第二产业增加值 22.78 亿元，第三产业增加值 30.38 亿元；三次产业结构为 35.29:27.73:36.98，呈现 "312" 结构。2016 年广南县全年地区生产总值 99.85 亿元，其中第一产业增加值 31.62 亿元，第二产业增加值 29.95 亿元，第三产业增加值 38.28 亿元，三次产业结构为 31.67:29.99:38.34，呈现 "312" 结构。TY 值 0.146 增加到 1.0789。

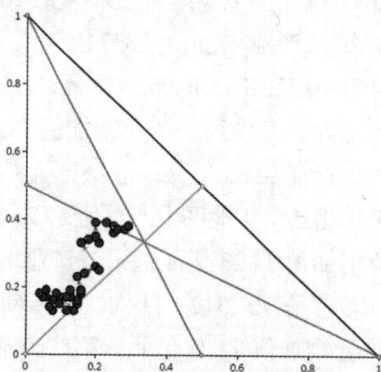

图4-108 广南县1978-2016年三次产业结构变迁图

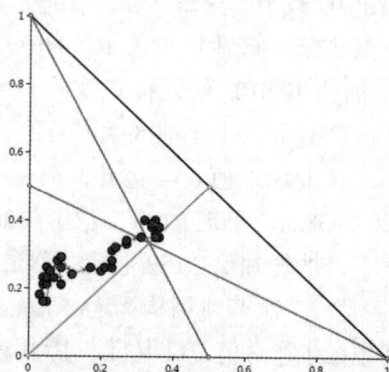

图4-109 富宁县1978-2016年三次产业结构变迁图

1978 年富宁县全年地区生产总值 0.3945 亿元，其中第一产业增加值 0.3104 亿元，第二产业增加值 0.0206 亿元，第三产业增加值 0.0635 亿元；三次产业结构为 78.68:5.22:16.1，呈现 "132" 结构。2005 年富宁县全年地区生产总值 17.045 亿元，其中第一产业增加值 5.8013 亿元，第二产业增加值 5.3148 亿元，第三产业增加值 5.9289 亿元；三次产业结构为 34.04:31.18:34.78，呈现 "312" 结构。2006 年富宁县全年地区生产总值 20.3981 亿元，其中第一产业增加值 6.0293 亿元，第二产业增加值 7.2698 亿元，第三产业增加值 7.099 亿元；三次产业结构为 29.56:35.64:34.8，呈现 "231" 结构。2007 年富宁县全年地区生产总值 23.3501 亿元，其中第一产业增加值 6.6684 亿元，第二产业增加值 8.0902 亿元，第三产业增加值 8.5915 亿元；三次产业结构为 28.56:34.65:36.79，呈现 "321" 结构。2016 年富宁县全年地区生产总值 77.72 亿元，其中第一产业增加值 20.95 亿元，第二产业增加值 25.22 亿元，第三产业增加值 31.55 亿元，三次产业结构为 26.96:32.45:40.59，呈现 "321" 结构。TY 值 0.1355 增加到 1.3549。

（十二）西双版纳州各县市三次产业结构变迁情况

1978 年景洪市全年地区生产总值 0.9021 亿元，其中第一产业增加值 0.4263 亿元，第二产业增加值 0.1559 亿元，第三产业增加值 0.3199 亿元；三次产业结构为 47.26:17.28:35.46，呈现 "132" 结构。1981 年景洪市全年地区生产总值 1.585 亿元，其中第一产业增加值 1.0585 亿元，第二产业增加值 0.2802 亿元，第三产业增加值 0.2463 亿元；三次产业结构为 66.78:17.68:15.54，呈现 "123" 结构。1985 年景洪市全年地区生产总值 2.504 亿元，其中第一产业增加值 1.4979 亿元，第二产业增加值 0.4345 亿元，第三产业增加值 0.5716 亿元；三次产业结构为 59.82:17.35:22.83，呈现 "132" 结构。1997 年景洪市全年地区生产总值 19.9176 亿元，其中第一产业增加值 7.8633 亿元，第二产业增加值 2.9993 亿元，第三产业增加值 9.055 亿元；三次产业结构为 39.48:15.06:45.46，呈现 "312" 结构。2008 年景洪市全年地区生产总值 62.8024 亿元，其中第一产业增加值 16.749 亿元，第二产业增加值 16.9422 亿元，第三产业增加值 29.1112 亿元；三次产业结构为 26.67:26.98:46.35，呈现 "321" 结构。2016 年景洪市全年地区生产总值 192.5 亿元，其中第一产业增加值 34.62 亿元，第二产业增加值 56.76 亿元，第三产业增加值 101.12 亿元，三次产业结构为 17.98:29.49:52.53，呈现 "321" 结构。TY 值 0.5581 增加到 2.2802。

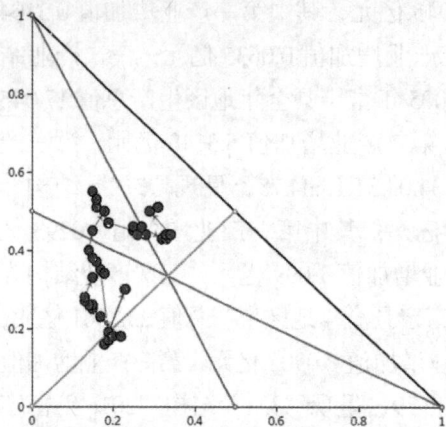 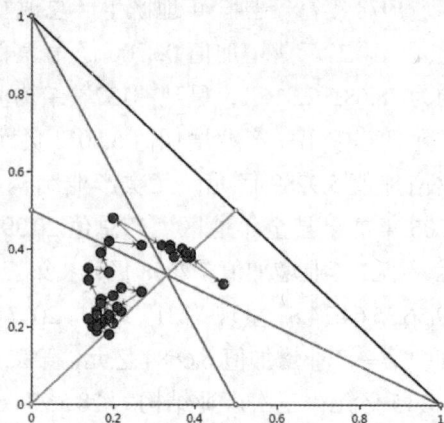

图4-110 景洪市1978-2016年三次产业结 构变迁图

图4-111 勐海县1978-2016年三次产业结 构变迁图

1978年勐海县全年地区生产总值0.5627亿元，其中第一产业增加值0.3561亿元，第二产业增加值0.1074亿元，第三产业增加值0.0992亿元；三次产业结构为63.28:19.09:17.63，呈现"123"结构。1979年勐海县全年地区生产总值0.5253亿元，其中第一产业增加值0.3423亿元，第二产业增加值0.0767亿元，第三产业增加值0.1063亿元；三次产业结构为65.16:14.6:20.24，呈现"132"结构。2003年勐海县全年地区生产总值10.943亿元，其中第一产业增加值4.2378亿元，第二产业增加值2.0697亿元，第三产业增加值4.6355亿元；三次产业结构为38.73:18.91:42.36，呈现"312"结构。2006年勐海县全年地区生产总值18.8854亿元，其中第一产业增加值5.1228亿元，第二产业增加值6.0185亿元，第三产业增加值7.7441亿元；三次产业结构为27.13:31.87:41.01，呈现"321"结构。2007年勐海县全年地区生产总值27.046亿元，其中第一产业增加值6.0419亿元，第二产业增加值12.5958亿元，第三产业增加值8.4083亿元；三次产业结构为22.34:46.57:31.09，呈现"231"结构。2009年勐海县全年地区生产总值34.0038亿元，其中第一产业增加值7.7469亿元，第二产业增加值12.7144亿元，第三产业增加值13.5425亿元；三次产业结构为22.78:37.39:39.83，呈现"321"结构。2011年勐海县全年地区生产总值48.02亿元，其中第一产业增加值11.51亿元，第二产业增加值18.42亿元，第三产业增加值18.09亿元；三次产业结构为23.97:38.36:37.67，呈现"231"结构。2012年勐海县全年地区生产总值58.78亿元，其中第一产业增加值14.78亿元，第二产业增加值19.92亿元，第三产业增加值24.08亿元；三次产业结构为25.14:33.89:40.97，呈现"321"结构。2016年勐海县全年地区生产总值92.53亿元，其中第一产业增加值25.55亿元，第二产业增加值 29.76 亿元，第三产业增加值 37.22 亿元，三次产业结构为 27.61:32.16:40.22，呈现"321"结构。TY 值 0.2901 增加到 1.3108。

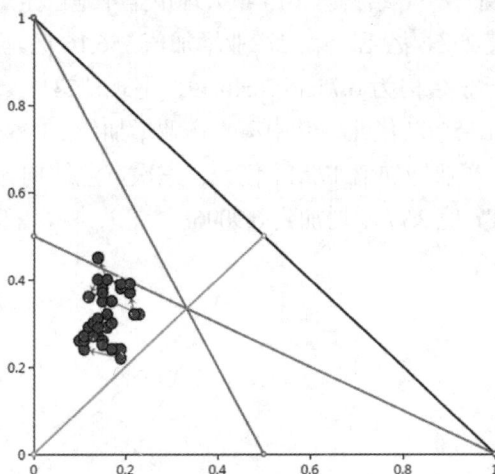

图4-112 勐腊县1978-2016年三次产业结构变迁图

1978 年勐腊县全年地区生产总值 0.3491 亿元，其中第一产业增加值 0.2036 亿元，第二产业增加值 0.0615 亿元，第三产业增加值 0.084 亿元；三次产业结构为 58.32:17.62:24.06，呈现"132"结构。2014 年勐腊县全年地区生产总值 66.9 亿元，其中第一产业增加值 27.91 亿元，第二产业增加值 9.12 亿元，第三产业增加值 29.87 亿元；三次产业结构为 41.72:13.63:44.65，呈现"312"结构。2016 年勐腊县全年地区生产总值 81.51 亿元，其中第一产业增加值 32.05 亿元，第二产业增加值 12.09 亿元，第三产业增加值 37.37 亿元，三次产业结构为 39.32:14.83:45.85，呈现"312"结构。TY 值 0.3573 增加到 0.7716。

（十三）大理州各县市三次产业结构变迁情况

1978 年大理市全年地区生产总值 1.813 亿元，其中第一产业增加值 0.2768 亿元，第二产业增加值 0.8586 亿元，第三产业增加值 0.6776 亿元；三次产业结构为 15.27:47.36:37.37，呈现"231"结构。1982 年大理市全年地区生产总值 2.3028 亿元，其中第一产业增加值 0.5653 亿元，第二产业增加值 1.1848 亿元，第三产业增加值 0.5527 亿元；三次产业结构为 24.55:51.45:24，呈现"213"结构。1983 年大理市全年地区生产总值 2.4161 亿元，其中第一产业增加值 0.585 亿元，第二产业增加值 1.1966 亿元，第三产业增加值 0.6345 亿元；三次产业结构为 24.21:49.53:26.26，呈现"231"结构。2004 年大理市全年地区生产总值 79.8276 亿元，其中第一产业增加值 8.2028 亿元，第二产业增加值 35.4907 亿元，第三产业增加值 36.1341 亿元；三次产业结构为 10.28:44.46:45.27，呈现"321"结构。

2006 年大理市全年地区生产总值 110.351 亿元，其中第一产业增加值 10.16 亿元，第二产业增加值 50.5754 亿元，第三产业增加值 49.6156 亿元；三次产业结构为 9.21:45.83:44.96，呈现"231"结构。2015 年大理市全年地区生产总值 333.98 亿元，其中第一产业增加值 22.56 亿元，第二产业增加值 156.16 亿元，第三产业增加值 155.26 亿元；三次产业结构为 6.75:46.76:46.49，呈现"231"结构。2016 年大理市全年地区生产总值 355.07 亿元，其中第一产业增加值 23.96 亿元，第二产业增加值 159 亿元，第三产业增加值 172.11 亿元，三次产业结构为 6.75:44.78:48.47，呈现"321"结构。TY 值 2.7749 增加到 6.9096。

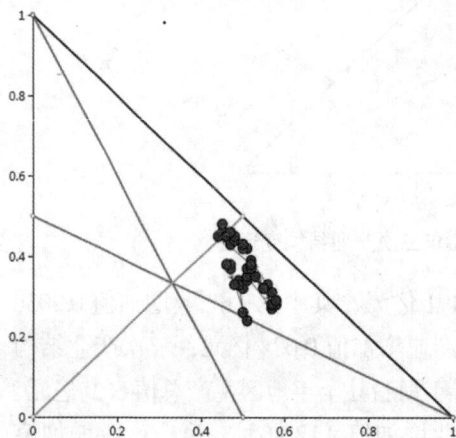

图4-113 大理市1978-2016年三次产业结构变迁图

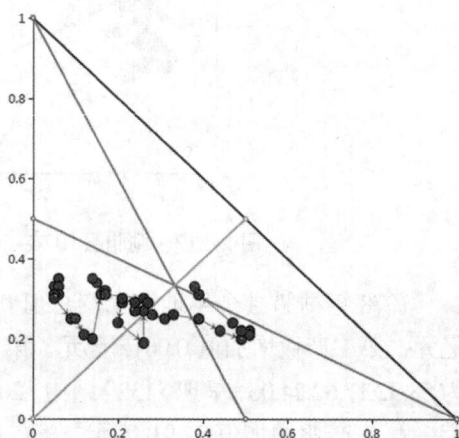

图4-114 漾濞县1978-2016年三次产业结构变迁图

1978 年漾濞县全年地区生产总值 0.1196 亿元，其中第一产业增加值 0.0731 亿元，第二产业增加值 0.0065 亿元，第三产业增加值 0.04 亿元；三次产业结构为 61.12:5.43:33.44，呈现"132"结构。1998 年漾濞县全年地区生产总值 1.5839 亿元，其中第一产业增加值 0.858 亿元，第二产业增加值 0.4195 亿元，第三产业增加值 0.3064 亿元；三次产业结构为 54.17:26.49:19.34，呈现"123"结构。1999 年漾濞县全年地区生产总值 1.9536 亿元，其中第一产业增加值 0.9254 亿元，第二产业增加值 0.5038 亿元，第三产业增加值 0.5244 亿元；三次产业结构为 47.37:25.79:26.84，呈现"132"结构。2003 年漾濞县全年地区生产总值 3.2125 亿元，其中第一产业增加值 1.4682 亿元，第二产业增加值 0.8951 亿元，第三产业增加值 0.8492 亿元；三次产业结构为 45.7:27.86:26.43，呈现"123"结构。2006 年漾濞县全年地区生产总值 5.2922 亿元，其中第一产业增加值 1.951 亿元，第二产业增加值 2.041 亿元，第三产业增加值 1.3002 亿元；三次产业结构为 36.87:38.57:24.57，呈现"213"结构。2014 年漾濞县全年地区生产总值 17.43 亿元,其中第一产业增加值 5.16 亿元,第二产业增加值 6.83 亿元,第三产业增加值 5.44 亿元;三次产业结构为 29.6:39.19:31.21,呈现"231"结构。2016 年漾濞县全年地区生产总值 20.89 亿元,其中第一产业增加值 5.85 亿元,第二产业增加值 7.63 亿元,第三产业增加值 7.41 亿元,三次产业结构为 28:36.52:35.47,呈现"231"结构。TY 值 0.3181 增加到 1.2855。

　　1978 年祥云县全年地区生产总值 0.5385 亿元,其中第一产业增加值 0.3665 亿元,第二产业增加值 0.0646 亿元,第三产业增加值 0.1074 亿元;三次产业结构为 68.06:12:19.94,呈现"132"结构。1995 年祥云县全年地区生产总值 8.203 亿元,其中第一产业增加值 4.4316 亿元,第二产业增加值 1.9798 亿元,第三产业增加值 1.7916 亿元;三次产业结构为 54.02:24.14:21.84,呈现"123"结构。1996 年祥云县全年地区生产总值 10.5122 亿元,其中第一产业增加值 5.611 亿元,第二产业增加值 2.2054 亿元,第三产业增加值 2.6958 亿元;三次产业结构为 53.38:20.98:25.64,呈现"132"结构。2003 年祥云县全年地区生产总值 19.1236 亿元,其中第一产业增加值 7.8669 亿元,第二产业增加值 5.6319 亿元,第三产业增加值 5.6248 亿元;三次产业结构为 41.14:29.45:29.41,呈现"123"结构。2005 年祥云县全年地区生产总值 25.895 亿元,其中第一产业增加值 9.395 亿元,第二产业增加值 9.5157 亿元,第三产业增加值 6.9843 亿元;三次产业结构为 36.28:36.75:26.97,呈现"213"结构。2014 年祥云县全年地区生产总值 107.11 亿元,其中第一产业增加值 29.06 亿元,第二产业增加值 42.95 亿元,第三产业增加值 35.1 亿元;三次产业结构为 27.13:40.1:32.77,呈现"231"结构。2015 年祥云县全年地区生产总值 114.57 亿元,其中第一产业增加值 30.97 亿元,第二产业增加值 43.14 亿元,第三产业增加值 40.46 亿元;三次产业结构为 27.03:37.65:35.31,呈现"231"结构。2016 年祥云县全年地区生产总值 124.99 亿元,其中第一产业增加值 32.88 亿元,第二产业增加值 45.82 亿元,第三产业增加值 46.29 亿元,三次产业结构为 26.31:36.66:37.03,呈现"321"结构。TY 值 0.2347 增加到 1.4007。

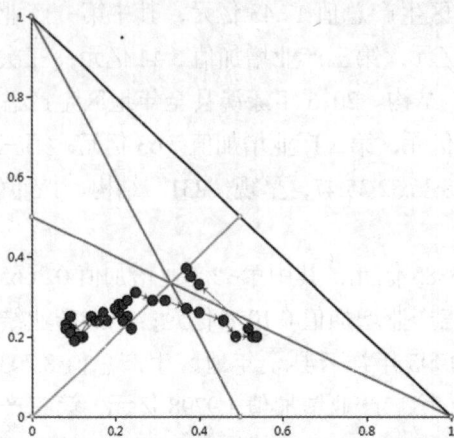 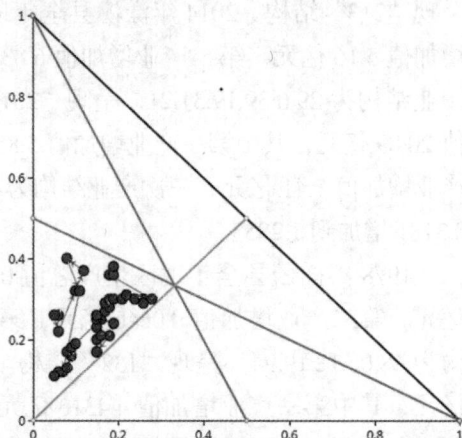

图4-115　祥云县1978-2016年三次产业结　　图4-116　宾川县1978-2016年三次产业结构
构变迁图　　　　　　　　　　　　　　变迁图

　　1978年宾川县全年地区生产总值0.4987亿元，其中第一产业增加值0.3415亿元，第二产业增加值0.0276亿元，第三产业增加值0.1296亿元；三次产业结构为68.48:5.53:25.99，呈现"132"结构。2015年宾川县全年地区生产总值87.02亿元，其中第一产业增加值38.95亿元，第二产业增加值16.45亿元，第三产业增加值31.62亿元；三次产业结构为44.76:18.9:36.34，呈现"132"结构。2016年宾川县全年地区生产总值95.63亿元，其中第一产业增加值41.33亿元，第二产业增加值18.04亿元，第三产业增加值36.26亿元，三次产业结构为43.22:18.86:37.92，呈现"132"结构。宾川县是唯一一个三次产业结构形式没有发生改变的县，一直呈现"132"的结构，但比例上发生了改变，从68.48：5.53：25.99变为43.22:18.86:37.92，第一产业占比明显下降，下降25个百分点，第二、第三产业的占比明显上升，第二产业上升13个百分点，第二产业上升12个百分点。TY值从0.230上升到0.6569。

　　1978年弥渡县全年地区生产总值0.352亿元，其中第一产业增加值0.2469亿元，第二产业增加值0.027亿元，第三产业增加值0.0781亿元；三次产业结构为70.14:7.67:22.19，呈现"132"结构。2004年弥渡县全年地区生产总值9.633亿元，其中第一产业增加值3.7047亿元，第二产业增加值2.2042亿元，第三产业增加值3.7241亿元；三次产业结构为38.46:22.88:38.66，呈现"312"结构。2011年弥渡县全年地区生产总值28.47亿元，其中第一产业增加值8.23亿元，第二产业增加值8.94亿元，第三产业增加值11.3亿元；三次产业结构为28.91:31.4:39.69，呈现"321"结构。2014年弥渡县全年地区生产总值41.01亿元，其中第一产业增加值12.24亿元，第二产业增加值11.22亿元，第三产业增加值17.55亿元；三次产业结构为 29.85:27.36:42.79，呈现 "312" 结构。2016 年弥渡县全年地区生产总值 48.63 亿元，其中第一产业增加值 13.85 亿元，第二产业增加值 13.18 亿元，第三产业增加值 21.6 亿元，三次产业结构为 28.48:27.1:44.42，呈现 "312" 结构。TY 值 0.2128 增加到 1.2556。

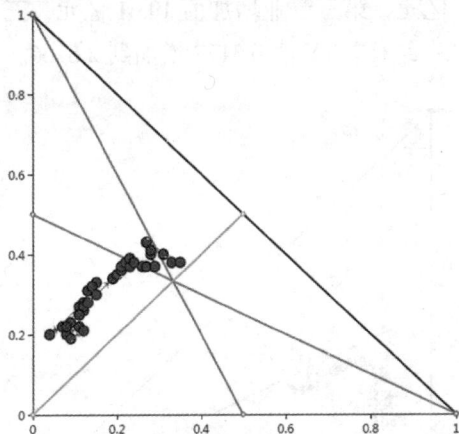

图4-117　弥渡县1978-2016年三次产业结构变迁图

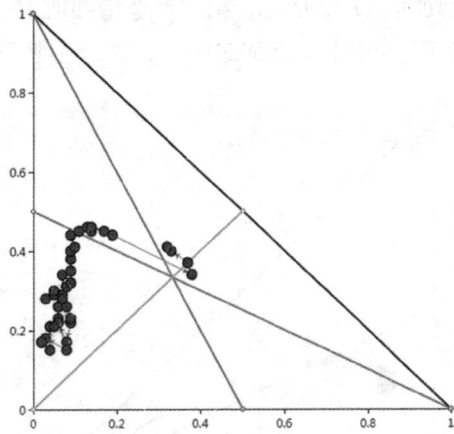

图4-118　南涧县1978-2016年三次产业结构变迁图

1978 年南涧县全年地区生产总值 0.2505 亿元，其中第一产业增加值 0.1778 亿元，第二产业增加值 0.0152 亿元，第三产业增加值 0.0575 亿元；三次产业结构为 70.98:6.07:22.95，呈现 "132" 结构。2005 年南涧县全年地区生产总值 8.274 亿元，其中第一产业增加值 3.687 亿元，第二产业增加值 0.874 亿元，第三产业增加值 3.713 亿元；三次产业结构为 44.56:10.56:44.88，呈现 "312" 结构。2012 年南涧县全年地区生产总值 33.76 亿元，其中第一产业增加值 9.55 亿元，第二产业增加值 12.84 亿元，第三产业增加值 11.37 亿元；三次产业结构为 28.29:38.03:33.68，呈现 "231" 结构。2013 年南涧县全年地区生产总值 37.59 亿元，其中第一产业增加值 10.04 亿元，第二产业增加值 13.74 亿元，第三产业增加值 13.81 亿元；三次产业结构为 26.71:36.55:36.74，呈现 "321" 结构。2016 年南涧县全年地区生产总值 49.2 亿元，其中第一产业增加值 12.66 亿元，第二产业增加值 15.62 亿元，第三产业增加值 20.92 亿元，三次产业结构为 25.73:31.75:42.52，呈现 "321" 结构。TY 值 0.2044 增加到 1.4431。

1978 年巍山县全年地区生产总值 0.5498 亿元，其中第一产业增加值 0.3244 亿元，第二产业增加值 0.0566 亿元，第三产业增加值 0.1688 亿元；三次产业结构为 59:10.29:30.7，呈现 "132" 结构。2013 年巍山县全年地区生产总值 42.8 亿元，其中第一产业增加值 14.23 亿元，第二产业增加值 14.71 亿元，第三产业增加值

13.86 亿元；三次产业结构为 33.25:34.37:32.38，呈现"213"结构。2014 年巍山县全年地区生产总值 44.47 亿元，其中第一产业增加值 15.24 亿元，第二产业增加值 13.83 亿元，第三产业增加值 15.4 亿元；三次产业结构为 34.27:31.1:34.63，呈现"312"结构。2016 年巍山县全年地区生产总值 52.67 亿元，其中第一产业增加值 17.22 亿元，第二产业增加值 15.84 亿元，第三产业增加值 19.61 亿元，三次产业结构为 32.69:30.07:37.23，呈现"312"结构。TY 值 0.3177 增加到 2.6266。

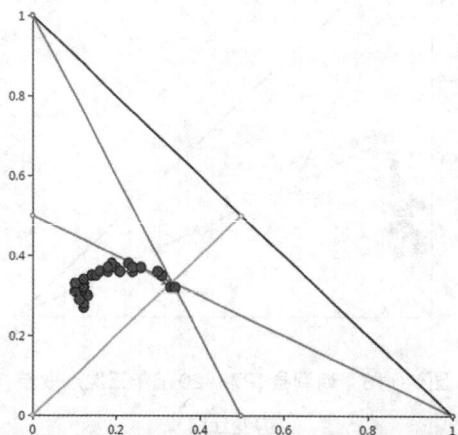

图4-119　巍山县1978-2016年三次产业结构变迁图　　图4-120　永平县1978-2016年三次产业结构变迁图

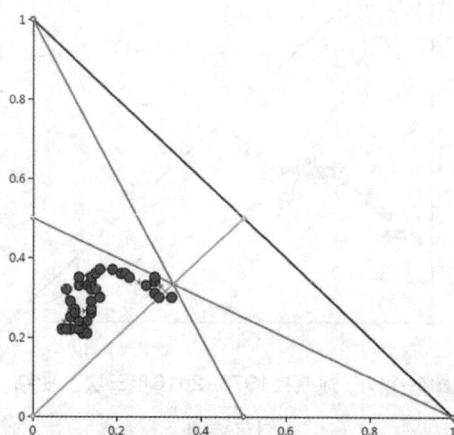

1978 年永平县全年地区生产总值 0.15 亿元，其中第一产业增加值 0.0849 亿元，第二产业增加值 0.016 亿元，第三产业增加值 0.0491 亿元；三次产业结构为 56.6:10.67:32.73，呈现"132"结构。2012 年永平县全年地区生产总值 25.73 亿元，其中第一产业增加值 10.27 亿元，第二产业增加值 7.74 亿元，第三产业增加值 7.72 亿元；三次产业结构为 39.91:30.08:30，呈现"123"结构。2014 年永平县全年地区生产总值 32.36 亿元，其中第一产业增加值 11.98 亿元，第二产业增加值 9.5 亿元，第三产业增加值 10.88 亿元；三次产业结构为 37.02:29.36:33.62，呈现"132"结构。2015 年永平县全年地区生产总值 34.8 亿元，其中第一产业增加值 12.77 亿元，第二产业增加值 9.93 亿元，第三产业增加值 12.1 亿元；三次产业结构为 36.7:28.53:34.77，呈现"132"结构。2016 年永平县全年地区生产总值 37.96 亿元，其中第一产业增加值 13.56 亿元，第二产业增加值 10.7 亿元，第三产业增加值 13.7 亿元；三次产业结构为 35.72:28.19:36.09，呈现"312"结构。TY 值 0.3834 增加到 0.8997。

1978 年云龙县全年地区生产总值 0.2141 亿元，其中第一产业增加值 0.1144 亿元，第二产业增加值 0.0316 亿元，第三产业增加值 0.0681 亿元；三次产业结构为53.43:14.76:31.81，呈现"132"结构。1982年云龙县全年地区生产总值0.3997亿元，其中第一产业增加值0.2042亿元，第二产业增加值0.1046亿元，第三产业增加值0.0909亿元；三次产业结构为51.09:26.17:22.74，呈现"123"结构。1994年云龙县全年地区生产总值1.8314亿元，其中第一产业增加值0.8484亿元，第二产业增加值0.4743亿元，第三产业增加值0.5087亿元；三次产业结构为46.33:25.9:27.78，呈现"132"结构。2007年云龙县全年地区生产总值11.8588亿元，其中第一产业增加值4.4416亿元，第二产业增加值3.8072亿元，第三产业增加值3.61亿元；三次产业结构为37.45:32.1:30.44，呈现"123"结构。2008年云龙县全年地区生产总值14.421亿元，其中第一产业增加值4.997亿元，第二产业增加值5.0974亿元，第三产业增加值4.3266亿元；三次产业结构为34.65:35.35:30，呈现"213"结构。2013年云龙县全年地区生产总值41.94亿元，其中第一产业增加值8.8亿元，第二产业增加值22.42亿元，第三产业增加值10.72亿元；三次产业结构为20.98:53.46:25.56，呈现"231"结构。2016年云龙县全年地区生产总值47.95亿元，其中第一产业增加值7.89亿元，第二产业增加值21.84亿元，第三产业增加值18.22亿元；三次产业结构为16.45:45.55:38.0，呈现"231"结构。TY值0.1973增加到1.1754。

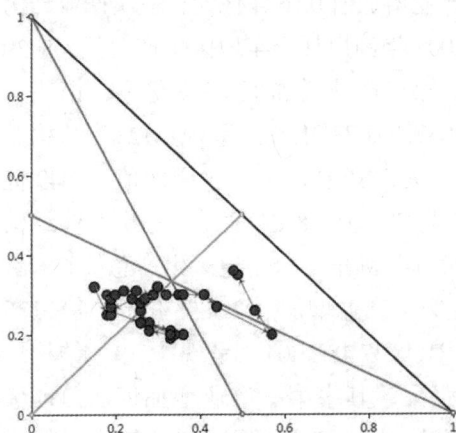

图4-121　云龙县1978-2016年三次产业结构变迁图

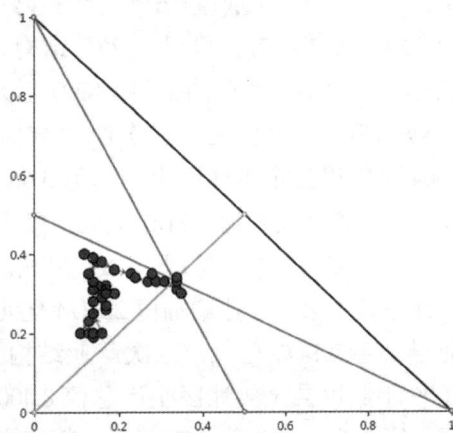

图4-122　洱源县1978-2016年三次产业结构变迁图

1978年洱源县全年地区生产总值0.553亿元，其中第一产业增加值0.314亿元，第二产业增加值0.0958亿元，第三产业增加值0.1432亿元；三次产业结构为56.78:17.32:25.9，呈现"132"结构。2011年洱源县全年地区生产总值31.32亿元，其中第一产业增加值11.07亿元，第二产业增加值10.65亿元，第三产业增加值9.6亿元；三次产业结构为35.34:34:30.65，呈现"123"结构。2013年洱源县全年地区生产总值43.99亿元，其中第一产业增加值15.37亿元，第二产业增加值15.59亿元，第三产业增加值13.03亿元；三次产业结构为34.94:35.44:29.62，呈现"213"结构。2014年洱源县全年地区生产总值50.09亿元，其中第一产业增加值16.46亿元，第二产业增加值17.06亿元，第三产业增加值16.57亿元；三次产业结构为32.86:34.06:33.08，呈现"231"结构。2015年洱源县全年地区生产总值54.08亿元，其中第一产业增加值17.5亿元，第二产业增加值18.29亿元，第三产业增加值18.29亿元；三次产业结构为32.36:33.82:33.82，呈现"321"结构。2016年洱源县全年地区生产总值59.27亿元，其中第一产业增加值18.57亿元，第二产业增加值19.88亿元，第三产业增加值20.82亿元；三次产业结构为31.33:33.54:35.13，呈现"321"结构。TY值0.3806增加到1.0959。

1978年剑川县全年地区生产总值0.1547亿元，其中第一产业增加值0.1015亿元，第二产业增加值0.0196亿元，第三产业增加值0.0336亿元；三次产业结构为65.61:12.67:21.72，呈现"132"结构。1996年剑川县全年地区生产总值2.4688亿元，其中第一产业增加值1.3318亿元，第二产业增加值0.5728亿元，第三产业增加值0.5642亿元；三次产业结构为53.95:23.2:22.85，呈现"123"结构。1997年剑川县全年地区生产总值2.7717亿元，其中第一产业增加值1.3893亿元，第二产业增加值0.614亿元，第三产业增加值0.7684亿元；三次产业结构为50.12:22.15:27.72，呈现"132"结构。2003年剑川县全年地区生产总值4.8739亿元，其中第一产业增加值1.8227亿元，第二产业增加值1.527亿元，第三产业增加值1.5242亿元；三次产业结构为37.4:31.33:31.27，呈现"123"结构。2004年剑川县全年地区生产总值5.6697亿元，其中第一产业增加值2.0649亿元，第二产业增加值1.7127亿元，第三产业增加值1.8921亿元；三次产业结构为36.42:30.21:33.37，呈现"132"结构。2005年剑川县全年地区生产总值6.8987亿元，其中第一产业增加值2.1714亿元，第二产业增加值2.5856亿元，第三产业增加值2.1417亿元；三次产业结构为31.48:37.48:31.04，呈现"213"结构。2006年剑川县全年地区生产总值8.4008亿元，其中第一产业增加值2.3064亿元，第二产业增加值3.76亿元，第三产业增加值2.3344亿元；三次产业结构为27.45:44.76:27.79，呈现"231"结构。2016年剑川县全年地区生产总值27.94亿元，其中第一产业增加值5.96亿元，第二产业增加值12.16亿元，第三产业增加值9.82亿元；三次产业结构为21.33:43.52:35.15，呈现"231"结构。TY值0.2621增加到1.844。

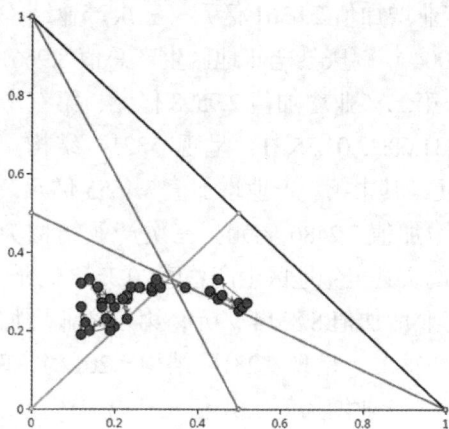

图4-123 剑川县1978-2016年三次产业结 构变迁图

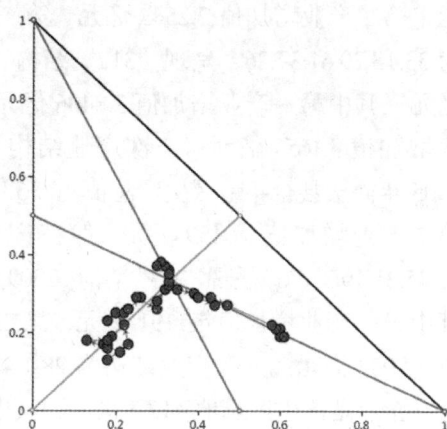

图4-124 鹤庆县1978-2016年三次产业结 构变迁图

1978年鹤庆县全年地区生产总值0.3529亿元，其中第一产业增加值0.2241亿元，第二产业增加值0.0747亿元，第三产业增加值0.0541亿元；三次产业结构为63.5:21.17:15.33，呈现"123"结构。1979年鹤庆县全年地区生产总值0.3773亿元，其中第一产业增加值0.2473亿元，第二产业增加值0.0641亿元，第三产业增加值0.0659亿元；三次产业结构为65.54:16.99:17.47，呈现"132"结构。1980年鹤庆县全年地区生产总值0.4082亿元，其中第一产业增加值0.2561亿元，第二产业增加值0.0764亿元，第三产业增加值0.0757亿元；三次产业结构为62.74:18.72:18.54，呈现"123"结构。1983年鹤庆县全年地区生产总值0.5869亿元，其中第一产业增加值0.4055亿元，第二产业增加值0.0782亿元，第三产业增加值0.1032亿元；三次产业结构为69.09:13.32:17.58，呈现"132"结构。1984年鹤庆县全年地区生产总值0.6936亿元，其中第一产业增加值0.4458亿元，第二产业增加值0.1252亿元，第三产业增加值0.1226亿元；三次产业结构为64.27:18.05:17.68，呈现"123"结构。1988年鹤庆县全年地区生产总值1.3811亿元，其中第一产业增加值0.7538亿元，第二产业增加值0.2828亿元，第三产业增加值0.3445亿元；三次产业结构为54.58:20.48:24.94，呈现"132"结构。1995年鹤庆县全年地区生产总值3.41亿元，其中第一产业增加值1.493亿元，第二产业增加值1.0206亿元，第三产业增加值0.8964亿元；三次产业结构为43.78:29.93:26.29，呈现"123"结构。1999年鹤庆县全年地区生产总值5.6178亿元，其中第一产业增加值1.8553亿元，第二产业增加值1.881亿元，第三产业增加值1.8815亿元；三次产业结构为33.03:33.48:33.49，呈现"321"结构。2003年鹤庆县全年地区生产总值7.6119亿元，其中第一产业增加值2.5216亿元，第二产业增加值 2.2542 亿元，第三产业增加值 2.8361 亿元；三次产业结构为 33.13:29.61:37.26，呈现"312"结构。2004 年鹤庆县全年地区生产总值 8.9661 亿元，其中第一产业增加值 2.8406 亿元，第二产业增加值 2.9598 亿元，第三产业增加值 3.1657 亿元；三次产业结构为 31.68:33.01:35.31，呈现"321"结构。2005 年鹤庆县全年地区生产总值 10.36 亿元，其中第一产业增加值 3.4655 亿元，第二产业增加值 3.6459 亿元，第三产业增加值 3.2486 亿元；三次产业结构为 33.45:35.19:31.36，呈现"213"结构。2009 年鹤庆县全年地区生产总值 20.3538 亿元，其中第一产业增加值 5.7191 亿元，第二产业增加值 8.8314 亿元，第三产业增加值 5.8033 亿元；三次产业结构为 28.1:43.39:28.51，呈现"231"结构。2012 年鹤庆县全年地区生产总值 41.65 亿元，其中第一产业增加值 8.61 亿元，第二产业增加值 25.04 亿元，第三产业增加值 8 亿元；三次产业结构为 20.67:60.12:19.21，呈现"213"结构。2014 年鹤庆县全年地区生产总值 51.84 亿元，其中第一产业增加值 10.28 亿元，第二产业增加值 30.67 亿元，第三产业增加值 10.89 亿元；三次产业结构为 19.83:59.16:21.01，呈现"231"结构。2016 年鹤庆县全年地区生产总值 59.92 亿元，其中第一产业增加值 11.59 亿元，第二产业增加值 34.2 亿元，第三产业增加值 14.13 亿元；三次产业结构为 19.34:57.08:23.58，呈现"231"结构。TY 值 0.2874 增加到 2.085。

（十四）德宏州各县市三次产业结构变迁情况

1978 年瑞丽市全年地区生产总值 0.225 亿元，其中第一产业增加值 0.1079 亿元，第二产业增加值 0.0517 亿元，第三产业增加值 0.0654 亿元；三次产业结构为 47.96:22.98:29.07，呈现"132"结构。1987 年瑞丽市全年地区生产总值 0.9954 亿元，其中第一产业增加值 0.4087 亿元，第二产业增加值 0.1335 亿元，第三产业增加值 0.4532 亿元；三次产业结构为 41.06:13.41:45.53，呈现"312"结构。1993 年瑞丽市全年地区生产总值 3.535 亿元，其中第一产业增加值 0.7697 亿元，第二产业增加值 1.0955 亿元，第三产业增加值 1.6698 亿元；三次产业结构为 21.77:30.99:47.24，呈现"321"结构。1994 年瑞丽市全年地区生产总值 4.6741 亿元，其中第一产业增加值 1.0937 亿元，第二产业增加值 1.0108 亿元，第三产业增加值 2.5696 亿元；三次产业结构为 23.4:21.63:54.98，呈现"312"结构。2007 年瑞丽市全年地区生产总值 18.6579 亿元，其中第一产业增加值 3.9277 亿元，第二产业增加值 4.5271 亿元，第三产业增加值 10.2031 亿元；三次产业结构为 21.05:24.26:54.69，呈现"321"结构。2016 年瑞丽市全年地区生产总值 86.09 亿元，其中第一产业增加值 6.56 亿元，第二产业增加值 19.98 亿元，第三产业增加值 59.55 亿元；三次产业结构为 7.62:23.21:69.17，呈现"321"结构。TY 值 0.5426 增加到 6.0617。

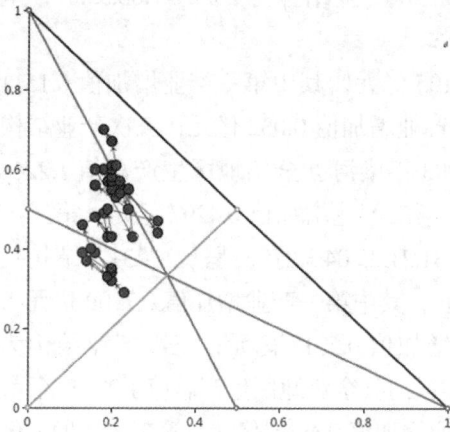

图4-125 瑞丽市1978-2016年三次产业结构变迁图

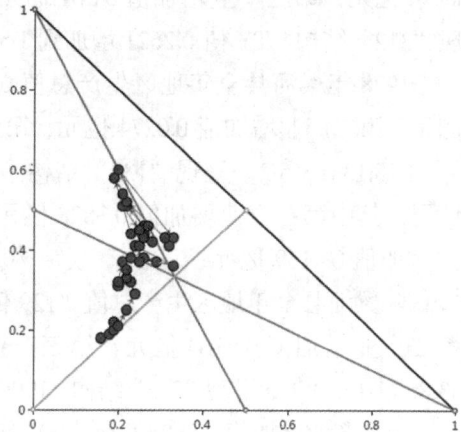

图4-126 芒市1978-2016年三次产业结构变迁图

1978年芒市全年地区生产总值0.4856亿元，其中第一产业增加值0.3186亿元，第二产业增加值0.0793亿元，第三产业增加值0.0877亿元；三次产业结构为65.61:16.33:18.06，呈现"132"结构。1992年芒市全年地区生产总值4.3441亿元，其中第一产业增加值1.5153亿元，第二产业增加值1.0616亿元，第三产业增加值1.7672亿元；三次产业结构为34.88:24.44:40.68，呈现"312"结构。1993年芒市全年地区生产总值6.2986亿元，其中第一产业增加值1.9837亿元，第二产业增加值2.0555亿元，第三产业增加值2.2594亿元；三次产业结构为31.49:32.63:35.87，呈现"321"结构。1994年芒市全年地区生产总值7.6985亿元，其中第一产业增加值2.7392亿元，第二产业增加值1.9968亿元，第三产业增加值2.9625亿元；三次产业结构为35.58:25.94:38.48，呈现"312"结构。1996年芒市全年地区生产总值10.7054亿元，其中第一产业增加值4.1509亿元，第二产业增加值2.5044亿元，第三产业增加值4.0501亿元；三次产业结构为38.77:23.39:37.83，呈现"132"结构。1998年芒市全年地区生产总值13.0827亿元，其中第一产业增加值4.5061亿元，第二产业增加值3.2645亿元，第三产业增加值5.3121亿元；三次产业结构为34.44:24.95:40.6，呈现"312"结构。2010年芒市全年地区生产总值44.2977亿元，其中第一产业增加值11.0071亿元，第二产业增加值13.8122亿元，第三产业增加值19.4784亿元；三次产业结构为24.85:31.18:43.97，呈现"321"结构。2014年芒市全年地区生产总值77.97亿元，其中第一产业增加值20.28亿元，第二产业增加值16.99亿元，第三产业增加值40.7亿元；三次产业结构为26.01:21.79:52.2，呈现"312"结构。2016年芒市全年地区生产总值93.72亿元，其中第一产业增加值22.35亿元，第二产业增加值

19.76 亿元，第三产业增加值 51.61 亿元；三次产业结构为 23.85:21.08:55.07，呈现"312"结构。TY 值 0.2621 增加到 1.5966。

1978 年梁河县全年地区生产总值 0.2105 亿元，其中第一产业增加值 0.1511 亿元，第二产业增加值 0.0274 亿元，第三产业增加值 0.032 亿元；三次产业结构为 71.78:13.02:15.2，呈现"132"结构。1993 年梁河县全年地区生产总值 1.2264 亿元，其中第一产业增加值 0.3828 亿元，第二产业增加值 0.4297 亿元，第三产业增加值 0.4139 亿元；三次产业结构为 31.21:35.04:33.75，呈现"231"结构。1995 年梁河县全年地区生产总值 2.129 亿元，其中第一产业增加值 0.7209 亿元，第二产业增加值 0.8764 亿元，第三产业增加值 0.5317 亿元；三次产业结构为 33.86:41.16:24.97，呈现"213"结构。1996 年梁河县全年地区生产总值 1.9705 亿元，其中第一产业增加值 0.8684 亿元，第二产业增加值 0.4695 亿元，第三产业增加值 0.6326 亿元；三次产业结构为 44.07:23.83:32.1，呈现"132"结构。2001 年梁河县全年地区生产总值 3.047 亿元，其中第一产业增加值 0.9929 亿元，第二产业增加值 0.887 亿元，第三产业增加值 1.1671 亿元；三次产业结构为 32.59:29.11:38.3，呈现"312"结构。2008 年梁河县全年地区生产总值 7.3941 亿元，其中第一产业增加值 1.974 亿元，第二产业增加值 2.0435 亿元，第三产业增加值 3.3766 亿元；三次产业结构为 26.7:27.64:45.67，呈现"321"结构。2009 年梁河县全年地区生产总值 9.023 亿元，其中第一产业增加值 2.7255 亿元，第二产业增加值 2.7166 亿元，第三产业增加值 3.5809 亿元；三次产业结构为 30.21:30.11:39.69，呈现"312"结构。2011 年梁河县全年地区生产总值 12.05 亿元，其中第一产业增加值 3.65 亿元，第二产业增加值 3.74 亿元，第三产业增加值 4.66 亿元；三次产业结构为 30.29:31.04:38.67，呈现"321"结构。2012 年梁河县全年地区生产总值 14.05 亿元，其中第一产业增加值 4.75 亿元，第二产业增加值 3.86 亿元，第三产业增加值 5.44 亿元；三次产业结构为 33.81:27.47:38.72，呈现"312"结构。2015 年梁河县全年地区生产总值 18.67 亿元，其中第一产业增加值 6.14 亿元，第二产业增加值 3.61 亿元，第三产业增加值 8.92 亿元；三次产业结构为 32.89:19.34:47.78，呈现"312"结构。2016 年梁河县全年地区生产总值 19.92 亿元，其中第一产业增加值 6.56 亿元，第二产业增加值 3.32 亿元，第三产业增加值 10.04 亿元；三次产业结构为 32.93:16.67:50.40，呈现"312"结构。TY 值 0.1966 增加到 1.0183。

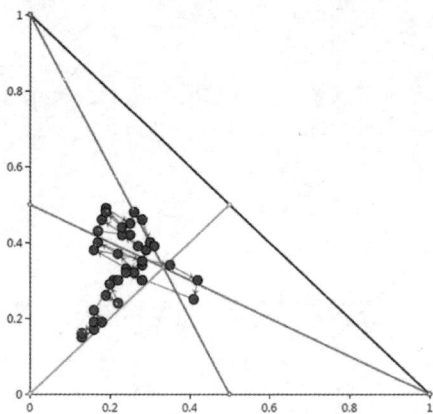

图4-127　梁河县1978-2016年三次产业结构变迁图

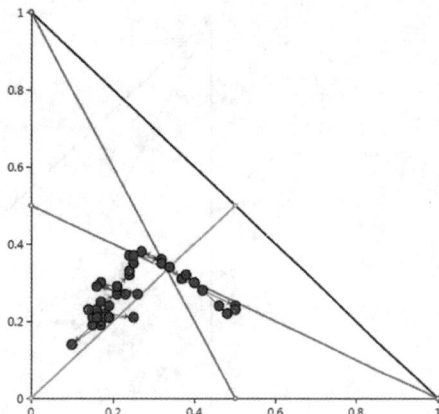

图4-128　盈江县1978-2016年三次产业结构变迁图

　　1978年盈江县全年地区生产总值0.3571亿元，其中第一产业增加值0.2377亿元，第二产业增加值0.0527亿元，第三产业增加值0.0667亿元；三次产业结构为66.56:14.76:18.68，呈现"132"结构。1979年盈江县全年地区生产总值0.3595亿元，其中第一产业增加值0.27亿元，第二产业增加值0.0375亿元，第三产业增加值0.052亿元；三次产业结构为75.1:10.43:14.46，呈现"132"结构。1984年盈江县全年地区生产总值0.6504亿元，其中第一产业增加值0.3497亿元，第二产业增加值0.1641亿元，第三产业增加值0.1366亿元；三次产业结构为53.77:25.23:21，呈现"123"结构。1985年盈江县全年地区生产总值0.8085亿元，其中第一产业增加值0.4872亿元，第二产业增加值0.1488亿元，第三产业增加值0.1725亿元；三次产业结构为60.26:18.4:21.34，呈现"132"结构。2004年盈江县全年地区生产总值11.0239亿元，其中第一产业增加值3.6087亿元，第二产业增加值3.4732亿元，第三产业增加值3.942亿元；三次产业结构为32.74:31.51:35.76，呈现"312"结构。2007年盈江县全年地区生产总值19.9062亿元，其中第一产业增加值6.329亿元，第二产业增加值6.8532亿元，第三产业增加值6.724亿元；三次产业结构为31.79:34.43:33.78，呈现"231"结构。2008年盈江县全年地区生产总值24.7213亿元，其中第一产业增加值7.8351亿元，第二产业增加值9.1363亿元，第三产业增加值7.7499亿元；三次产业结构为31.69:36.96:31.35，呈现"213"结构。2016年盈江县全年地区生产总值78.46亿元，其中第一产业增加值23.99亿元，第二产业增加值28.44亿元，第三产业增加值26.03亿元；三次产业结构为30.58:36.25:33.18，呈现"231"结构。TY值0.2512增加到1.1353。

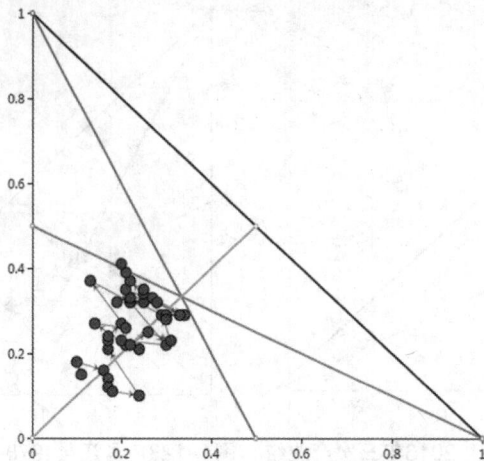

图4-129　陇川县1978-2016年三次产业结构变迁图

1978年陇川县全年地区生产总值0.197亿元，其中第一产业增加值0.1461亿元，第二产业增加值0.0214亿元，第三产业增加值0.0295亿元；三次产业结构为74.16:10.86:14.97，呈现"132"结构。1981年陇川县全年地区生产总值0.3568亿元，其中第一产业增加值0.248亿元，第二产业增加值0.0596亿元，第三产业增加值0.0492亿元；三次产业结构为69.51:16.7:13.79，呈现"123"结构。1985年陇川县全年地区生产总值0.7837亿元，其中第一产业增加值0.4859亿元，第二产业增加值0.1321亿元，第三产业增加值0.1657亿元；三次产业结构为62:16.86:21.14，呈现"132"结构。1995年陇川县全年地区生产总值3.724亿元，其中第一产业增加值1.7645亿元，第二产业增加值1.1229亿元，第三产业增加值0.8366亿元；三次产业结构为47.38:30.15:22.47，呈现"123"结构。1996年陇川县全年地区生产总值4.1218亿元，其中第一产业增加值2.3848亿元，第二产业增加值0.806亿元，第三产业增加值0.931亿元；三次产业结构为57.86:19.55:22.59，呈现"132"结构。1997年陇川县全年地区生产总值4.6886亿元，其中第一产业增加值2.6亿元，第二产业增加值1.1235亿元，第三产业增加值0.9651亿元；三次产业结构为55.45:23.96:20.58，呈现"123"结构。1998年陇川县全年地区生产总值4.6367亿元，其中第一产业增加值2.6247亿元，第二产业增加值0.9973亿元，第三产业增加值1.0147亿元；三次产业结构为56.61:21.51:21.88，呈现"132"结构。1999年陇川县全年地区生产总值4.4365亿元，其中第一产业增加值2.1839亿元，第二产业增加值1.1429亿元，第三产业增加值1.1097亿元；三次产业结构为49.23:25.76:25.01，呈现"123"结构。2001年陇川县全年地区生产总值5.2741亿元，其中第一产业增加值2.2159亿元，第二产业增加值1.5037

亿元，第三产业增加值 1.5545 亿元；三次产业结构为 42.01:28.51:29.47，呈现"132"结构。2006 年陇川县全年地区生产总值 11.044 亿元，其中第一产业增加值 4.0753 亿元，第二产业增加值 3.7327 亿元，第三产业增加值 3.236 亿元；三次产业结构为 36.9:33.8:29.3，呈现"123"结构。2007 年陇川县全年地区生产总值 11.6279 亿元，其中第一产业增加值 4.5516 亿元，第二产业增加值 3.1862 亿元，第三产业增加值 3.8901 亿元；三次产业结构为 39.14:27.4:33.45，呈现"132"结构。2011 年陇川县全年地区生产总值 22.35 亿元，其中第一产业增加值 8.49 亿元，第二产业增加值 7.31 亿元，第三产业增加值 6.55 亿元；三次产业结构为 37.99:32.71:29.31，呈现"123"结构。2014 年陇川县全年地区生产总值 34.08 亿元，其中第一产业增加值 13.79 亿元，第二产业增加值 7.64 亿元，第三产业增加值 12.65 亿元；三次产业结构为 40.46:22.42:37.12，呈现"132"结构。2015 年陇川县全年地区生产总值 36.79 亿元，其中第一产业增加值 14.44 亿元，第二产业增加值 7.86 亿元，第三产业增加值 14.49 亿元；三次产业结构为 39.25:21.36:39.39，呈现"312"结构。2016 年陇川县全年地区生产总值 39.74 亿元，其中第一产业增加值 15.37 亿元，第二产业增加值 7.96 亿元，第三产业增加值 16.41 亿元；三次产业结构为 38.68:20.03:41.29，呈现"312"结构。TY 值 0.1742 增加到 0.7928。

（十五）怒江州各县市三次产业结构变迁情况

1978 年泸水县全年地区生产总值 0.1003 亿元，其中第一产业增加值 0.0607 亿元，第二产业增加值 0.0195 亿元，第三产业增加值 0.0201 亿元；三次产业结构为 60.52:19.44:20.04，呈现"132"结构。1995 年泸水县全年地区生产总值 2.1867 亿元，其中第一产业增加值 0.8227 亿元，第二产业增加值 0.348 亿元，第三产业增加值 1.016 亿元；三次产业结构为 37.62:15.91:46.46，呈现"312"结构。2002 年泸水县全年地区生产总值 5.0524 亿元，其中第一产业增加值 1.0377 亿元，第二产业增加值 1.627 亿元，第三产业增加值 2.3877 亿元；三次产业结构为 20.54:32.2:47.26，呈现"321"结构。2016 年泸水县全年地区生产总值 46.88 亿元，其中第一产业增加值 6.98 亿元，第二产业增加值 16.49 亿元，第三产业增加值 23.41 亿元；三次产业结构为 14.89:35.17:49.94，呈现"321"结构。TY 值 0.3262 增加到 2.8582。

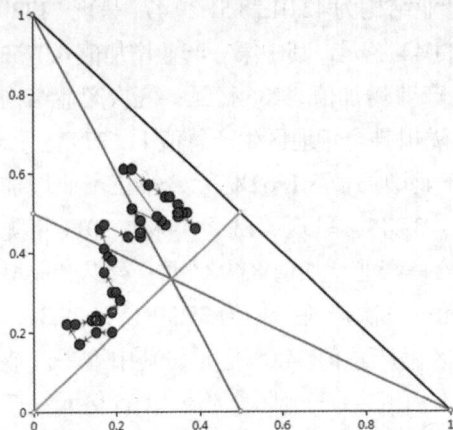

图4-130 泸水县1978-2016年三次产业结
构变迁图

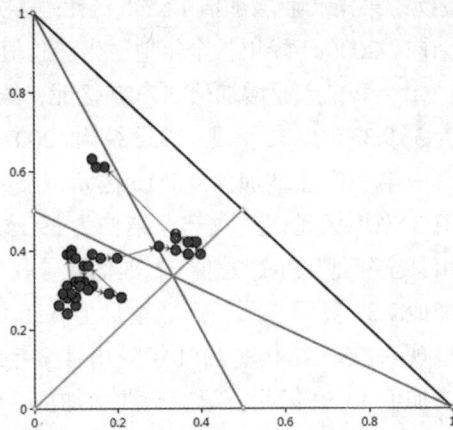

图4-131 福贡县1978-2016年三次产业结
构变迁图

1978年福贡县全年地区生产总值0.0429亿元，其中第一产业增加值0.0276
亿元，第二产业增加值0.0035亿元，第三产业增加值0.0118亿元；三次产业结
构为64.34:8.16:27.51，呈现"132"结构。2005年福贡县全年地区生产总值2.8805
亿元，其中第一产业增加值0.8325亿元，第二产业增加值0.8651亿元，第三产
业增加值1.1829亿元；三次产业结构为28.9:30.03:41.07，呈现"321"结构。
2008年福贡县全年地区生产总值4.3497亿元，其中第一产业增加值0.9226亿
元，第二产业增加值1.7411亿元，第三产业增加值1.686亿元；三次产业结构为
21.21:40.03:38.76，呈现"231"结构。2009年福贡县全年地区生产总值4.768亿元，
其中第一产业增加值0.9642亿元，第二产业增加值1.8163亿元，第三产业增加
值1.9875亿元；三次产业结构为20.22:38.09:41.68，呈现"321"结构。2014年福
贡县全年地区生产总值10.32亿元，其中第一产业增加值2.3亿元，第二产业增
加值1.72亿元，第三产业增加值6.3亿元；三次产业结构为22.29:16.67:61.05，呈
现"312"结构。2016年福贡县全年地区生产总值13.07亿元，其中第一产业增
加值3.06亿元，第二产业增加值1.83亿元，第三产业增加值8.18亿元；三次产
业结构为23.41:14.00:62.59，呈现"312"结构。TY值0.2772增加到1.6356。

1978年贡山县全年地区生产总值0.0343亿元，其中第一产业增加值0.0224
亿元，第二产业增加值0.004亿元，第三产业增加值0.0079亿元；三次产业结构
为65.31:11.66:23.03，呈现"132"结构。1998年贡山县全年地区生产总值0.9725
亿元，其中第一产业增加值0.3274亿元，第二产业增加值0.3491亿元，第三
产业增加值0.296亿元；三次产业结构为33.67:35.9:30.44，呈现"213"结构。
2000年贡山县全年地区生产总值0.9523亿元，其中第一产业增加值0.4123亿

元，第二产业增加值 0.2129 亿元，第三产业增加值 0.3271 亿元；三次产业结构为 43.3:22.36:34.35，呈现"132"结构。2004 年贡山县全年地区生产总值 1.2958 亿元，其中第一产业增加值 0.451 亿元，第二产业增加值 0.2388 亿元，第三产业增加值 0.606 亿元；三次产业结构为 34.8:18.43:46.77，呈现"312"结构。2006 年贡山县全年地区生产总值 1.9867 亿元，其中第一产业增加值 0.5331 亿元，第二产业增加值 0.5369 亿元，第三产业增加值 0.9167 亿元；三次产业结构为 26.83:27.02:46.14，呈现"321"结构。2010 年贡山县全年地区生产总值 3.9227 亿元，其中第一产业增加值 0.8351 亿元，第二产业增加值 1.5726 亿元，第三产业增加值 1.515 亿元；三次产业结构为 21.29:40.09:38.62，呈现"231"结构。2011 年贡山县全年地区生产总值 4.89 亿元，其中第一产业增加值 1.07 亿元，第二产业增加值 1.82 亿元，第三产业增加值 2 亿元；三次产业结构为 21.88:37.22:40.9，呈现"321"结构。2014 年贡山县全年地区生产总值 8.85 亿元，其中第一产业增加值 1.92 亿元，第二产业增加值 1.75 亿元，第三产业增加值 5.18 亿元；三次产业结构为 21.69:19.77:58.53，呈现"312"结构。2016 年贡山县全年地区生产总值 11.04 亿元，其中第一产业增加值 2.42 亿元，第二产业增加值 2.29 亿元，第三产业增加值 6.33 亿元；三次产业结构为 21.92:20.74:57.34，呈现"312"结构。TY 值 0.2656 增加到 1.781。

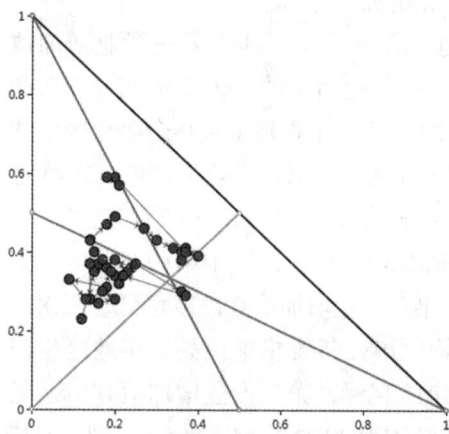

图4-132　贡山县1978-2016年三次产业结构变迁图

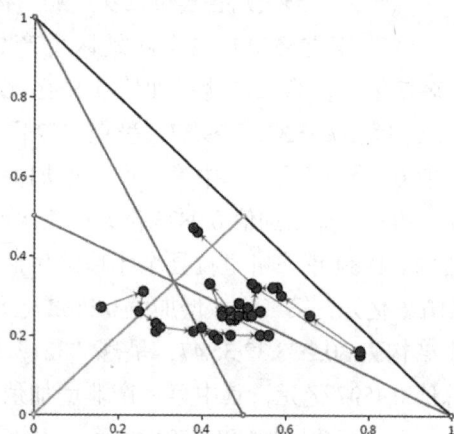

图4-133　兰坪县1978-2016年三次产业结构变迁图

1978 年兰坪县全年地区生产总值 0.1414 亿元，其中第一产业增加值 0.0803 亿元，第二产业增加值 0.0224 亿元，第三产业增加值 0.0387 亿元；三次产业结构为 56.79:15.84:27.37，呈现"132"结构。1981 年兰坪县全年地区生产总值 0.2284 亿元，其中第一产业增加值 0.1112 亿元，第二产业增加值 0.0651 亿元，第三产业增加值 0.0521 亿元；三次产业结构为 48.69:28.5:22.81，呈现 "123" 结构。1985 年兰坪县全年地区生产总值 0.5356 亿元，其中第一产业增加值 0.1982 亿元，第二产业增加值 0.2303 亿元，第三产业增加值 0.1071 亿元；三次产业结构为 37.01:43:20，呈现 "213" 结构。1994 年兰坪县全年地区生产总值 2.2193 亿元，其中第一产业增加值 0.5723 亿元，第二产业增加值 0.9229 亿元，第三产业增加值 0.7241 亿元；三次产业结构为 25.79:41.59:32.63，呈现 "231" 结构。1995 年兰坪县全年地区生产总值 2.9943 亿元，其中第一产业增加值 0.902 亿元，第二产业增加值 1.3544 亿元，第三产业增加值 0.7379 亿元；三次产业结构为 30.12:45.23:24.64，呈现 "213" 结构。2000 年兰坪县全年地区生产总值 4.6667 亿元，其中第一产业增加值 1.1222 亿元，第二产业增加值 2.3913 亿元，第三产业增加值 1.1532 亿元；三次产业结构为 24.05:51.24:24.71，呈现 "231" 结构。2014 年兰坪县全年地区生产总值 41.52 亿元，其中第一产业增加值 6.27 亿元，第二产业增加值 15.99 亿元，第三产业增加值 19.26 亿元；三次产业结构为 15.1:38.51:46.39，呈现 "321" 结构。2016 年兰坪县全年地区生产总值 51.64 亿元，其中第一产业增加值 7.54 亿元，第二产业增加值 19.12 元，第三产业增加值 24.98 亿元；三次产业结构为 14.60:37.03:48.37，呈现 "321" 结构。TY 值 0.3804 增加到 2.9244。

（十六）迪庆州各县市三次产业结构变迁情况

1978 年香格里拉县全年地区生产总值 0.2149 亿元，其中第一产业增加值 0.0807 亿元，第二产业增加值 0.07 亿元，第三产业增加值 0.0642 亿元；三次产业结构为 37.55:32.57:29.87，呈现 "123" 结构。1979 年香格里拉县全年地区生产总值 0.2745 亿元，其中第一产业增加值 0.0826 亿元，第二产业增加值 0.1046 亿元，第三产业增加值 0.0873 亿元；三次产业结构为 30.09:38.11:31.8，呈现 "231" 结构。1980 年香格里拉县全年地区生产总值 0.3397 亿元，其中第一产业增加值 0.1026 亿元，第二产业增加值 0.1132 亿元，第三产业增加值 0.1239 亿元；三次产业结构为 30.2:33.32:36.47，呈现 "321" 结构。1981 年香格里拉县全年地区生产总值 0.4597 亿元，其中第一产业增加值 0.1413 亿元，第二产业增加值 0.1683 亿元，第三产业增加值 0.1501 亿元；三次产业结构为 30.74:36.61:32.65，呈现 "231" 结构。1986 年香格里拉县全年地区生产总值 0.9048 亿元，其中第一产业增加值 0.268 亿元，第二产业增加值 0.2956 亿元，第三产业增加值 0.3412 亿元；三次产业结构为 29.62:32.67:37.71，呈现 "321" 结构。1987 年香格里拉县全年地区生产总值 1.0655 亿元，其中第一产业增加值 0.376 亿元，第二产业增加值 0.3478 亿元，第三产业增加值 0.3417 亿元；三次产业结构为 35.29:32.64:32.07，呈现 "123" 结构。1988 年香格里拉县全年地区生产总值 1.6108 亿元，其中第一产业增加值

0.5337 亿元，第二产业增加值 0.5861 亿元，第三产业增加值 0.491 亿元；三次产业结构为 33.13:36.39:30.48，呈现"213"结构。1989 年香格里拉县全年地区生产总值 1.4255 亿元，其中第一产业增加值 0.5303 亿元，第二产业增加值 0.4152 亿元，第三产业增加值 0.48 亿元；三次产业结构为 37.2:29.13:33.67，呈现"132"结构。1990 年香格里拉县全年地区生产总值 1.3079 亿元，其中第一产业增加值 0.4622 亿元，第二产业增加值 0.3783 亿元，第三产业增加值 0.4674 亿元；三次产业结构为 35.34:28.92:35.74，呈现"312"结构。1991 年香格里拉县全年地区生产总值 1.3446 亿元，其中第一产业增加值 0.4914 亿元，第二产业增加值 0.4327 亿元，第三产业增加值 0.4205 亿元；三次产业结构为 36.55:32.18:31.27，呈现"123"结构。1992 年香格里拉县全年地区生产总值 1.4484 亿元，其中第一产业增加值 0.5077 亿元，第二产业增加值 0.5741 亿元，第三产业增加值 0.3666 亿元；三次产业结构为 35.05:39.64:25.31，呈现"213"结构。1996 年香格里拉县全年地区生产总值 2.3163 亿元，其中第一产业增加值 1.0182 亿元，第二产业增加值 0.6068 亿元，第三产业增加值 0.6913 亿元；三次产业结构为 43.96:26.2:29.85，呈现"132"结构。1997 年香格里拉县全年地区生产总值 2.85 亿元，其中第一产业增加值 1.1161 亿元，第二产业增加值 0.9068 亿元，第三产业增加值 0.8271 亿元；三次产业结构为 39.16:31.82:29.02，呈现"123"结构。1998 年香格里拉县全年地区生产总值 3.0797 亿元，其中第一产业增加值 1.1475 亿元，第二产业增加值 0.7059 亿元，第三产业增加值 1.2263 亿元；三次产业结构为 37.26:22.92:39.82，呈现"312"结构。2005 年香格里拉县全年地区生产总值 17.2876 亿元，其中第一产业增加值 2.4531 亿元，第二产业增加值 7.5856 亿元，第三产业增加值 7.2489 亿元；三次产业结构为 14.19:43.88:41.93，呈现"231"结构。2009 年香格里拉县全年地区生产总值 42.2175 亿元，其中第一产业增加值 2.9984 亿元，第二产业增加值 17.5121 亿元，第三产业增加值 21.707 亿元；三次产业结构为 7.1:41.48:51.42，呈现"321"结构。2016 年香格里拉市全年地区生产总值 110.10 亿元，其中第一产业增加值 4.27 亿元，第二产业增加值 39.18 亿元，第三产业增加值 67.5 亿元；三次产业结构为 3.85:35.31:60.84，呈现"321"结构。TY 值 0.8315 增加到 12.4918。

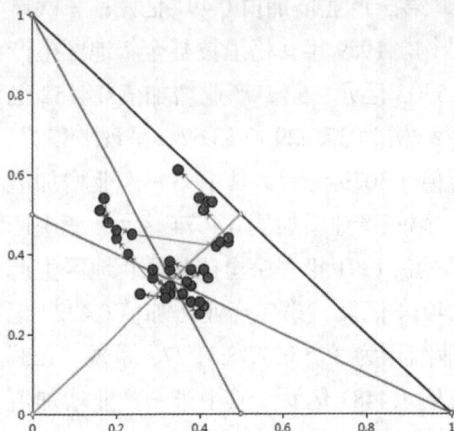 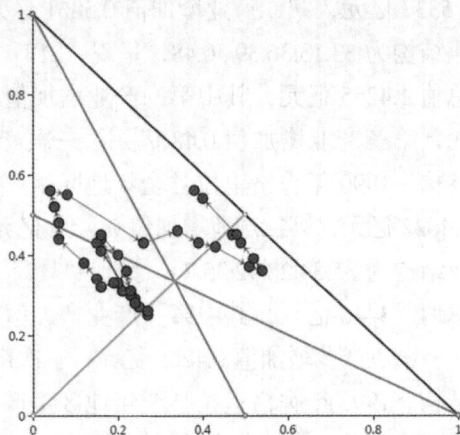

图4-134　香格里拉县1978–2016年三次产业结构变迁图　　图4-135　德钦县1978–2016年三次产业结构变迁图

　　1978年德钦县全年地区生产总值0.1072亿元，其中第一产业增加值0.0504亿元，第二产业增加值0.0255亿元，第三产业增加值0.0313亿元；三次产业结构为47.01:23.79:29.2，呈现"132"结构。1982年德钦县全年地区生产总值0.1738亿元，其中第一产业增加值0.0828亿元，第二产业增加值0.047亿元，第三产业增加值0.044亿元；三次产业结构为47.64:27.04:25.32，呈现"123"结构。1984年德钦县全年地区生产总值0.2194亿元，其中第一产业增加值0.1046亿元，第二产业增加值0.0525亿元，第三产业增加值0.0623亿元；三次产业结构为47.68:23.93:28.4，呈现"132"结构。1986年德钦县全年地区生产总值0.2478亿元，其中第一产业增加值0.0998亿元，第二产业增加值0.0389亿元，第三产业增加值0.1091亿元；三次产业结构为40.27:15.7:44.03，呈现"312"结构。1988年德钦县全年地区生产总值0.4914亿元，其中第一产业增加值0.2377亿元，第二产业增加值0.1173亿元，第三产业增加值0.1364亿元；三次产业结构为48.37:23.87:27.76，呈现"132"结构。1990年德钦县全年地区生产总值0.4979亿元，其中第一产业增加值0.1955亿元，第二产业增加值0.0804亿元，第三产业增加值0.222亿元；三次产业结构为39.26:16.15:44.59，呈现"312"结构。1992年德钦县全年地区生产总值0.6272亿元，其中第一产业增加值0.2855亿元，第二产业增加值0.1446亿元，第三产业增加值0.1971亿元；三次产业结构为45.52:23.05:31.43，呈现"132"结构。2000年德钦县全年地区生产总值1.0867亿元，其中第一产业增加值0.5036亿元，第二产业增加值0.06亿元，第三产业增加值0.5231亿元；三次产业结构为46.34:5.52:48.14，呈现"312"结构。2005年德钦县全年地区生产总值3.4887亿元，其中第一产业增加值0.6998亿元，第二产业增加值1.2014亿元，第三产业增加值 1.5875 亿元；三次产业结构为 20.06:34.44:45.5，呈现"321"结构。
2007 年德钦县全年地区生产总值 6.0555 亿元，其中第一产业增加值 0.8731 亿元，
第二产业增加值 2.6201 亿元，第三产业增加值 2.5623 亿元；三次产业结构为
14.42:43.27:42.31，呈现"231"结构。2014 年德钦县全年地区生产总值 22.47 亿
元，其中第一产业增加值 1.48 亿元，第二产业增加值 8.95 亿元，第三产业增加
值 12.04 亿元；三次产业结构为 6.59:39.83:53.58，呈现"321"结构。2016 年德钦
县全年地区生产总值 27.63 亿元，其中第一产业增加值 1.65 亿元，第二产业增加
值 10.56 亿元，第三产业增加值 15.42 亿元；三次产业结构为 5.97:38.22:55.81，呈
现"321"结构。TY 值 0.5635 增加到 7.8727。

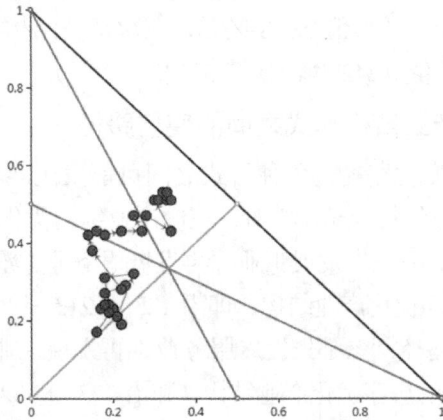

图4-136　维西县1978-2016年三次产业结构变迁图

　　1978 年维西县全年地区生产总值 0.1783 亿元，其中第一产业增加值 0.12 亿
元，第二产业增加值 0.0283 亿元，第三产业增加值 0.03 亿元；三次产业结构为
67.3:15.87:16.83，呈现"132"结构。1985 年维西县全年地区生产总值 0.4154 亿元，
其中第一产业增加值 0.2382 亿元，第二产业增加值 0.0893 亿元，第三产业增加值
0.0879 亿元；三次产业结构为 57.34:21.5:21.16，呈现"123"结构。1986 年维西县
全年地区生产总值 0.4274 亿元，其中第一产业增加值 0.1831 亿元，第二产业增加
值 0.1077 亿元，第三产业增加值 0.1366 亿元；三次产业结构为 42.84:25.2:31.96，
呈现"132"结构。1989 年维西县全年地区生产总值 0.9084 亿元，其中第一产业
增加值 0.537 亿元，第二产业增加值 0.1997 亿元，第三产业增加值 0.1717 亿元；
三次产业结构为 59.11:21.98:18.9，呈现"123"结构。1991 年维西县全年地区生
产总值 1.0942 亿元，其中第一产业增加值 0.6307 亿元，第二产业增加值 0.2296
亿元，第三产业增加值 0.2339 亿元；三次产业结构为 57.64:20.98:21.38，呈现
"132"结构。1993 年维西县全年地区生产总值 1.6447 亿元，其中第一产业增加

值 0.9591 亿元，第二产业增加值 0.343 亿元，第三产业增加值 0.3426 亿元；三次产业结构为 58.31:20.85:20.83，呈现"123"结构。1994 年维西县全年地区生产总值 2.0586 亿元，其中第一产业增加值 1.2127 亿元，第二产业增加值 0.3869 亿元，第三产业增加值 0.459 亿元；三次产业结构为 58.91:18.79:22.3，呈现"132"结构。2002 年维西县全年地区生产总值 3.741 亿元，其中第一产业增加值 1.5391 亿元，第二产业增加值 0.5879 亿元，第三产业增加值 1.614 亿元；三次产业结构为 41.14:15.72:43.14，呈现"312"结构。2007 年维西县全年地区生产总值 10.4285 亿元，其中第一产业增加值 2.6436 亿元，第二产业增加值 2.9336 亿元，第三产业增加值 4.8513 亿元；三次产业结构为 25.35:28.13:46.52，呈现"321"结构。2016 年维西县全年地区生产总值 41.88 亿元，其中第一产业增加值 5.48 亿元，第二产业增加值 14.12 亿元，第三产业增加值 22.28 亿元；三次产业结构为 13.09:33.72:53.19，呈现"321"结构。TY 值 0.2429 增加到 3.3212。

四、六种三次产业结构形式之间的变化路径

六种形式之间的变化路径，各种形式之间可能发生转化，一定是渐进的，不能跨越。当三次产业结构处于 123 时，三次产业结构优化变迁（变化或演进）的路径，主要有两条，一是先发展工业、再发展服务业，沿着 123 到 213、再到 231、最后到 321 的次序优化产业结构，即沿 123→213→231→321 变迁，我们称为逆时针优化发展路径；二是先发展服务业、再发展工业，沿着 123 到 132、再到 312、最后到 321 的次序优化产业结构，即沿 123→132→312→321 变迁，我们称为顺时针优化发展路径；其余归为混合发展路径。如下图所示。

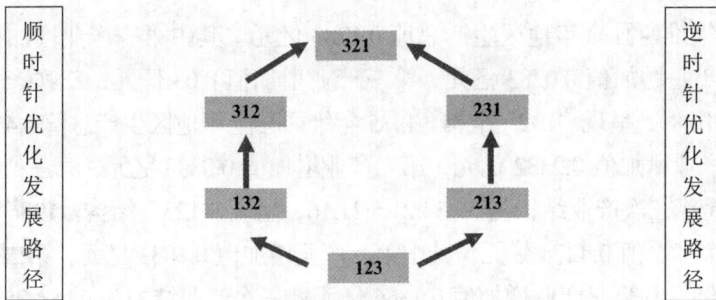

图4-137　三次产业结构优化变迁路径图

如果我们将六种产业结构的形式看成动态规划中的六个节点，应用动态规划原理，可得到任何节点即各种产业结构形式到 321 的最短路径如下图所示。

231→213→123→132→312→321；

213→123→132→312→321；

123 → 132 → 312 → 321;

132 → 312 → 321;

312 → 321;

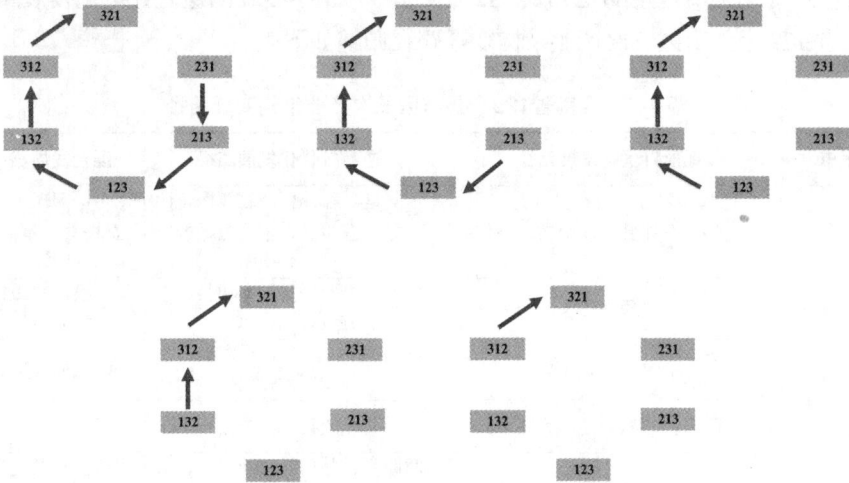

图4-138 顺时针优化发展最短路径图

312 → 132 → 123 → 213 → 231 → 321;

132 → 123 → 213 → 231 → 321;

123 → 213 → 231 → 321;

213 → 231 → 321;

231 → 321;

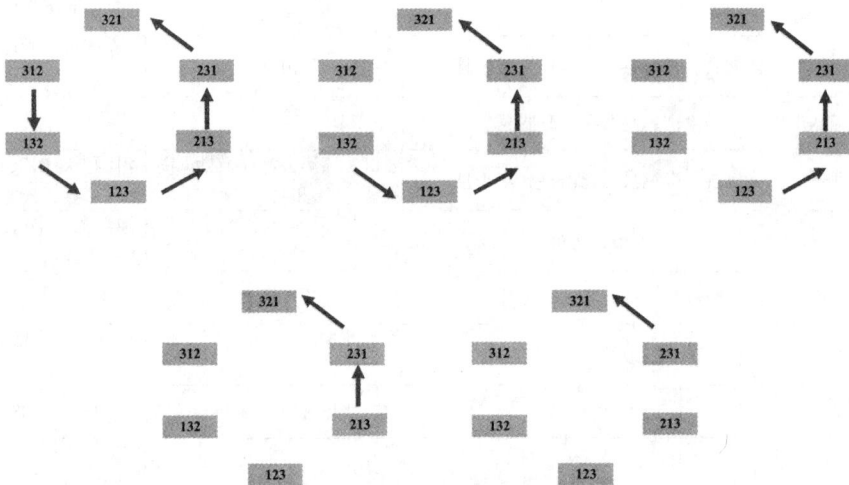

图4-139 逆时针优化发展最短路径图

在现实中，多数国家或地区在三次产业结构的变迁，或演进过程中，走的是逆时针优化发展路径，如中国1949年至2015年三次产业结构变迁走的是 $132 \rightarrow 123 \rightarrow 213 \rightarrow 231 \rightarrow 321$ 的逆时针优化发展路径，云南省1949年至2015年三次产业结构变迁走的是 $132 \rightarrow 123 \rightarrow 213 \rightarrow 231 \rightarrow 321$ 的逆时针优化发展路径。云南省129个县市区三次产业结构变迁路径归纳如下表。

表4-1　云南省129个县市区三次产业结构变迁路径

州市	顺时针优化发展路径	逆时针优化发展路径	混合发展路径
昆明市	宜良县、石林县、禄劝县、寻甸县	五华区、盘龙区、官渡区、西山区、东川区、呈贡区、晋宁县、安宁市	富民县、嵩明县
曲靖市	师宗县	麒麟区、罗平县、富源县、会泽县、沾益县	陆良县、宣威市、马龙县
玉溪市	华宁县、元江县	红塔区、澄江县、通海县、易门县、新平县	江川县、峨山县
保山市	隆阳区、施甸县、腾冲市	龙陵县、昌宁县	
昭通市	巧家县、镇雄县、威信县	昭阳区、鲁甸县、盐津县、水富县	永善县、彝良县、绥江县、大关县
丽江市	古城区、玉龙县、宁蒗县	华坪县	永胜县
普洱市	思茅区、景东县、镇沅县、孟连县、西盟县	景谷县、江城县	墨江县、宁洱县、澜沧县
临沧市	临翔区、永德县、耿马县、沧源县	云县、镇康县、双江县	凤庆县
楚雄州	双柏县、牟定县、南华县、姚安县、永仁县、元谋县、武定县、禄丰县	楚雄市、大姚县	
红河州	元阳县、红河县、河口县	个旧市、开远市、弥勒市、屏边县、建水县、金平县、绿春县	蒙自市、泸西县、石屏县
文山州	西畴县、丘北县、广南县、富宁县	砚山县	文山市、麻栗坡县、马关县
西双版纳州	景洪市、勐海县、勐腊县		
大理州	弥渡县、南涧县、巍山县、永平县	大理市、漾濞县、祥云县、剑川县	洱源县、鹤庆县、宾川县、云龙县
德宏州	瑞丽市、芒市		盈江县、梁河县、陇川县
怒江州	泸水县、福贡县、贡山县	兰坪县	
迪庆州	维西县		德钦县、香格里拉市
合计	53占41.09%	45占34.88%	31占24.03%

第三节　云南省县域产业结构与经济增长的回归分析

一、云南省县域三次产业对经济增长的回归分析

我们根据 1978 年至 2016 年 129 个县市区的面板数据，应用 EViews 软件，分改革开放以来 1978 年至 2016 年，改革开放初期 1978 年至 1995 年和改革开放深入期 1995 年至 2016 年三个时段，将云南省县域三次产业（G1、G2、G3）与经济增长（GDP）的关系进行回归分析，回归结果如下：

（一）1978 年—2016 年

$$\ln GDP = 0.862332 + 0.456256\ln G1 + 0.236969\ln G2 + 0.256256\ln G3 + 1.01222AR(1)$$

（5.4153）　（94.6628）　（85.030）　（60.9693）　（448.7956）

$R^2 = 0.999$　　　F：2222834　　　D-W：1.905

改革开放以来，云南省的三个产业除对现期的县域生产总值有影响外，对未来一年的生产总值也会产生影响，也就是现期的生产总值不仅受到现期的三个产业的产出量的影响，还受到滞后一期（上一年）的产业产出量的影响。但无论情况怎样，每个产业对总产值的产出弹性是相对稳定的。1978 年至 2016 年，第一产业的产出量增长 1% 会导致县域生产总产值增长 0.456%；第二产业的产出量增长 1% 会导致县域总产值增长 0.237%；第三产业的产出量增长 1% 会导致县域总产值增长 0.256%。由此可以看出，在云南省的县域经济增长中，对县域经济增长拉动最大的是第一产业，其次是第三产业，最后是第二产业。

（二）1978 年—1994 年

$$\ln GDP = 1.047136 + 0.559573\ln G1 + 0.189753\ln G2 + 0.254966\ln G3 + 0.767226AR(1)$$

（68.2417）　（225.7098）　（95.2577）　（120.9734）　（48.4451）

$R^2 = 0.9998$　　　F：119510.2　　　D-W：1.841

改革开放初期，1978 年至 1994 年，第一产业的产出量增长 1% 会导致县域生产总产值增长 0.5596%；第二产业的产出量增长 1% 会导致县域总产值增长 0.1898%；第三产业的产出量增长 1% 会导致县域总产值增长 0.255%。由此可以看出，在云南省的县域经济增长中，对县域经济增长拉动最大的是第一产业，其次是第三产业，最后是第二产业。

（三）1995 年—2016 年

$$\ln GDP = 0.995684 + 0.357393\ln G1 + 0.294218\ln G2 + 0.365650\ln G3 + 0.877878AR(1)$$

（31.9751）　（103.6994）　（154.4195）　（122.0517）　（115.8754）

R^2=0.9998   F: 119510   D-W: 1.8406

随着改革开放的深入,1995年至2016年,第一产业的产出量增长1%会导致县域生产总产值增长下降至0.3574%;第二产业的产出量增长1%会导致县域总产值增长增加到0.2942%;第三产业的产出量增长1%会导致县域总产值增长增加到0.3657%。由此可以看出,在云南省的县域经济增长中,对县域经济增长拉动最大的变为第三产业,其次是第一产业,最后是第二产业;第一产业对县域经济增长拉动不断下降,第三产业、第二产业对县域经济增长拉动不断增强。

二、面板数据的平稳性检验

在县域产业结构变化过程中,面板数据的各变量是否平稳是我们进行回归的前提,经济数据经常存在非平稳性问题,运用不平稳的数据进行研究会出现伪回归的问题,因此在研究面板数据前,首先应对数据进行平稳性检验,对于非平稳的面板数据需要进行差分,使其平稳.我们采用LLC检验方法,进行了平稳性检验,结果如下。

表4-2　面板数据的变量平稳性检验表

变量	LLC检验值	平稳性	变量	LLC检验值	平稳性
lnGDP	11.94	不平稳	d(lnGDP)	-15.85	平稳
lnTY	3.76	不平稳	d(lnTY)	-8.06	平稳
lnG1	9.61	不平稳	d(lnG1)	-44.46	平稳
lnG2	9.78	不平稳	d(lnG2)	-45.67	平稳
lnG3	18.87	不平稳	d(lnG3)	-34.05	平稳
lnRGDP	3.92	不平稳	d(lnRGDP)	-30.99	平稳

表4-2中变量lnGDP、lnTY、lnG1、lnG2和lnG3的概率值都比较大,这说明这些变量是不平稳的,即存在单位根;d(lnGDP)、d(lnTY)、d(lnG1)、d(lnG2)和d(lnG3)分别为上述5个变量的1阶差分,处理后的结果平稳.根据P.Pedroni_l提出的协整检验方法,检验发现TY即产业结构合理化、各产业增加值和经济增长存在长期协整关系。

三、云南省县域三次产业与经济增长的相互影响

在县域产业结构变化过程中,县域产业结构变化是否促进了县域经济的增长,县域经济的增长是否会带动县域产业结构的优化是大家关心的问题。

我们用TY值表示云南省县域三次产业结构的变化,仍用GDP表示云南省县

域经济增长，回归结果表明：

$$lnGDP=-18.94118+0.173970lnTY+1.395936AR(1)-0.393546AR（2）$$
$$（-0.9244）　　（16.00182）　　（88.1019）　　（-24.82798）$$

R²=0.9　　　F：7027.529　　　D-W：1.964

改革开放以来，云南省县域三次产业结构变化除对现期的县域生产总值有影响外，对未来两期的县域生产总值也会产生影响，也就是现期的县域生产总值不仅受到现期的县域三次产业结构变化的影响，还受到滞后两期的县域三次产业结构变化的影响。云南省县域三次产业结构变化的 TY 值增加 1% 会导致国内总产值增长 0.174%。

$$lnTY=-4.648009+0.398816lnGDP+1.052130AR(1)-0.216216AR（2）$$
$$（-32.212）　　（34.713）　　（59.887）　　（-12.418）$$

R²=0.9927　　　F：2651.16　　　D-W：2.014

改革开放以来，云南省的县域生产总值除对现期的县域三次产业结构变化有影响外，对未来两期的县域三次产业结构变化也会产生影响，也就是现期的县域三次产业结构变化不仅受到现期的县域生产总值的影响，还受到滞后两期的县域生产总值的影响。云南省县域生产总值增长 1% 会导致云南省县域三次产业结构变化的 TY 值增长 0.399%。

因此，在云南省县域产业结构变化过程中，云南省县域产业结构变化，特别是长期的变化促进了云南省县域经济的增长，云南省县域经济的增长也带动云南省县域产业结构的优化，云南省县域经济的增长带动作用大于云南省县域产业结构变化促进作用。

第四节　2016年云南省部分州县市与全国及部分地区产业结构的比较

下面将楚雄州 10 县市 2016 年的产业结构放到云南省，乃至全国的视域和维度进行考察。为讨论方便，依据 2016 年全国及各地区国民经济和社会发展统计公报制作表 4-3、表 4-4。

表4-3　2016年楚雄州各县市三产结构　　　单位：元

县（市）	GDP	第一产业	比重（%）	第二产业	比重（%）	第三产业	比重（%）	产业结构顺序
楚雄市	3236369	251030	7.76	1683292	52.01	1302047	40.23	231
禄丰县	1296176	288503	22.26	423146	32.64	584527	45.10	321

（续上表）

县（市）	GDP	第一产业	比重（%）	第二产业	比重（%）	第三产业	比重（%）	产业结构顺序
牟定县	432753	116264	26.87	149986	34.66	166503	38.47	321
南华县	538606	139711	25.94	172900	32.10	225995	41.96	321
姚安县	409069	140990	34.46	78447	19.18	189632	46.36	312
大姚县	645565	183451	28.42	218725	33.88	243389	37.70	321
永仁县	323900	85027	26.25	89599	27.66	149274	46.09	321
元谋县	529809	152806	28.84	139692	26.37	237311	44.79	312
武定县	627680	165617	26.39	182299	29.04	279764	44.57	321
双柏县	331673	102938	31.04	81026	24.43	147709	44.53	312

表4-4　2016年楚雄州与全国及部分地区产业结构比较　　单位：亿元

区域	全国		江苏省		云南省		昆明市		大理州		楚雄州	
生产总值	744127		76086.2		13717.88		4300.43		974.2		847.12	
第一产业	63671	8.6%	4078.5	5.4%	2055.71	15.0%	200.51	4.7%	205.3	21.1%	162.63	19.2%
第二产业	296236	39.80%	33855.7	44.5%	5492.76	40.0%	1660.46	38.6%	372.94	38.3%	322.35	38.1%
第三产业	384221	51.60%	38152	50.1%	6169.41	45.0%	2439.46	56.7%	395.93	40.6%	362.14	42.7%

从全国范围来看，2016年三次产业结构比为8.6：39.8：51.6，产业结构顺序为321，且第三产业增加值已跨越50%，说明从整体上中国已进入工业化后期阶段。而云南省则与全国平均水平存在差距。2016年三次产业结构比为15：40：45，虽然产业结构顺序为321，但第一产业增加值高于全国水平6.4%，第三产业则低于全国水平6.6%，可知云南尚处于工业化中期。而处于东部地区的发达省份江苏省，第一产业增加值已降至5.4%，处于工业化后期的后半阶段向后工业化时期的过渡时期。

从云南省内来看，昆明三次产业结构比为4.7：38.6：56.7，不仅超过了全国平均水平，而且也优于江苏省的平均水平，处于后工业化阶段。显然楚雄州尚未达到云南省的平均水平，其三次产业结构比19.2：38.1：42.7。虽优于大理州的21.1：38.3：40.6，但第一产业比重高于全省4.2个百分点，第二产业、第三产业分别低于全省1.9、2.3个百分点。

以上从较为宏观范畴考察了楚雄州三产发展水平，下面将从微观视角进一步分析其三地产构成。表 4-3 列示了楚雄州 2016 年 10 县市 GDP 及三产各自所占比重。从 GDP 总量来看，楚雄州所辖 10 县市，楚雄市一枝独秀，占全州总量的 38.2%，其次是禄丰县，其 GDP 占全州总量的 15.3%。两者合计为 53.5%，而其他 8 县市，只占 46.5%。可见楚雄州县域经济发展的失衡程度。楚雄市是楚雄州的州府，是人口和经济活动最为聚集的地区，禄丰县则紧邻楚雄市和昆明市，自古即为黑井所在地，是楚雄州两条铁路交汇枢纽。而 GDP 最低的永仁县，只有 32.39 亿元，只有全国百强县昆山市 3160.29 亿元的 1%。从三产比重和产业结构顺序来看，也是楚雄市一马当先，第一产业比重超过了全国水平，处于工业化后期阶段。其他 9 县基本处于工业化中期阶段，或工业化初期向工业化中期的过渡阶段。尽管有 7 县市的第二、第三产业超过了第一产业，但农业产值比重都在 22.26%-28.42% 之间。其他 3 县第一产业比重分别为 28.84%、31.04%、34.46%。

第五章　改革开放以来云南省县域产业结构与经济增长存在的主要问题及对策建议

第一节　县域经济增长失衡，地区差异非常明显

一、县域经济增长不平衡

经济增长水平较高的区域集中在滇中地区的昆明、玉溪，空间极化现象明显。滇中地区以外，全省其他区域经济水平存在不同程度的差异。从区位条件看，云南省省际边缘县经济增长水平最低，其次为边境县，内陆县经济增长水平相对较高；内陆县之间的经济差异是云南省区域经济差异的主要来源，但差异逐渐下降，而三种类型区域之间的差异正逐渐上升，省际边缘县之间的经济差异对全省经济差异的贡献率也开始出现缓慢上升趋势。从行政体制上看，市辖区、县级市经济增长水平较高，县、自治县经济增长水平较低，呈现明显的城乡二元结构特征，成为区域经济差异的主要来源，民族地区经济增长水平较低。不同县域因资源禀赋、区位优势等方面的差异，从而经济发展过程中，经济增速、规模、结构和发展方式都有较大的区别，致使云南省县域经济增长不平衡的情况较为突出。从县域经济总量来看，云南省县域经济总量的规模普遍较小，特别是还有部分县域的地区生产总值低于 20 亿元，最弱县与最强区之间的差距进一步拉大。

二、县域主导产业不突出

经济总量的增长是以各产业部门的增长为基础的，而主导产业部门的增长是经济增长的最主要驱动力。主导产业和特色产业的发展变化决定了县域产业结构和经济增长水平，作为所在县域的核心产业，是县域经济转型升级的主要载体和

县域经济增长的火车头。云南省各县域级产业结构确实在资源的合理有效配置、再配置，抑制经济波动，促进技术进步，提高劳动生产率等方面有所贡献，一段时期，不少县市除了烟草，再无其他主导产业，就主导产业的适时更替这一块来说，其促进作用有待提高。

三、产业发展和经济增长缺乏良性互动

云南省产业结构的发展和经济增长缺乏良性的互动，即在产业结构呈现"321"的较高结构的县域其经济总量较小、经济增速也没有呈现高增长。

第二节　县域产业发展路径不清晰，产业发展缺乏稳定性

一、结构调整呈现"随机性"

云南省部分县域缺乏主导产业，三次产业占比在考察期内的不同年份先后次序差别明显，并且一、二、三产业所占比重的变化没有显著的趋势，呈现"随机性"的变化特质，说明这些县域的经济增长过程中缺乏主导产业和产业结构核心。同时，部分县域虽然产业结构向高层次结构发展的趋势特征明显，但经济增长较慢，县域产业发展路径不清晰。

二、缺乏稳定性和连续性

云南省县域产业发展路径来回曲折的现象显著，如曲靖市的马龙县、罗平县、富源县、宣威市等在改革开放以来产业结构经历了"123"、"132"、"213"和"231"等多种产业结构，并且在不同产业结构之间多次来回和反复。昭通市的鲁甸县、延津县、大关县、永善县、绥江县、镇雄县和彝良县产业结构变动剧烈。表明在探索产业结构调整推动经济增长的过程中经历了曲折，产业发展缺乏稳定性和连续性。

三、产业结构调整滞后

1978 年，云南的产业结构为"123"形态，而全国的产业结构为"213"形态，这说明在 1978 年，云南本身在要产业结构形态就要滞后于全国的平均水平，这是由于历史因素形成的差距。而在 1988 年，云南的第二产业比重超过了第一产业，产业结构形态为"213"，在 1998 年云南的产业结构形态变为"231"，和全国的产业结构形态趋同，这说明云南的产业结构在逐渐朝着全国的水平调整，但在各产业的比重上，云南的产业结构还滞后于全国的水平。2016 年全国三次产业结构比为 8.6：39.8：51.6，产业结构顺序为 321，且第三产业增加值已跨越 50%，按照"配第—克拉克定理"来解释，中国从整体上已进入工业化后期阶段。而云

南省则与全国平均水平存在差距，2016 年三次产业结构比为 15.4：39.0：46.2，虽然产业结构顺序为 321，但第一产业增加值高于全国水平 6.8%，第三产业则低于全国水平 5.4%，可知云南尚处于工业化中期。而处于东部地区的发达省份江苏省，第一产业增加值已降至 5.4%，处于工业化后期的后半阶段，向后工业化阶段过渡时期。

四、基础设施不完备

云南省很多县独特的自然地理和人文地理环境使得产业发展成为县域经济增长的新的春天，县政府也积极抓住发展机遇，投入较大的人力、物力、财力来发展各类产业，但是在发展过程中由于缺乏统筹规划，使得各方面基础设施建设不完备，造成游玩人员稀少，再加上地处山区，交通条件不便，人才缺乏，尤其是一些较偏远的山区，山中虽有宝，但基础设施差，交通条件恶劣，信息不通，这在很大程度上影响了产业的发展和对外投资的吸引力。

第三节　三次产业现代化水平不高，发展上还亟待加强

一、农业基础设施薄弱、农业生产效益低、现代化水平低

第一产业的边际生产率相对较低；第二产业虽然所占比重比较大，但是对经济增长的作用逐渐降低，因为二产结构性矛盾突出，没有形成规模经济；第三产业比重不够大，内部结构水平偏低，但对经济增长的拉动作用明显。农产品种植难以形成规模化、产业化，林业种植结构和利用不合理，农业基础设施薄弱，耕地质量退化，农产品生产成本不断上升。

二、工业化水平落后，新型工业化发展水平不高

工业占 GDP 比重低，工业化水平落后，工业产品仍以资源型和初加工型为主，企业规模普遍较小，竞争力不强，传统产业多，高新科技产业少。虽然云南省不少县市为适应新形势，积极走新型化工业道路，但与东部发达地区相比，新型工业化发展水平还远远不够。很多县本身属于山区农业小县，工业基础薄弱，新型工业化发展水平不高。虽然在新常态背景下，对以往高能耗、高污染的产业进行了改造处理，一些新项目以及高新技术企业也得到了发展，但这些高新技术企业与发达地区的企业还存在较大的差距，在规模总量上也有待突破。

三、产业园区建设存在短板

目前存在基础设施不完善、招商引资恶性竞争、产业特色不突出、尚未形成产业集群的问题，导致各产业园区对产业结构优化和经济增长带动作用大打

折扣。

四、服务业层次低，现代服务业发展还亟待加强

云南省服务业总量小、层次低、生产性服务业发展水平低，现代生产性服务业尚未找准发展方向，新兴服务业尚未得到大力培育。现代服务业发展缓慢，承接产业转移的能力不强，各类专业人才缺乏，宣传力度不够，服务素质有待提高，旅游项目不够丰富，旅游业发展后劲明显不足，省内省外市场都需要进一步挖掘和把握。

第四节　县域产业结构与经济增长的对策建议

一、强化规划引领，明晰目标任务

（一）坚持顶层设计，促进云南省县域经济协调发展

产、县、生态一体化融合协调发展。一是突出民族团结、生态文明的建设；二是产业的协作协同，逐步形成横向错位发展，纵向分工协作的发展格局；三是资源、科技创新和科技成果产业化在空间上、县域间可以分开，但各县域间一定要合作，跨县融合，边疆 25 个县、滇中、滇东北、滇南、滇西融合发展，扩大合作领域，实现云南省县域经济协调发展。

（二）完善组织构架，把多规融合落到实处

加强领导，明确一位副省长负责，设立相应的统筹协调机构，建立常态化的协调议事机制，促进云南省县域经济协调发展。合理确定建设空间、农业空间、工业园区、生态园区，明确功能区边界，使主体功能区战略落到实处；土地利用规划、城镇建设规划、交通规划、环保规划、园区建设规划等多规合一；一届跟着一届干，一张蓝图干到底，实现云南省县域经济与人口、资源、生态、环境的全面协调和可持续发展，成为边疆民族团结的示范区，生态文明建设的排头兵。

（三）关于全省县域经济发展考核的建议

云南省每年都按照省委办公厅、省政府办公厅下发的《云南省县域经济发展分类考核评价办法》通知要求，形成年度县域经济考核结果，对县域经济的发展有较好的促进作用。但在考核的指标中没有对产业结构进行考核的相关指标，建议在考核指标中加入三次产业结构这一指标。

二、坚持市场导向，明确发展路径

（一）根据资源禀赋，明确产业发展路径

县域经济的增长要有利于民族团结进步示范区的建设，有利于生态文明建设

排头兵的建设，有利于面向南亚东南亚辐射中心的建设。县域经济增长要在资源要素禀赋、区位优势和政策支持等的条件下，积极围绕云南省的传统优势产业和重点发展的八大产业，着力发展优势产业、特色产业，培育产业链条，形成产业集群，使特色经济产业化、规模化，确立顺时针优化发展路径或逆时针优化发展路径，形成清晰的产业政策和投资方向，保持产业结构调整的连续性和稳定性，确保顺利平稳完成产业转型和升级。目前三次产业结构呈现 132 结构的县市区，应走 132→312→321 的顺时针优化发展路径；三次产业结构呈现 312 结构的县市区，应走 312→321 的顺时针优化发展路径；三次产业结构呈现 123 结构的县市区，可根据资源禀赋，选择走 123→132→312→321 的顺时针优化发展路径或 123→213→231→321 的逆时针优化发展路径；三次产业结构呈现 213 结构的县市区，应走 213→231→321 的逆时针优化发展路径；三次产业结构呈现 231 结构的县市区，应走 231→321 的逆时针优化发展路径。

（二）根据市场需求，着力发展主导产业，增强经济带动能力

在经济增长过程中，要根据市场需求，以市场为导向，构建合理的产业体系，科学定位各产业发展方向，不仅要不断优化产业结构，还应结合地区的优势资源，加快优势产业（主导产业）的发展，促进形成全面完整的产业链，引导和带动其他产业的发展，促进经济增长和结构调整。

（三）探索成本分担，利益分配机制

构建资源共享机制、合理的税收转移机制、成本分担机制和县域间共享创新收益机制，建立柔性的人才流动机制，使高端创新人才在各县域实现共享。

三、坚持民生共享，促进和谐发展

（一）推动基础设施联通建设，提升县域一体化水平

坚持适度超前、突出优势、补足短板，提升开放性、网络化、一体化水平，强化基础设施在县域经济发展中的支撑保障作用。构建高效的交通联通网络，大力发展县域交通事业，建设覆盖县域的现代交通网络体系；加强县域供水供气、污水垃圾处理和救灾避险等基础设施建设；加强水利基础设施建设，全面提高防汛抗旱、防灾减灾能力；加强农村通信、宽带信息网络等基础设施建设，推进行政村光纤宽带全覆盖；推动信息基础设施共建、共享，建设幸福县域，提升县域一体化水平。

（二）着力优先发展教育事业，提升劳动力素质

教育事关千秋万代、千家万户，必须优先发展。西南联大在云南教育教学成果充分说明云南可以大力发展教育事业，大力发展高等教育事业。制约云南发展的关键因素之一就是人才。在开放的宏观条件下，国内、国际市场上更丰富、廉价的矿产及其他资源产品将会成为供给的重要来源，云南省的自然资源不该再被

视作经济优势，发展应更多依赖于技术进步、劳动力素质提高、发展方式转变等所带来的行业自身效率的改善。在这些要素中，最该被重视的是劳动力，云南省劳动力市场上应该有多个层次、多种类型的劳动力：廉价的、系统型综合性的劳动力，高素质、高复合型的劳动力等，只有将教育发展好，才能培养出各类人才并将各类人才合理归置到各行业发展中去，从而促进产业结构调整，经济发展。

（三）全面推进共享发展

突出共建共享和保障民生的制度性安排，着力解决好人民群众最关心最直接最现实的利益问题，提供更充分、更均等的基本公共服务，促进社会公平正义，提升人民幸福指数。在经济快速发展的同时在民生领域的供需矛盾也较为突出，在教育、医疗、环境等方面的需求日益增长。民生工程具有保稳定、促发展的功能特征，着力发展民生工程有利于解决人民群众对切身利益的合理诉求，保障民心稳定和社会稳定，有利于通过投资民生工程带动相关产业的上下游行业的发展，促进就业水平和经济增长，确保社会和谐长治久安。采取各种措施扩大就业，加强职业技能培训和服务，提高城乡劳动者就业能力，鼓励多渠道多形式的就业，促进创业带动就业；大力发展教育卫生事业，全面加强农村薄弱学校升级改造和医疗卫生服务体系建设，完善分级诊疗服务体系；创新公共文化服务方式，实施文化惠民工程，加大公共文化服务有效供给；完善社会保障体系，扩大和巩固社会保险覆盖面，提高社会保障救助标准，进一步落实城乡最低生活保障自然增长机制，提升县域群众的生活质量和水平。

四、扶持现代农业，提高农业水平

（一）提升农业发展的质量，提高农业的生产水平

第一产业比重增加对经济增长有负的作用，但农业在国民经济发展中的基础性地位不能动摇，发展现代农业强化第一产业的基础地位。所以云南省一方面要减少第一产业的在生产总值中的比例，另一方面要增加第一产业的质量。为此，必须要调整第一产业的结构，要按照现代农业高产、高效、优质、生态、安全的标准，改造传统农业，加速转变农业发展方式，优化调整农业产业结构，率先实现农业现代化。第一产业是国民经济的基础产业，并且通过本文的回归分析可知，云南省的第一产业对经济增长的促进作用较大，但依据云南省现状来看，农业现代化程度低，农耕技术落后，因此在以后的发展过程中，云南省应当加强农业技术创新，加快农业发展方式转变，构建具有云南省高原特色的现代农业产业体系，科学定位农业产业发展方向。提升农业发展的质量，提高农业的生产水平，最终推动云南省农业产业结构的健康发展。

（二）加强农村基础设施建设，为现代农业发展奠定基础

一要加强农村基础设施建设，为现代农业发展奠定基础。二要努力发展农产

品加工企业，为现代农业增长提质提效。要以市场为主导，大力培养和扶持一批农产品深加工龙头企业，不断提高农业产业化水平和农产品的附加值。三要努力发展农业服务业，为现代农业发展创造条件。其一是加强农业服务体系建设，尤其要支持和发展农业专业经营合作组织、购销专业户等，促进农产品的销售；其二是加快农产品市场体系建设，大力发展批发市场和零售市场，组织农产品生产基地、加工企业与城镇超市对接，提高农产品产销率，促进农业不断增效，提高农业生产效益；其三是优化农业投入结构，鼓励农产品企业进入期货市场，参与期货交易，提升农产品现货市场抗击风险能力；其四是建立与完善农产品信息的收集、整理与传递机制，扩大农业信息对农业发展的支撑作用，保护农业资源和生态环境。

五、强化绿色工业化，提升工业竞争力

（一）充分发挥第二产业对经济增长的作用，促进产业结构向合理化和高度化方向发展

充分发挥第二产业对经济增长的作用，就要进一步优化第二产业结构，调整工业结构，实现传统工业升级，促进产业结构向合理化和高度化方向发展。从分析结果可知，第二产业的产出弹性最大，所以发展好第二产业对云南省的经济增长尤为重要。但目前经济发展仍依靠一些高能耗，高污染的重工业企业，很多产业的增值不是以技术为向导，而是粗放式的投入。不仅造成资源的浪费，环境的污染，还会导致生产停滞。因此针对这一问题，云南省应当坚持走新型工业化道路，以提升发展质量和效益为核心，以提高产业核心竞争力为目标，实现传统工业的升级。其关键是要改造传统工业，淘汰落后产能，大力发展高技术产业。用高技术改造传统产业，实现高技术与传统产业的融合；加快发展高技术产业，运用高新技术和先进技术，尤其是信息技术，提高设计、制造和管理水平，引导传统产业向深加工、精加工、高附加值和低消耗方向发展。

（二）鼓励传统工业企业改造升级

在创新、协调、绿色、开放、共享的发展理念统领下，以供给侧结构性改革为抓手，正确处理好政府与市场的关系，将改造提升传统产业与发展战略性新兴产业更好的结合起来，重点围绕生物医药和大健康产业、烟草、冶金、绿色食品制造、先进装备制造和新材料与绿色能源等有优势、有基础、有市场前景的产业，加快实施技术改造和设备更新，节能降耗、提升品牌质量，推进信息网络技术与互联网平台与传统产业深度融合，促进传统产业的产业链整合和价值链提升，形成新的竞争优势，提升第二产业竞争力。积极稳妥推进企业兼并重组，引导企业加快淘汰落后和过剩产能，优化要素配置，引导要素向优势企业集聚，调整产品结构，提高经济效益。更加注重运用市场机制和经济手段淘汰落后产能，加快形

成有利于落后产能退出的市场环境、政策导向和长效机制，引导促进落后产能加快退出。加强质量品牌建设。增强企业标准化意识，加强企业质量体系建设，逐步引导企业制定品牌管理体系；大力开展驰名商标、著名商标、地理标志、名优特色产品创建活动，不断提升品牌价值。

（三）积极培育发展新兴产业

鼓励支持有基础、有条件的县（市、区）大力发展电子信息、新能源、生物医药、新材料等新兴产业。鼓励企业集中力量加快重大技术和关键共性技术的研究开发，鼓励企业开展以市场为导向的技术创新，围绕云南省重点发展的八大产业细分领域，立足现有基础和条件，有选择地进行重点培育发展，培育一批拥有核心技术、重视创新、机制灵活的优势企业和产业，切实提升企业在技术创新中的主体地位，不断提高新兴产业在县域经济中的比重，改善优化县域产业结构。

（四）坚持推进县域产业集中、集聚、集约发展，鼓励跨县融合发展

坚持县域集群优先发展战略，注重突出特色，实行差异化发展。引进和培育集群领军企业，推动集群内企业联合重组，围绕集群壮大与升级补缺完善产业链和服务链，促进云南省县域经济协调发展。实施县域特色产业集群培育工程，重点扶持一大批个重点成长型产业集群发展，加快发展一批特色鲜明、集中度高、关联性强、市场竞争优势明显的产业集群，打造一批百亿、千亿元产业集群和产业基地。重视县域工业发展载体建设，高起点、高标准发展开发区和工业园区，以工业园区为载体，加强园区基础设施和服务体系建设，加强与高校和科研院所的交流与合作，引导和支持创新要素向工业园区集聚，加快企业技术创新步伐和科技成果向现实生产力的转化，不断提升综合竞争力，推进园区提质扩容，提升产业承载能力，促进产业结构的优化升级。

（五）坚持绿色发展、循环发展、低碳发展

坚持绿色发展、循环发展、低碳发展，使产业结构逐渐变"新"、发展模式逐渐变"绿"、经济质量逐渐变"优"，实现产业发展与生态建设的有机统一。

六、积极发展现代服务业，全面提升服务质量

（一）全面促进第三产业的发展

第三产业的发展水平是衡量一个国家、地区和城市经济发展程度的重要标志。发展第三产业，不仅有助于产业结构的优化和升级，保障国民经济的健康发展，更重要的是第三产业能够吸收大量的劳动力就业，是解决农村剩余劳动力的重要途径。因此要积极采取措施大力发展第三产业，全面促进第三产业的发展。2015年，我国第三产业比重为50.2，云南省为45.1，远远低于发达国家第三产业的比重，因此，需要提高第三产业的比重来发挥第三产业对经济增长的作用。通过实证分

析也可以看出，云南省的第三产业发展对经济增长有很大的推动作用。就目前而言，虽然云南第三产业取得了一定程度的发展，但与国内发达省份如京津相比，仍存在较大差距，其中第三产业产值比重普遍不高。因此云南省应当把推动第三产业的发展作为产业结构优化的战略重点，切实提高第三产业在国民经济中的比重，以繁荣现代经济，缓解社会就业压力，增加居民收入。服务业是第三产业的主体，云南省要积极发展现代服务业，拓展服务业市场空间，改组改造传统服务业，推动服务业结构升级。

（二）积极培育发展现代服务业

以旅游、文化、信息、现代物流等为重点，坚持生产性服务业和生活性服务业并重，现代服务业与传统服务业并举，不断提高县域服务业发展水平。大力发展金融保险、商贸物流、创意设计、科技咨询、电子商务、信息服务等生产性服务业，促进制造业流程再造，引导企业向"微笑曲线"两端延伸。积极发展健康养老、文化娱乐、卫生医疗、社会服务等生活性服务业，改善县域生活环境和条件。

（三）筑牢服务业需求基础和发展动力

一要提高居民收入水平和城镇化水平，筑牢服务业需求基础。二要加大服务业的科研投入，提高自主创新能力，创造出自主知识产权和知名品牌，增强竞争能力和发展潜力。三要以生产性服务业为突破口，促进新型工业化和服务业互动发展。在物流、金融、信息、商务、研发等重点领域培养一批基础好、规模大、竞争力强的龙头骨干企业，加大对服务业从业人员的培训，主动承接生产性服务业转移，不断提升生产性服务业对先进制造业的综合服务功能。

（四）发挥资源优势，做大做强特色产业

发展县域经济，要充分发挥资源优势，优化县域特色产业，把发展县域经济紧密结合在发展特色经济上，形成优势，注重品牌。县域经济的发展必须围绕特色，培育产业链条，形成产业集群，使特色经济产业化、规模化，从而拉动县域经济的发展模式。云南省特产资源丰富，在发展特色产业上有得天独厚的自然条件。因此，要发挥资源优势，做大做强特色产业，加快促进县域经济发展，促进县域小康的全面建设。

附录一：

云南省县域三次产业结构数据分析系统

一、云南省县域三次产业结构数据分析系统简介

云南省县域三次产业结构数据分析系统是一个融合了改革开放以来三次产业结构变迁分析、三次产业饼图分析、三次产业柱状图分析、主要经济指标地图分析的云南省县域经济三次产业结构情况的综合分析系统。在历经两年的系统开发后，综合分析系统广泛采纳意见，在逐步完善的基础上，由点至面，从最初的三次产业结构饼图分析、三次产业结构柱状图分析，逐步推广至三次产业结构变迁分析、县域主要经济指标地图分析的综合分析系统。本系统主要有五种分析功能：三次产业饼图分析；三次产业柱状图分析；全省宏观经济指标分析；三次产业结构变迁分析；地图分析。

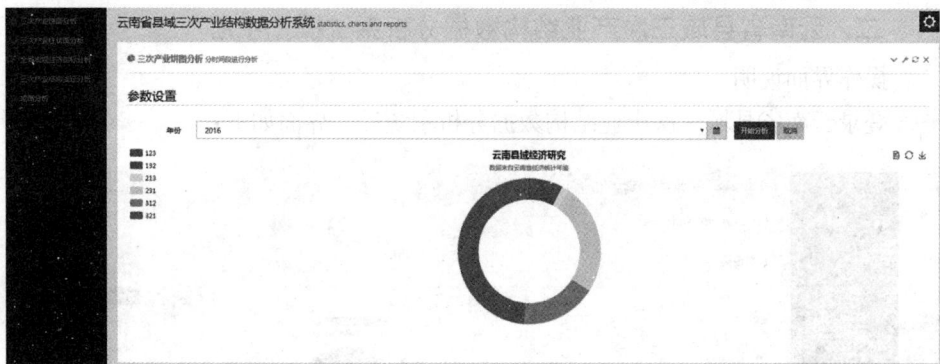

图8-1　系统界面

本系统已获国家专利（证书见下图）。

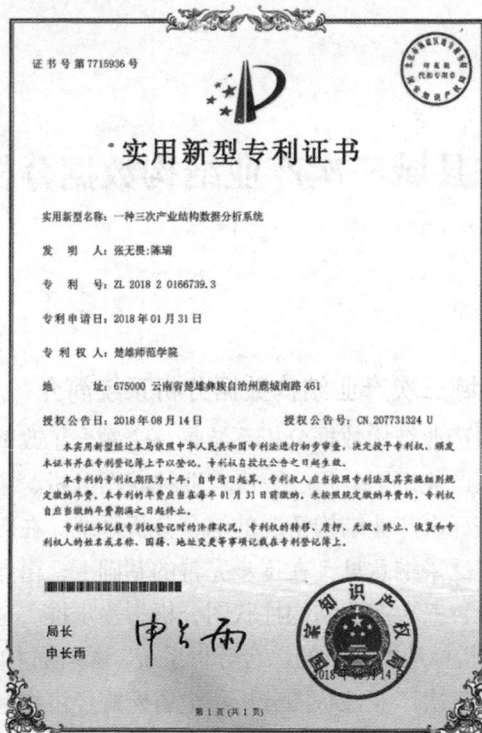

图8-2　专利证书

二、云南省县域三次产业结构数据分析系统操作手册

操作界面说明

登录云南省县域三次产业结构数据分析系统后，界面如下：

图8-3　登录界面

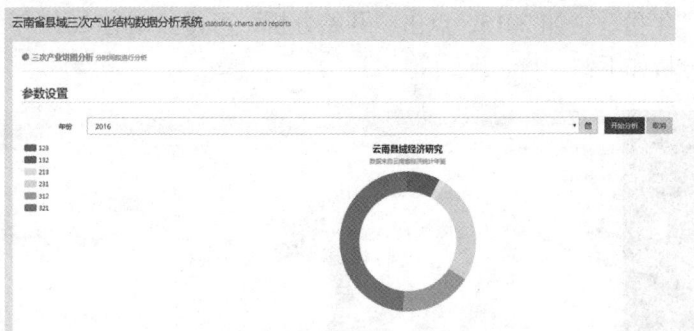

图8-4　登录饼图分析参数设置界面

（一）三次产业饼图分析

选择不同年份，可得云南省该年三次产业结构的饼图（也可称为圆环图）分析。选择"年份"，如1978，点击"开始分析"可得云南省1978年三次产业结构的饼图分析如下：

图8-5　登录饼图分析界面设置参数

选择"年份"，如2000，点击"开始分析"可得云南省2000年三次产业结构的饼图分析如下：

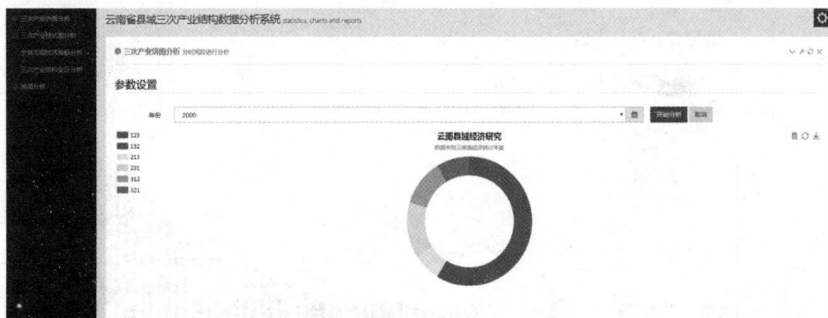

图8-6　登录饼图分析参数设置界面选择年份

选择"年份",如2015,点击"开始分析"可得云南省2015年三次产业结构的饼图分析如下:

图8-7 登录饼图分析参数设置后选择开始分析

（二）三次产业的柱状图分析

图8-8 柱状图分析参数设置界面

选择不同时期、不同的县市区,可得云南省某县市区在一定时期（如1978年至2015年）三次产业结构的柱状图分析。选择"开始年份",如1978,选择"结束年份",如2015,再选择"县市",如安宁市。点击"开始分析"可得安宁市1978年至2015年三次产业结构的柱状图如下:

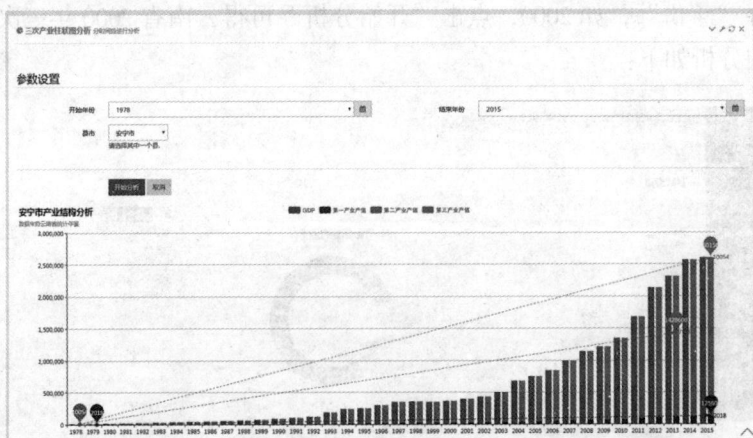

图8-9 柱状图分析参数设置选择起止年份

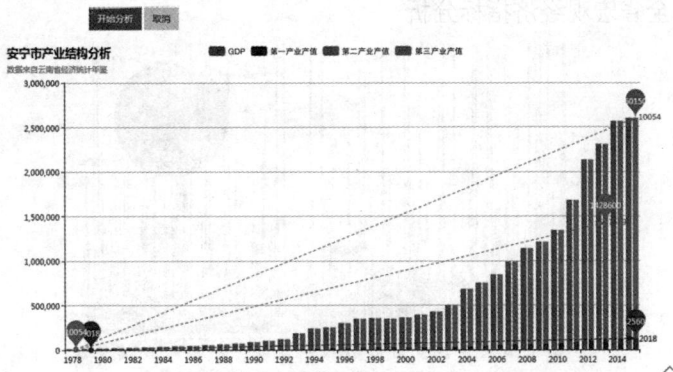

图8-10　柱状图分析参数设置后选择开始分析

选择"开始年份"，如1978，选择"结束年份"，如2010，再选择"县市"，如安宁市。点击"开始分析"可得安宁市1978年至2010年三次产业结构的柱状图如下：

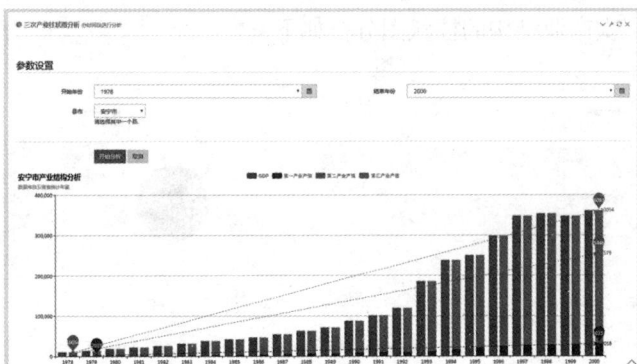

图8-11　柱状图分析参数设置后选择不同起止年份一进行分析

选择"开始年份"，如1978，选择"结束年份"，如2015，再选择"县市"，如盘龙区。点击"开始分析"可得盘龙区1978年至2015年三次产业结构的柱状图如下：

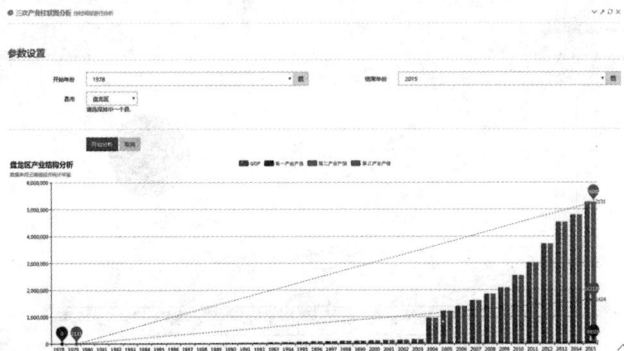

图8-12　柱状图分析参数设置后选择不同起止年份、不同县市进行分析

（三）全省宏观经济指标分析

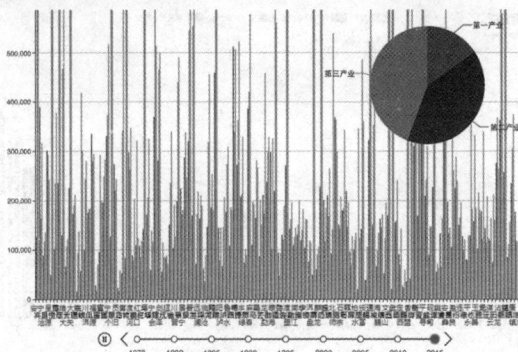

图8-13　云南省宏观经济指标分析图

这里呈现的是云南省三次产业结构的动态分析。选择不同年份，可得云南省该年三次产业结构的柱状图分析。选择"年份"，如1978，点击"1978"可得云南省1978年三次产业结构的柱状图分析如下：

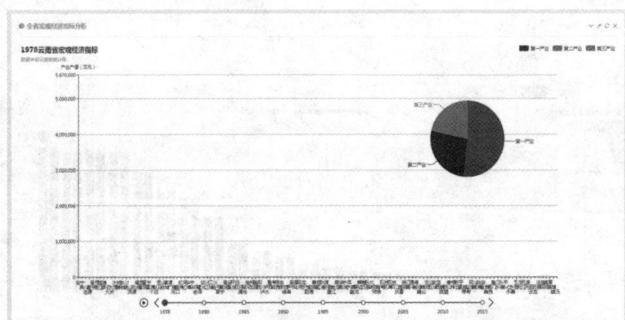

图8-14　1978年云南省三次产业结构饼图分析

选择"年份"，如1995，点击"1995"可得云南省1995年三次产业结构的柱状图分析如下：

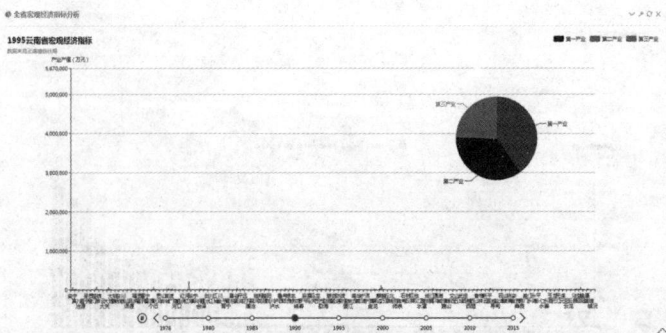

图8-15　1995年云南省三次产业结构饼图分析

选择"年份"，如2015，点击"2015"可得云南省2015年三次产业结构的柱状图分析如下：

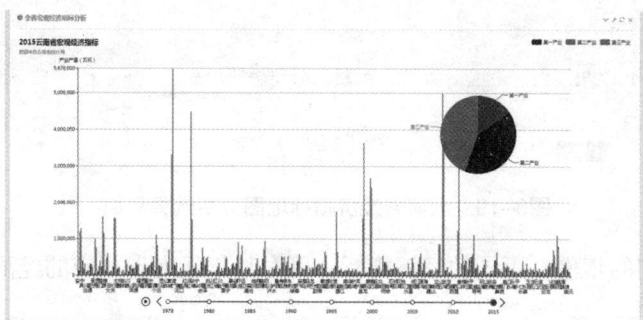

图8-16　2015年云南省三次产业结构柱状图饼图分析

（四）三次产业结构变迁分析

选择不同时期、不同的县市区，可得云南省某县市区在一定时期（如1978年至2015年）三次产业结构变迁的点状图分析。

图8-17　三次产业结构变迁分析选择界面

选择"开始年份"，如1978，选择"结束年份"，如2015，再选择"县市"，如石林县。点击"开始分析"可得石林县1978年至2015年三次产业结构的变迁分析图如下：

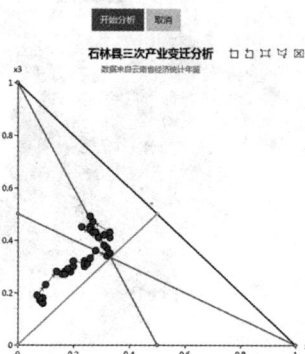

图8-18　石林县1978年—2015年三次产业结构变迁分析图

（五）地图分析

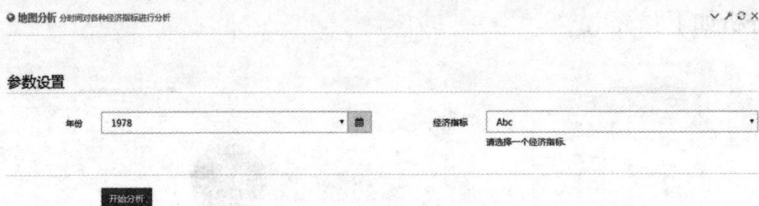

图8-19　云南省经济指标地图分析选择界面

选择不同的年份、不同的经济指标，可对某年云南省相应的经济指标进行地图分析。

图8-20　云南省经济指标分析地图

选择"年份"，如2015，再选择"经济指标"，如地区生产总值。点击"开始分析"可得2015年云南省生产总值的地图分析如下：

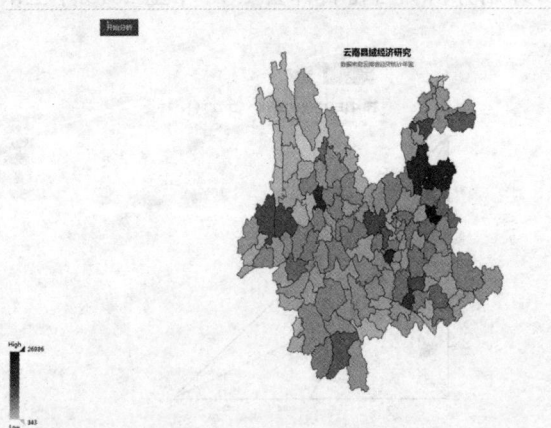

图8-21　2015年云南省各县市区生产总值地图

选择"年份"，如2015，再选择"经济指标"，如人均生产总值。点击"开始分析"可得2015年云南省人均生产总值的地图分析如下：

图8-22　2015年云南省各县市区人均生产总值地图

选择"年份"，如2015，再选择"经济指标"，如第一产业增加值。点击"开始分析"可得2015年云南省第一产业增加值的地图分析如下：

图8-23　2015年云南省各县市区第一产业增加值地图

选择"年份"，如2015，再选择"经济指标"，如第二产业增加值。点击"开始分析"可得2015年云南省第二产业增加值的地图分析如下：

图8-24　2015年云南省各县市区第二产业增加值地图

选择"年份",如2015,再选择"经济指标",如第三产业增加值。点击"开始分析"可得2015年云南省第三产业增加值的地图分析如下:

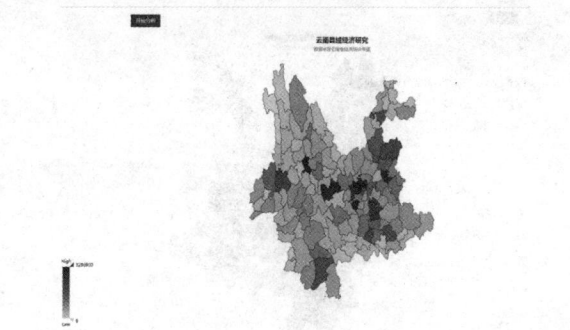

图8-25 2015年云南省各县市区第三产业增加值地图

选择"年份",如2016,再选择"经济指标",如TY值。点击"开始分析"可得2016年云南省TY值的地图分析如下:

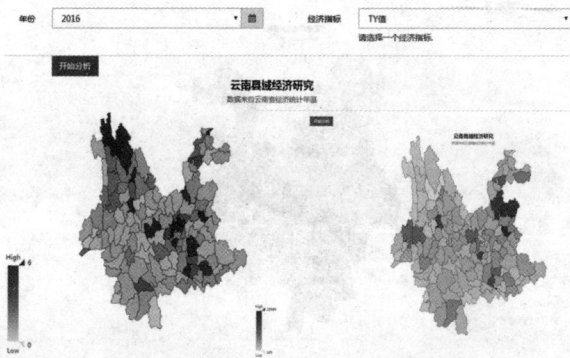

图8-26 2016年云南省各县市区TY值地图

选择"年份",如2016,再选择"经济指标",如人均地区生产总值。点击"开始分析"可得2016年云南省人均地区生产总值的地图分析如下:

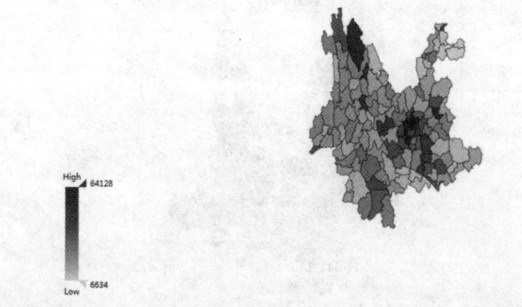

图8-27 2016年云南省各县市区人均生产总值地图

附录二：

云南省县城和产业结构对比图

彩图1-1　云南省县城面貌焕然一新（改革开放前后对比图）

彩图1-2　云南省县城面貌焕然一新

彩图1-3　云南省县城面貌焕然一新

彩图1-4　云南省县城面貌焕然一新

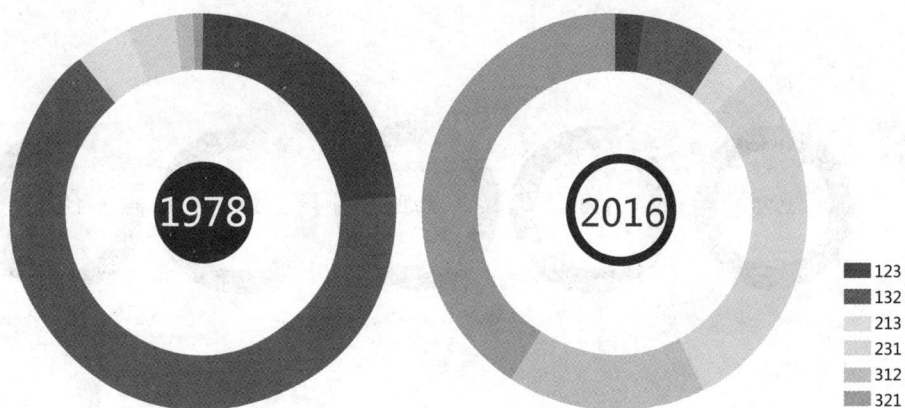

彩图2　云南省1978年和2016年三次产业结构对比玉镯示意图

年份	123	132	213	231	312	321
1978年	30	83	7	5	1	1
	23.62%	65.35%	5.51%	3.94%	0.79%	0.79%
2016年	2	8	2	32	22	63
	1.55%	6.20%	1.55%	24.81%	17.05%	48.84%

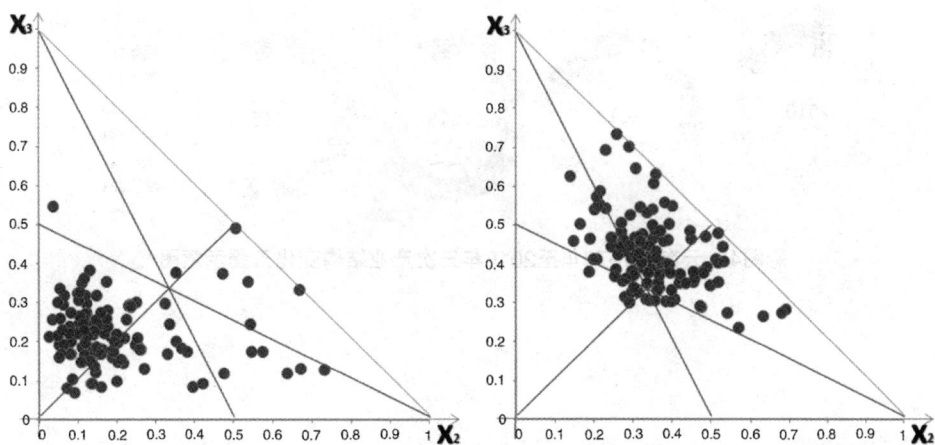

彩图3　云南省1978年和2016年三次产业结构分布图

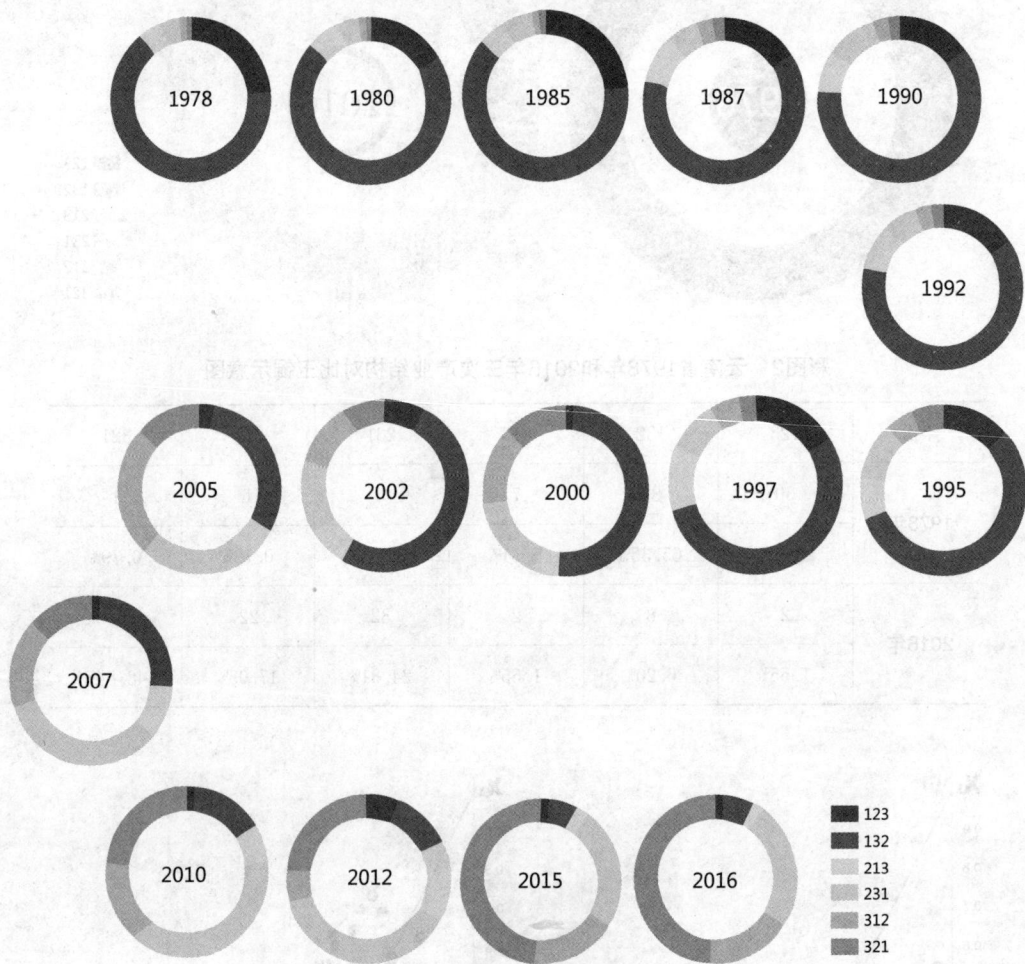

彩图4　云南省1978年至2016年三次产业结构变化玉镯示意图

参考文献

《巴西烟农协会：坚定捍卫本国烟农利益》，《东方烟草报》2013 年 3 月 13 日。

陈利、朱喜钢、李小虎：《基于产业结构视角的云南省县域经济差异研究》，《地理科学》2016 年第 3 期。

陈旺军、宋一弘：《云南省县域经济产业结构优化探讨》，《企业导报》2009 年第 12 期。

楚雄府志：《楚雄彝族自治州旧方志全书·楚雄卷上》，云南人民出版社 2005 版。

范秋霞：《商贸流通业对我国空间产业结构升级的影响研究》，《商业经济研究》2015 年第 16 期。

干春晖、郑若谷、余典范：《中国产业结构变迁对经济增长和波动的影响》，《经济研究》2011 年第 5 期。

侯官响：《明代楚雄府的改土归流与文化融合》，《商业文化》2017 年第 11 期。

侯官响、张无畏:《楚雄彝族地区产业结构的变迁》,《商业文化》2017年第 6 期。

胡刚、薛剑波、屈建康:《现代烟草农业基层烟叶工作站建设工作研究》,《现代农业科技》2011 年第 22 期。

黄凯南:《结构变迁与经济演化增长》,《中国地质大学学报(社会科学版)》2014 年第 1 期。

黄智佳:《云南省县域经济增长差异成因的空间统计分析》,《云南财经大学学报》2009 年第 6 期。

《(景泰)云南图经志书》,上海古籍出版社 2013 年版。

康云海:《云南全面建设农村小康社会的指标体系研究》,中国文献出版社 2006 年版。

李春生、张连城:《我国经济增长与产业结构的互动关系研究——基于 VAR 模型的实证分析》,《工业技术经济》2015 年第 6 期。

廖建辉、金永真、李钢:《中国县域经济发展的六大挑战》,《经济研究参考》2012 年第 48 期。

林毅夫:《新结构经济学——重构发展经济学的框架》,《经济学:季刊》2011 年第 1 期。

刘吉超:《中国县域经济发展模式研究评述及其反思》,《企业经济》2013 年第 2 期。

刘伟:《刘伟经济文选》,中国时代经济出版社 2010 年版。

刘伟、张辉:《中国产业结构高度与工业化进程和地区差异的考察》,《经济学动态》2008 年第 11 期。

刘元春:《经济制度变革还是产业结构升级》,《中国工业经济》2003

年第 9 期。

孟枞：《云南省烟草产业对经济增长的效应分析》，《合肥工业大学学报（社会科学版）》2011 年第 25 期。

牛品一、陆玉麒：《江苏省县域经济集聚和收敛的空间计量分析》，《人文地理》2013 年第 1 期。

彭红丽、张无畏：《论商贸流通业对我国产业结构的优化作用》，《商业经济研究》2017 年第 2 期。

齐昕、王雅莉：《辽宁省县域经济空间经济力分析》，《大连海事大学学报》2013 年第 1 期。

施本植等：《经济增长及其相关因素研究》，经济科学出版社 2006 年版。

宋则、常东亮、丁宁：《流通业影响力与制造业结构调整》，《中国工业经济》2010 年第 8 期。

孙静雯、王红旗、宁少尉：《基于 ESDA 的内蒙古自治区县域经济差异分析》，《国土与自然资源研究》2013 年第 1 期。

唐建军：《湖北县域产业集群发展分析与对策建议》，《当代经济》2013 年第 23 期。

唐鹏钧：《全国各省经济的聚类分析及判别分析》，百度文库，https://wenku.baidu.com/view/3d021dd084254b35eefd3408.html?sxts=1557708704822。

陶文芳、李明贤、杨虹琦、李永富、王卫民、姚雪梅：《烟叶收购过程经济利益主体的博弈分析》，《西南农业大学学报（社会科学版）》2013 年第 11 期。

《（天启）滇志》，云南教育出版社 1991 年版。

王焕英、王尚坤、石磊：《中国产业结构对经济增长的影响——基于面板模型的研究》，《云南财经大学学报（社会科学版）》2010 年第 2 期。

王晓玲、周国富:《山西省县域经济发展差异的时空演化分析》,《地域研究与开发》2013 年第 3 期。

王志东:《两税法与唐后期农商社会发展》,《广西社会科学》2011 年第 3 期。

王智勇:《产业结构、交通、民族与县域经济发展——以云南省为例》,《云南财经大学学报》2012 年第 5 期。

徐家存,闵毅飞:《县域经济发展研究综述》,《思想战线》2013 年第 1 期。

徐丽:《长江经济带商贸流通业区域差异及影响因素分析》,重庆工商大学学位论文,2015 年。

杨礼娟、朱传耿、史春云、蒋涛、林杰:《江苏省县域经济差异研究》,《南京财经大学学报》2013 年第 3 期。

云南省统计局:《云南省统计年鉴 1978–2017》,中国统计出版社 2017 年版。

张无畏:《云南省产业结构现状分析及趋势预测》,《楚雄师范学院学报》2002 年第 10 期。

张无畏:《云南经济概况》,云南民族出版社 2011 年版。

张无畏:《云南省三次产业结构变迁度量的实证分析》,《楚雄师范学院学报》2014 年第 9 期。

张无畏等:《楚雄州农村现代流通服务体系建设发展规划及研究》,中国经济出版社 2012 年版。

张无畏、丁琨:《数学中的对换与产业结构变动的三个命题》,《楚雄师范学院学报》2003 年第 3 期。

张无畏、李绍荣、彭红丽、陈瑞:《基于三角形中线的三次产业结构变迁路径研究》,《楚雄师范学院学报》2016 年第 12 期。

张无畏、李绍荣、彭红丽、陈瑞:《基于三角形中线的三次产业就业结构变迁路径研究》,《人力资源管理》2017年第9期。

张翔:《商贸流通业对我国产业结构合理化与高度化的影响》,《商业时代》2014年第21期。

赵明华、郑元文:《近10年来山东省区域经济发展差异时空演变及驱动力分析》,《经济地理》2013年第1期。

中华人民共和国统计局:《中国统计年鉴2016》,中国统计出版社2016年版。

周培培、赵忠芹、任春丽:《县域经济发展模式研究》,《天津经济》2012年第11期。

周艳:《聚类分析视角下我国商贸流通业产业结构优化升级路径选择》,《商业经济研究》2015年第21期。

朱崇先、杨怀珍:《国家图书馆藏清代彝文田赋账簿研究》,民族出版社2013年版。

朱俊峰:《中国烟草产业发展研究》,吉林农业大学博士论文,2008年。

朱士鹏、周琳、秦趣:《贵州省县域经济实力时空差异分析》,《重庆师范大学学报》2013年第1期。

邹忌:《1992年——2008年云南省县域经济发展路径及其差异研究》,《金田》2011年第8期。

Acemoglu, Daron and Veronica Guerrieri, "Capital Deepening and Nonbalanced Economic Growth", *Journal of Political Economy*, 2008.

Caselli, Francesco and John Coleman, "The U.S. Structural Transformation and Regional Convergence: A Reinterpretation", *Journal of Political Economy*, 2001.

Chenery, Hollis B, "Patterns of Industrial Growth", *American Economic Review*, 1960 50.

Dietrich A, "Does Growth Cause Structural Change, or Is It The Other Way Around? A Dynamic Panel Data Analysis for Seven OECD Countries", *Empirical Economics*, 2012.

Fan, Shenggen, Robinson and Zhang Xiaobo, "Structural Change and Economic Growth in China", *Review of Development Economics*, 2003.

Foellmi, Reto and Josef Zweimuller, "Structural Change, Engel's Consumption Cycles and the Kaldor's Facts of Economic Growth", Unpublished, 2003.

Kongsamut, Piyabha, Rebelo, Sergio and Danyang Xie, "Beyond Balanced Growth", *Review of Economic Studies*, 2001.

Kuznets, Simon, "Moder Economic Growth: Rate, Structure, and Spread", New Heaven: Yale University Press, 1966.

Lin, Justin Yifu, "Development Strategy, Viability, and Economic Convergence", *Economic Development and Cultural Change*, 2003.

Najeb Masoud, "A contribution to the theory of economic growth: Old and New", *Journal of Economics and International Finance*, 2014.

Ngai, L. Rachel and Christopher A. Passarides, "Structural Change in a Multi-Sector Model of Growth", *American Economic Review*, 2007, January.

Solow, Robert, "A Contribution to the Theory of Economic Growth", *Quarterly Journal of Economics*, 1956.

Wuwei Zhang, "Empirical Analysis on the Measurement of the Change of Tertiary Industry Structure in Yunnan ProvinceI", CIEMS2013, 2013.